Teacher Education Series

京师教师教育论丛　第四辑

丛书主编　朱旭东

美国教师质量问责机制研究

赵　英　著

Research on the Teacher
Quality Accountability
Mechanisms in the United
States of America

北京师范大学出版集团
BEIJING NORMAL UNIVERSITY PUBLISHING GROUP
北京师范大学出版社

丛书编委会

顾问　顾明远　许美德（加）

主任　钟秉林

主编　朱旭东

编委会成员（中文以姓氏拼音为序）

陈向明　管培俊　李子建　卢乃桂　庞丽娟

石中英　王嘉毅　叶　澜　袁振国　钟秉林

周作宇　朱小蔓　朱旭东　朱永新

Christopher Day　Ken Zeichner　Lin Goodwin

John Loughran　Lynn Paine　Qing Gu

序
FOREWORD

　　赵英同学是我的博士生。作为一名在职攻读博士学位的学生，他克服困难，专心在北京师范大学学习。他在就读期间成果颇丰，获得了博士研究生国家奖学金。他能取得这样的成绩，是难能可贵的，与他一直以来的勤奋、努力和坚持分不开。博士毕业后，他回到山西师范大学，在继续做好行政工作的同时，一直坚持思考、研究、写作，每年都有很好的学术成果产出，保持着学术研究的连续性和敏锐性，这点我尤为欣慰。

　　这本书的完成是赵英学术研究之路上的一个重要节点。虽然他前前后后参与了多部书稿的译作、写作，但本书是他独立完成的第一部学术专著。这本书以美国教师质量问责理论与实践机制为选题，不仅以结构化的认识论框架进一步深化了我们对于美国教师质量及其问责机制的研究和认识，丰富了我国教师教育学、比较教育学的研究范畴，具有较高的学术前沿价值，而且契合我国教师队伍建设和教师教育发展质量转向的时代要求，立足于国家教师质量保障政策体系的完善，对于构建符合我国实际的教师质量问责体系具有较强的实践借鉴意义。

　　这本书很好地澄清了相关的学术概念，构建起以国家取向、专业取向、市场取向三种取向为经，以问责的总体目标、基本标准、评估工具、结果奖惩四要素为纬的美国教师质量问责理论及实践机制的认识论框架，对国内外已有的相关研究成果做了系统的梳理综述。在此基础上，本书对美国教师质量问责理论及其实践机制产生的现实背景、思想背景、舆论背景做了考察分析，系统探讨了国家取向、专业取向和市场取向三种取向的美国教师质量问责理论的立论基础、本质内涵、主要特点，并结合具体案例对每种取向的教师质量问责机制的总体目标、基本标准、评估工具、结果奖惩四个要素做了深入的研究，较为全面地展示出了美国教师质量问责理论与实践机制的基本图景，揭示了美国教师质量问责主体、问责要素、问责机制的转型特征及三种取向之间的逻辑关系与实践依赖关系，并结合我国教师教育发展的实际，提出了构建本土教师质量问责体系的建设性意见和建议。

据我所知，这本书中许多章节的内容已经在《教师教育研究》《比较教育研究》《外国教育研究》等学术期刊上发表，部分内容还在北京师范大学主办的第三届全球教师教育峰会青年学者论坛上进行了学术分享，这从一个侧面反映了本研究的学术前沿性以及学界同人对本书的认可。作为他的导师，我希望他继续保持旺盛的研究热情、积极的研究状态，继续坚持教师教育方向的学术思考和写作，期待他取得更好的成绩。

是为序。

朱旭东

2019 年 3 月 13 日

目 录
CONTENTS

导　言

第一节　研究起点：教师质量及其问责研究的现实必要

著书是件严肃又极具挑战性的事情，首要的是提出一个真问题。问题的梳理和提出构成研究的起点，本书亦不例外。基于"国家的发展靠人才，人才的培养在教育，教育的关键是教师"的逻辑关系，教师普遍被认同为教育事业发展的基础和教育质量提升的关键，被视为提高人才培养质量和国家竞争力的重要依托，"教师质量以及对教师的教育越来越成为全球社会、研究界共同关注的问题"①。本书之所以聚焦美国教师质量问责机制，主要缘于以下主客观两个方面。

从主观上而言，笔者之所以研究教师质量问责机制，很大程度上是因为自己作为一名教师教育实践工作者和理论学习者对教师质量问题多年来的关注、思考和追问。自2007年硕士毕业进入山西师范大学工作以来，笔者有幸全程参与了这所学校的教师教育改革，并有机会经常到同类院校、中小学校、地方政府考察和学习，倾听各个方面关于教师质量问题的声音。随着对教师教育实践由浅到深的涉入，笔者越发感觉到教师质量的提升是一个系统的工程，需要教师教育院校、中小学校与幼儿园、各级政府以及社会力量等

---

① ［美］Linda Darling-Hammond：《有力的教师教育》，1页，上海，华东师范大学出版社，2009。

多元主体的密切协同、共同发力。但是，协同的前提是责任必须明确。责任不明，不仅会使协同变成一句空话，而且还会带来推诿扯皮的现象，导致"看似人人负责，实则无人负责"问题的出现。就个人而言，笔者认为，制约我国教师教育改革与教师质量改进的一个关键问题就是主体责任制的缺位，即缺乏政府、大学、中小学校各主体的质量标准、质量评估与质量问责，没有形成有效的责任监督与倒逼机制。这个问题（problem）衍生出了一系列需要思考的问题（questions）：

哪些院校有资格举办教师教育？举办者是否应该满足基本的专业标准？如果需要，这种准入标准应该由谁制定？具体内容又应该包括什么？

教师教育院校的培养质量由谁评价、由谁把关？评价的标准与工具是什么？如何有效识别不合格的院校或项目，并以何种方式对其进行干预？

在"国培计划"深入实施的背景下，如何对各个项目的教师培训质量进行评估？如何对数以亿计的培训经费的使用情况进行评估？是否应该向社会发布经费审计报告？是否应该对培训学员返校后的课堂实践进行持续跟踪、反馈？

中小学校与幼儿园在教师专业发展中承担着怎样的责任？在教师职前培养中应该扮演何种角色，发挥什么功能？在新入职教师培训、在职教师专业发展中应该为教师提供什么样的支持？由谁对中小学校与幼儿园的教师质量进行监督、评估？评估的标准与工具是什么？如何及时发现低效能教师，并对其进行专业支持与援助？

各级政府在教师质量改进中承担着怎样的责任？其政策设计的有效性如何评估？如何对政策实施中的问题做到及时反馈、调整？

…………

这些问题说到底都有同样的核心关切，那就是如何保证教师质量建设主体的责任落实。答案虽然会有很多，但是建立相应的问责机制是一个必不可缺的条件。笔者本科与硕士研究生阶段有国际政治学的专业背景，对美国的政治经济体制有一定的知识积累，对问责机制有一定的"制度自信"。这都是本书选择美国教师质量问责机制这一主题的个人层面的原因。

从客观上而言，对教师质量问责机制进行研究适应我国基础教育改革及教师队伍建设"质量转向"的必然要求。

首先，我国基础教育改革发展重心的"质量转向"是教师质量问责机制研究的宏观背景。2008年，全国基础教育工作会议提出，要"推动基础教育尽快转移到注重内涵、提高质量上来"①。作为指导我国教育改革和发展的纲领性文件，《国家中长期教育改革和发展规划纲要(2010—2020年)》更是明确提出，要"把提高质量作为教育改革发展的核心任务……树立以提高质量为核心的教育发展观……建立以提高教育质量为导向的管理制度和工作机制……制定教育质量国家标准，建立健全教育质量保障体系"。这标志着"质量转向"已经成为当前我国基础教育改革发展的现实命题、政策话语和实践追求。教育的观念、制度、机制及标准、评估等方面都将发生以质量为向度的实质性改革。

教育发展，教师为先。教师是国家教育改革发展的基础性力量，是促进教育公平、提高教育质量的决定性资源。没有高质量的教师队伍强有力的支撑，教育质量的改进与提升只能是一句空话。因此，抓教育质量，必须先抓教师质量。抓教师质量，就必须在相应的体制机制建设上实现突破，借鉴发达国家的有益经验，系统推进教师质量的评价、激励、改进等问责机制建设，这是当前我国教师质量提升面临的一个重要的现实问题。

其次，我国教师队伍建设目标的"质量转向"是教师质量问责机制研究的内在动力。1999年，中共中央、国务院颁布实施的《关于深化教育改革全面推进素质教育的决定》明确提出两个与教师质量建设相关的目标任务：一是"优化结构，建设全面推进素质教育的高质量的教师队伍"；二是"加强和改革师范教育，大力提高师资培养质量"。截至目前，我国的教师队伍建设已经"全面进入提高质量的新时期"②，主要表现在以下三个方面。一是教师供求关系发生实质性转变。当前，我国的教师供求状况进入"结构性过剩阶段"，教师供求关系的基本矛盾"由总量不足转变为结构性矛盾，并随着公众对其独生子女教育期望的提高转变为永恒的质量矛盾"③。二是人们对高质量的教师的社会需求日益迫切。高质量的教师是优质教育资源的核心。"家长将孩子送到学校首先要审视教师的质量，思考孩子在学校是否能学有所得。"④特别是城乡

---

① 陈小娅：《基础教育尽快转移到注重内涵、提高质量上来》，载《中国教育报》，2008-04-16。

② 马晓强：《立足评价 重塑使命 提升教师质量》，载《中国教育报》，2010-05-28。

③ 曾天山：《教师教育应由满足数量向调整结构和提高质量转变》，载《教育研究》，2004(9)。

④ 杨颖秀：《提高质量：教育改革和发展的核心问题》，载《东北师大学报(哲学社会科学版)》，2011(2)。

和区域间教师质量的差距是我国义务教育均衡发展面临的一个主要问题。①
三是教师队伍建设的质量特征日益凸显。《国家中长期教育改革和发展规划纲
要(2010—2020年)》提出,要"努力造就一支师德高尚、业务精湛、结构合理、
充满活力的高素质专业化教师队伍"。高素质、专业化成为我国教师队伍建设
的核心目标,质量特征日益凸显。

特别是2011年以来,我国颁布实施了中学、小学、幼儿园教师与特殊教
育教师的专业标准以及教师教育课程标准,密集出台了加强教师队伍建设、
深化教师教育改革的系列意见,相继推出了国家级教师培训计划、卓越教师
培养计划、乡村教师支持计划等重大举措,目的就在于解决制约我国教师质
量提升的难点与热点问题。与以往不同,在这些意见和计划中,我国开始对
建立标准体系、开展资格认证、实施质量评估、强化绩效监控等举措给予重
视并提出具体要求。但是,这些举措要落到实处,必须建立完善的质量问责
机制。问责是对行为主体责任落实情况的监督、评价、激励和倒逼机制,这
是落实国家层面关于教师队伍建设的相关意见、改革举措的重要保障机制。
然而,当前国内在教师质量问责机制的研究上存在明显的不足与滞后问题,
表现为质量意识薄弱、质量主体不明、质量标准欠缺、质量评估不严、质量
问责不力、质量研究滞后,不能很好地适应质量导向的基础教育改革需求与
教师队伍建设的现实要求。

而美国已经出现了一批专门从事教师质量问责理论研究的学者,如琳达·
达林-哈蒙德(Linda Darling-Hammond)、阿瑟·怀斯(Arthur E. Wise)、萨拉·布
鲁克斯(Sarah R. Brooks)、埃里克·汉纳谢克(Eric A. Hanushek)、桑德斯
(Sanders,W. L.)、利弗金(Rivkin, S. G.)等;建立起了一些专门的研究机构,
如美国国家教师质量综合中心(National Comprehensive Center for Teacher
Quality)、国家教育问责中心(National Center for Educational Accountability)、教
育问责与教师评价研究中心(Center for Research on Educational Accountability and
Teacher Evaluation)、教学质量中心(Center for Teaching Quality)等。这些研究人
员与研究机构基于不同的视角与利益诉求,对美国教师质量问责机制进行了深
入的研究,产出了丰富的理论成果和实践成果,这些成果对我国的教师质量
问责机制建设是一种很好的借鉴。那么,我们需要追问的是,美国教师质量

① 曾天山、邓友超、杨润勇等:《义务教育均衡发展是实现教育公平的基石》,载
《当代教育论坛》,2007(1)。

问责的理论研究与实践状况是什么样的？形成了哪些教师质量问责理论取向？不同的问责理论是如何认识教师质量的，具有什么样的教师质量问责概念、观点，主张什么样的问责路径？美国有哪些类型的教师质量问责机制，其问责的目标、依据和措施是什么？如何通过一个整合性视角对美国教师质量问责理论进行系统建构？

第二节　研究基础：教师质量及其问责研究的成果回顾

本节以研究历史、研究内容、研究评价为主线，就中美学者关于教师质量及其问责的研究进行了回顾，以期最大限度地把握当前该研究主题的整体脉络与研究现状，并以此为基础对本书进行研究设计。

一、国内研究者对教师质量及其问责的研究①

我国对教师的研究长期以来是以"教师素质"为基本概念的②，对"教师质量"的研究起步于 20 世纪 80 年代，自此文献量呈稳步上升的态势，研究成果也不断丰富。下面，笔者从我国教师质量的研究历史、研究内容、研究评价等几个方面对国内研究者关于教师质量及其问责的研究文献进行综述。

（一）我国教师质量的研究历史

目前，我国关于教师质量的研究文献主要有两类：第一类是直接以"教师质量"为研究内容的相关文献；第二类是以"教师××质量"为研究内容的相关文献，这类文献通常以"教师××质量"或"教师"与"质量"的某种组合为标题，如"教师教育质量""教师工作生活质量""教师教学质量"等。经过对两类文献的梳理和分析，根据其研究主题、文献情况及研究成熟度，笔者将我国教师质量的研究历史粗略划分为三个阶段，即萌芽阶段（20 世纪 80 年代）、探索成长阶段（20 世纪 90 年代）和发展提高阶段（21 世纪初至今）。

1. 我国教师质量研究的萌芽阶段（20 世纪 80 年代）

这一阶段的特征是研究文献少，年均期刊文章不到 10 篇，特别是理论研究文献缺乏。研究者在概念使用上以"教师教学质量"为主导，同时部分研究

① 赵英、任小玲：《教师质量研究述评》，载《宁波大学学报（教育科学版）》，2014(2)。
② 赵英：《我国教师素质理论研究述评》，载《上海教育科研》，2013(4)。

者也使用"教师教学工作质量""教师授课质量""教师工作质量"等概念；研究内容以"教师教学质量评价"与"国外教师质量改进政策研究"为主。根据笔者所掌握的文献，1950 年方直在《略谈改善政治课教学情况》一文中最早使用了"教师质量"的提法；而黄小燕于 1983 年发表的《国外重视提高中小学教师质量》①一文是国内最早以"教师质量"为主题的期刊文章。

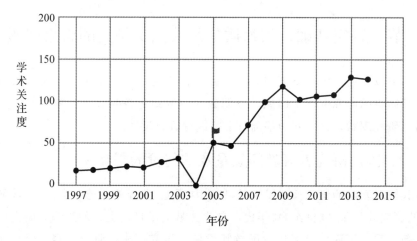

图 0-1　中国知网(CNKI)数据库关于"教师质量"的研究趋势图

2. 我国教师质量研究的探索成长阶段(20 世纪 90 年代)

相对于 20 世纪 80 年代，这一时期的研究文献明显增多。而且在这一阶段，钟守权在其《教师质量研究引论》一文中，首次专门就"教师质量"的内涵及内容构成进行了相关界定，提出了教师质量内涵的三个层面，拟订了教师质量构成的五个具体内容②，正式提出了教师质量理论的研究课题。这是国内研究者首次就教师质量理论进行专门研究，在教师质量理论研究方面具有开创性的意义。在概念使用和研究内容上，除了继续对教师教学质量及其评价进行深入研究之外，这一时期的研究者还对教师继续教育质量及其提升途径进行了较多研究。此外，这一时期的研究者还进行了教师工作质量及教师授课质量评价的研究，采用调查分析法对教师的睡眠质量、任职情况质量和新任教的中学教师质量进行了实证研究，分析了专业化背景下教师质量的新标准。

---

① 黄小燕：《国外重视提高中小学教师质量》，载《外国中小学教育》，1983(1)。
② 钟守权：《教师质量研究引论》，载《中小学教师培训》，1999(3)。

3. 我国教师质量研究的发展提高阶段(21 世纪初至今)

在研究文献方面，2010 年，洪明出版了其博士学位论文《美国教师质量保障体系历史演进研究》，这是我国第一部系统研究美国教师质量保障体系的专著。此外，部分硕士学位论文，如孙作东的《农村小学音乐教师质量状态调查研究》、张文的《20 世纪 80 年代以来美国基础教育教师质量保障体系研究》、徐春妹的《美国教师组织影响教师质量的历程、举措和经验探析》等也很具有代表性。在研究内容上，金维才发表了《观念变革：从教师素质观到教师质量观》一文，反思了教师素质观的缺失，提出了以教师质量观超越教师素质观，并就教师质量的意义、内容及行动做了较为深入的探讨。研究概念和研究内容进一步丰富，"教师教育质量""教师培训质量""教师工作生活质量"等新概念相继出现，构成这一阶段我国教师质量研究的主要内容。在国外教师质量改进政策研究方面，研究者在《比较教育研究》《外国教育研究》《教师教育研究》等刊物上刊发了一系列关于美国教师质量研究的高水平论文，代表人物有朱旭东、周钧、王洪文、洪明、谌启标等。他们的研究集中在美国教师质量政策研究、美国教师质量保障研究两大方面。

而且这一时期的教师教育开始吸收质量管理理论的部分成果，提出了一些新的思想。比如，有的研究者认为采用全面质量管理的思想和方法，有利于教师教育质量的改进，建议国家教育主管部门制定不同类型、不同层次高师院校的教育质量标准和相应的检测指标，同时推行质量认证制度，将质量认证与国家拨款相挂钩，从而使学生质量在过程质量不断优化的基础上，呈现稳定、渐进的状态。[①] 有的研究者运用全面质量管理理论研究和反思教师培训工作，并结合戴明(Deming)全面质量管理的思想方法和管理过程将教师培训的过程分为"四个阶段"与"八个步骤"。[②] 还有研究者基于"ISO 9000 质量管理体系"建构了"以过程为基础的培训质量管理模式"，以此提升中小学教师培训管理的科学化、规范化、信息化和制度化水平。[③] 上述研究都表明我国教师教育研究中质量意识的觉醒和提升。

---

① 李德友：《论教师教育中的全面质量管理》，载《江西社会科学》，2003(5)。

② 张水玲：《论教师培训中的全面质量管理》，载《继续教育》，2004(11)。

③ 兰觉明：《以过程为基础的培训质量管理模式的建构——ISO9000 质量管理体系在中小学教师培训中的应用》，载《中小学教师培训》，2007(11)。

(二)我国教师质量的研究内容

根据笔者所掌握的文献，我国教师质量研究的核心内容集中表现为两类主题、三种领域。两类主题分别是教师质量的概念研究、教师质量的调查研究；三种领域分别是教师教育质量研究、教师教学质量研究和教师工作生活质量研究。

1. 关于教师质量两类主题的研究

(1)教师质量的概念研究

我国研究者对教师质量概念的研究较少，主要涉及这个领域的论文有两篇，一是钟守权的《教师质量研究引论》，二是金维才的《观念变革：从教师素质观到教师质量观》。两篇文章在分析教师素质研究和教师素质观的局限性的基础上，提出教师质量理论研究的必要性，并对教师质量的概念及内容构成进行了初步探讨。

在教师质量的概念界定上，钟守权采用了外延式的定义方式，认为"教师现代化的职能决定了教师质量在理论上由三个层面构成"[①]：一是"综合素质层面"，即教师的思想品德素质、科学文化素质、教书育人的技术技能等方面的拥有、内化和提高状态，这是教师素质研究的传统领域，是教师质量的基础和前提；二是"社会化的人的发展层面"，即教师对现代社会的信息资料等的占有、了解甚至体验层面，它反映了教师人格社会化、现代化的基本面貌；三是教育教学的实际质量，它主要包括教师的教学与科研成果、教书育人的实际效果、教师个体或群体的社会影响力。其中，第三个层面是衡量教师队伍质量建设成效的核心指标，教师质量建设的各个层面最终要落实到这一点上。与之不同，金维才采用的是内涵式的界定方式，基于对"质量"概念的理解，将教师质量界定为"教师的一些特性满足利益相关者(学生、社会、政府、用人单位等)要求的程度"[②]。其中，教师的一些特性指的就是传统意义上的教师基本素质，"利益相关者"主要指学生、社会、政府、用人单位以及教师自身等。

综合来看，二者界定的教师质量有以下共性：第一，教师质量概念的内涵和外延均比教师素质丰富，而且教师素质是教师质量的有机组成部分，教

---

① 钟守权：《教师质量研究引论》，载《中小学教师培训》，1999(3)。

② 金维才：《观念变革：从教师素质观到教师质量观》，载《安徽师范大学学报(人文社会科学版)》，2010(1)。

师素质要转化为教师质量还需要一系列环节以及相应环境的支持；第二，教师质量的关注点不仅是教师自身，而且反映了教师的社会化发展，强调了教师与社会的联系以及在联系中寻求支持、获得发展并满足相应主体的要求；第三，教师质量并不局限于教师本身具备的素质，而且特别关注教师素质所达到的实际效果。因此，教师质量既可以承接教师素质观的"合理内核"，又可以超越其局限性，这也从一个侧面凸显出教师质量的理论研究亟待加强。

与此同时，两位研究者还对教师质量的内容构成进行了初步研究。钟守权拟订了教师质量构成的五个具体内容，包括教师的文化质量、工作质量、生活质量、社会交往质量和流动质量。金维才认为教师质量的内容包括生命质量、知识质量、教艺质量、关系质量、工作质量。综合来看，二者对教师质量的内容划分既有不同，但也有较强的相似性，如社会交往质量和关系质量、生活质量和生命质量、文化质量和知识质量等都有较大程度的重合。他们的划分与教师素质仅关注教师本身的结构素质有很大的不同，大大拓展了教师质量的外延，对教师的关注也更加全面，但是其划分维度的模糊性也较为明显。

（2）教师质量的调查研究

这一主题的研究主要就我国教师质量的现状、问题进行分析，并就其改进对策提出相应的建议。这类研究呈现出如下特征。

第一，在研究对象上，这类研究主要关注我国中西部地区、农村地区、民族地区的教师质量问题。例如，玉丽在《民族地区师资面临的问题与挑战——我国西部民族地区教师质量分析报告》一文中系统梳理了改革开放以来我国民族地区师资队伍建设的三个阶段，分析了制约民族地区教师质量的七个主要因素，并提出了加快民族地区教师队伍建设要正确处理的三对关系和若干举措。① 胡艳在《近30年来我国提高农村中小学教师质量的探索》一文中，系统梳理了20世纪80年代以来我国提高农村中小学教师质量的政策举措。② 周晔在《农村中小学教师队伍质量现实问题的基本判断》一文中对现阶段农村教师队伍存在的诸多问题进行了系统梳理。③

① 玉丽：《民族地区师资面临的问题与挑战——我国西部民族地区教师质量分析报告》，载《教育科学研究》，2008(3)。

② 胡艳：《近30年来我国提高农村中小学教师质量的探索》，载《教育学术月刊》，2009(2)。

③ 周晔：《农村中小学教师队伍质量现实问题的基本判断》，载《现代教育管理》，2011(7)。

第二，在研究方法上，这类研究既有质性研究，也有量化研究，但总体来看，规范的量化实证研究并不多见，这与我国相关数据库建设滞后密切相关。目前来看，梁文艳、杜育红发表的《基于学生学业成绩的教师质量评价——来自中国西部农村小学的证据》①以及陈纯槿、胡咏梅发表的《西部农村中小学教师质量及其影响因素的实证分析》②两篇文章是鲜有的较为规范的量化实证研究。前者借鉴国外教师质量评价设计思路，从学业成绩是义务教育阶段学校产出最重要维度的角度，以西部农村小学为追踪样本构建两水平增值性模型，测量任课教师对学生学业发展的真实效应，并从整体和个体两个层面衡量了教师质量状况。后者采用分层线性模型对我国西部地区农村中小学教师质量与学生学业成就的关系进行了实证分析。

此外，还有研究者对不同类型学校教师的婚姻质量、生活质量与心理健康状况进行了研究。研究者基于问卷和量表，对农村中小学教师的生存质量状况及其影响因素、幼儿教师职业生活质量的现状及其影响因素、女教师生活质量与应对方式之间的关系、高中骨干教师生活质量与心理健康的关系以及影响中小学教师生活质量的主要因素、影响高中教师生活质量的重要变量、幼儿教师生存质量的影响因素等课题进行了相关研究。

2. 关于教师质量三种领域的研究

（1）教师教育质量研究

当前，我国的教师教育已经进入了一个从数量满足向结构调整和质量提高转变的历史新时期。教师教育质量成为教师质量研究的一个热点领域，其核心是关于教师教育质量保障制度、机制及体系的研究，代表人物是朱旭东，首篇论文是《教师教育专业化与质量保障体系》。该文提出"实现教师教育的专业化和保证教师教育的质量需要建立教师教育的大学化制度和质量保障体系"，在此基础上进一步提出教师教育质量保障体系由"四个部分或四个步骤组成，即建立教师资格证书、建立教师资格认证、制定教师资格认证标准和确立教师资格认证考试制度"③。此后，朱旭东连续发表了《试论建立教师教育认可和质量评估制度》《专业化视野中大学化教师教育的十大观点》《论我国

---

① 梁文艳、杜育红：《基于学生学业成绩的教师质量评价——来自中国西部农村小学的证据》，载《北京大学教育评论》，2011(3)。

② 陈纯槿、胡咏梅：《西部农村中小学教师质量及其影响因素的实证分析》，载《教师教育研究》，2011(3)。

③ 朱旭东：《教师教育专业化与质量保障体系》，载《中国高等教育》，2001(18)。

后师范教育时代的教师教育制度重建》《我国教师教育制度重建的再思考》《我国现代教师教育制度构建》《教师教育标准体系的建立：未来教师教育的方向》等系列论文，并于 2011 年主编出版了《教师教育标准体系研究》，对我国教师教育质量保障制度和标准体系的建立进行了持续而深入的研究。这些研究的核心观点是"我国未来教师教育发展需要建立教师质量建设中各个环节的标准"，涵盖招生环节、培养环节、入职环节以及持续的专业发展阶段，"从而使教师教育的每个环节都有质量保障，最终以教师教育标准建立完整的教师教育质量保障体系"①。

此外，有的研究者提出从教师教育质量保证的主体、教师教育质量保证的内容、教师教育质量保证的动力和教师教育质量保证的价值观等方面来建立和完善教师教育质量保证体系。有的研究者提出从教师教育外部评估体系和内部评估体系两方面建立相应的教师教育质量保障机制。有的研究者提出从职前培养的教师质量保证、就职考查的教师质量保证、在职培训的教师质量保证三方面构建教师质量保证体系。有的研究者基于教师教育大学化的理念、模式和政策变革对教师教育质量观及其保障体系进行了研究。有的研究者对地方教师教育院校、非师范院校、综合性高校等不同类型院校的教师教育质量保障措施进行了研究，对教师教育人才培养模式及课程改革思路进行了探讨。

关于教师培训(继续教育)质量的研究也是教师教育质量研究的一个重要内容，主要涉及以下四方面研究内容。

一是教师培训质量保障体系研究。有研究者将教师培训质量保障体系的组织构成确定为中小学教师继续教育的法制建设系统、经费保障系统、质量评估系统以及教师培训机构继续教育质量管理系统和中小学本体的继续教育质量保障系统五部分。② 也有研究者将教师继续教育质量保障体系分为质量管理系统、质量评估系统和质量信息反馈系统三个子系统。③ 关于我国教师继续教育质量保障体系的建设思路，有研究者指出：要建立和完善我国教师继续教育的法制体系；建立教师继续教育师资资格认定制度；引入竞争机制，

---

① 朱旭东：《教师教育标准体系的建立：未来教师教育的方向》，载《教育研究》，2010(6)。

② 胡平凡、林必武：《教师继续教育质量保障体系的构成》，载《教育评论》，2004(4)。

③ 张伟民、董百志：《试析教师继续教育质量保障系统》，载《绍兴文理学院学报(哲学社会科学版)》，2002(3)。

建好教师继续教育基地；建立教师继续教育市场机制；建立教师继续教育教材资料体系；深化教师继续教育教学改革。

二是教师培训质量评价研究。有研究者认为"继续教育评估制度是提高继续教育质量的重要保证"，因此要对继续教育的评估目标、评估范围、评估方式方法及评估指标体系等进行全面调整。① 有研究者指出要"建立教育行政部门主导的外部评价，培训机构主导的三全评价（全因素评价、全过程评价和全员评价）以及中小学校主导的绩效评价"的三位一体的评价体系。② 还有研究者主张建立一套"注重激励、多方参与、客观全面、关注过程、追求实效"的中小学教师校本培训多元评价体系。③

三是教师培训质量存在的问题研究。研究者指出，我国教师培训质量存在诸多问题，总体来说可概括为培训目标不甚明确，培训内容针对性较弱，培训方式呆板、手段单一，培训师资不足。上述问题反映了教师培训工作存在的三方面不足：①服务对象上缺乏教师主体；②组织管理上缺乏统一协调；③培训效果上缺乏有效的监督和评价。④

四是教师培训质量提升的对策研究。研究者认为"教师培训质量保障体系建设是个系统工程"：一方面，要对影响教师继续教育质量的诸因素进行科学统筹；⑤ 另一方面，需要建立与教师职业生涯发展阶段和学校岗位素质相适应的教师继续教育目标和内容，并建立与之配套的资格证书制度和管理制度。⑥ 具体而言，研究者提出以下观点：①建章立制，完善政策，提供经费，确保教师继续教育的顺利开展；②重视培训的针对性和实效性，遵循"按需施教"原则，切合教师需要设置课程和选择培训内容；③拓宽培训渠道，创新培

---

① 郑刚：《新课程改革背景下中小学教师继续教育质量评估问题的思考》，载《中小学教师培训》，2004(11)。

② 王海仔：《建立评价系统，提高新课程教师培训质量》，载《江西教育学院学报(社会科学版)》，2004(1)。

③ 邓洪涛、刘堤仿：《实施多元评价 促进教师发展——中小学教师校本培训质量评价体系的实践研究》，载《中小学教师培训》，2006(11)。

④ 胡艳：《影响我国当前中小学教师培训质量的因素分析》，载《教师教育研究》，2004(6)。

⑤ 胡艳：《影响我国当前中小学教师培训质量的因素分析》，载《教师教育研究》，2004(6)。

⑥ 胡艳：《建立目标为导向的教师继续教育的质量保障机制》，载《教师教育研究》，2006(3)。

训形式，满足不同教师的不同要求；④加强继续教育师资建设，建设专职教师队伍，聘请有声望的学科带头人为兼职教师；⑤重视教育科研，开发"研究性课程"，以研兴培，以培促研，发挥研培结合在提高教师素质中的整合作用；⑥改革培训方式方法，如采用导入选学方式，提倡主体互动的教学方式，实现现代教育技术与传统教学方法有效结合；⑦建立继续教育的质量评估机制，加强对教学的中期评价和终结性评价，促进教师专业成长；⑧完善教学设施建设，优化继续教育条件。

（2）教师教学质量研究

这类研究的核心是对教师教学质量评价的研究，具体又分为三方面研究内容。

一是教师教学质量评价理论研究。关永琛就教师教学质量评价的主客体、功能、原则、指标体系及评价活动的实施进行了详细分析，提出教师教学质量评价要遵循科学性原则、指导性原则、可行性原则、可比性原则。① 王越明就教师教学质量评价体系进行了研究，提出由教学能力、教学工作及教学效果三部分构成的指标体系，并指出在制定评价标准和具体操作时，要做到定性评价与定量评价相结合、随机评价与定期评价相结合、公开性与公平性相结合。② 王景英等人就教师教学质量评价的目的、方式和种类及其容易出现的偏差进行了研究，认为将教师个体教学质量评价的主要内容限定为学生在课程上的学习成绩是合理的，对教师教学质量评价要兼顾效果和效率，考虑到其复杂性与政策性。③

二是教师教学质量评价标准研究。相关成果集中体现在由国家基础教育实验中心熊梅领衔的团队所完成的三个关于现代教师教学质量评估标准的调查研究报告中。这三个报告分别就教师教学质量评估的条件标准、过程标准和效果标准进行了研究，采用的方法主要是问卷调查法和访谈法。在条件标准研究中，熊梅团队对教师素质结构的五个要素，即"思想政治道德素质、科学文化素质、现代教育观念、教学能力和身心素质"与教师教学质量的关系进行了研究；在过程标准研究中，对教师教学工作中相互联系的五个基本环节，

①　关永琛：《教师教学质量评价论纲》，载《辽宁高等教育研究》，1992(4)。

②　王越明：《教师教学质量评价之浅探》，载《现代中小学教育》，1995(1)。

③　王景英、郭述平：《教师教学质量评价应注意的几个问题》，载《辽宁教育学院学报》，1998(3)。

即"备课、上课、作业布置与批改、课外辅导、测试与质量分析"与教师教学质量的关系进行了研究；在效果标准研究中，围绕体现教师教学效果的基本因素，即"学生的学习习惯和方法、学业成绩、能力发展"与教师教学质量的关系进行了研究。三项研究均得出了相应的结论，并在此基础上提出，建立现代教师教学质量评估标准应该在考虑继承性的基础上，突出时代性和发展性；在考虑共同性的基础上，突出差异性，关注教师的年段特点和学科特点；适当考虑专家、校长、优秀教师和高级教师的意见，以保证评估标准具有一定的代表性、权威性和合理性。此外，还有研究者提出了教师教学质量评价的七条标准。[①]

三是教师教学质量评价方法研究。研究者基于模糊数学理论提出综合判定法，基于系统工程思想提出定量评价法，基于教师教学质量评价的"多指标、多层次、多方法"等系统特征提出层次分析法，基于灰色理论提出"定性与定量结合、以定量分析为主"的教师质量灰色评估法，基于"教学质量的动态本质和相对性"以及"教学工作的个体性和劳动的某些商品性"提出中学教师教学质量的绩商评价法与联绩计奖法。在对教师教学质量评价进行研究的同时，部分研究者还关注到了教师工作质量的评价问题，指出"教师的工作质量，不仅表现在课堂教学效果上，还应该全面地从教学效果、教书育人、教学建设、关心集体等各方面来衡量，并提出教师工作质量评价的数理统计方法；还有研究者基于"教师工作的固有特点和规律""系统科学的整体性原理""从感性到理性的辩证唯物主义认识论"，提出教师工作质量评价的双向加权整体综合法。[②] 由此看来，研究者对教师教学质量、工作质量的评价受系统科学的影响较大，同时大部分研究者都推崇对教师的量化评价。

(3)教师工作生活质量研究

教师工作生活质量(Quality of Work Life)是从企业人力资源管理理论的视角提出的一个新概念。我国研究者关于教师工作生活质量的研究源于2000年。虽有研究者认为该研究在我国已经经历了孕育、发展、深化三个阶段，但总体来看其进展非常缓慢。截至2011年以"教师"及"工作生活质量"为题的期刊学术论文不到20篇，且其中很大一部分是对高校教师工作生活质量的研

---

① 崔秉正：《评价教师教学质量的标准》，载《教育科研通讯》，1986(5)。

② 吴正光、丘志明、黄宗明：《双向加权，整体综合评价教师工作质量的探索》，载《教育论丛》，1989(4)。

究而非对中小学教师的研究，此外还有报纸文章 1 篇、硕士学位论文 3 篇、会议论文 3 篇。在我国，教师工作生活质量研究的代表人物有孙钰华、郭继东、罗儒国等，他们的研究主题涉及以下三个方面。

一是关于工作生活质量的概念、渊源及其发展历程的研究。目前，教师工作生活质量尚未有一个公认的概念，主要有主观感受说、理念价值说和方案措施说三种。二是教师工作生活质量的内容结构及评价指标体系研究。内容结构方面的代表性观点有"学校凝聚力、工作满意度及工作参与感"三要素说；评价指标体系方面的代表性观点有"教师工作环境、教师专业生活质量与教师业余生活质量"三级说。三是教师工作生活质量的调查研究，这部分研究的文献相对较多，主要有因素研究、现状研究和对策研究三部分。在因素研究方面，孙丽红通过自编的小学教师工作生活质量调查问卷，结合访谈法收集有关教师工作生活质量的评价指标，运用因素分析法确定评价指标并赋予权重，形成了小学教师工作生活质量的评价指标体系。[1] 贾璐等人通过自编问卷对农村中小学教师工作生活质量进行测查，得出的结果显示，不同群体农村教师的工作生活质量在工资待遇、工作环境、社会地位、同事关系、学生关系与组织支持因子上存在着差异。其中，工资待遇、工作环境与组织支持因素对农村教师工作生活质量起到良好的正向预测作用。[2] 在现状研究和对策研究方面，孙钰华结合调查、访谈、观察等方法对农村教师工作生活质量进行了研究，发现农村教师的工作环境、专业生活质量、身心状态以及业余生活质量都存在诸多问题，为此提出相应的建议，如在学校成立教师工作生活质量小组，建立发展性教师评价机制，加强农村教师的职业认同教育，重视农村教师的身心健康，改造贫困文化，为农村教师的发展提供良好的社会环境。[3] 舒晓燕提出要采取措施，切实提高高中教师的社会地位和待遇：学校管理以师为本，民主管理；从人力资源的角度，进行教师职业生涯管理，促进教师专业化发展；缓解职业压力，关注高中教师心理健康；引导教师丰富业余生活，注重运动休闲。[4]

---

[1] 孙丽红：《小学教师工作生活质量评价指标体系研究》，硕士学位论文，华东师范大学，2009。

[2] 贾璐、胡强、梁卓韬：《安徽省农村中小学教师工作生活质量调查研究》，载《中国成人教育》，2011(11)。

[3] 孙钰华：《关于农村教师工作生活质量(QWL)的研究》，载《教育科学》，2007(3)。

[4] 舒晓燕：《高中教师工作生活质量探析》，载《教学与管理》，2009(19)。

总体来看，我国教师工作生活质量研究存在如下局限：调查研究多而理论研究少，对高校教师的研究多于对其他阶段教师的研究，对工作生活质量与教师绩效相关度的研究还比较少，特别是教师工作生活质量的定位亟待厘清，研究视野有待拓展，评价体系有待深化，本土化研究亟待加强。

(三)国内研究者对美国教师质量及其问责的相关研究

美国教师质量保障政策和体系研究是我国教师质量研究的一个重要主题，而且是最早涉及美国教师质量问责这一研究问题的领域之一，研究成果较为丰富。这些成果将美国提高教师质量的有益经验介绍到国内，对我国实施教师资格证书制度等改革举措具有积极的借鉴意义，并为本书奠定了一定的文献基础。

1. 关于美国教师质量研究的综述

国内对美国教师质量研究的综述主要有两篇，分别是戴伟芬的《美国教师质量研究述评——教师有效性的视角》和贺慧敏的《美国关于中小学教师质量与学生成绩关系研究述评》，二文均发表于 2009 年；此外，还有国外教师质量研究综述一篇，是刘钧燕的《国外教师质量和教师激励的研究综述》，发表于 2007 年，该综述也涉及众多美国学者的研究成果。戴伟芬在其论文中基于教师有效性，梳理了近 30 年来美国学者的相关研究，探究了教师经验、教师培养方案和学位、证书种类、专业培养课程、教师资格考试成绩五个与教师质量密切相关的子项目(或维度)对教师有效性的影响，得出如下结论：①合格的教师不一定就是高质量的教师；②这五个子项目在不同程度上促进了教师质量的提高；③教师质量对具体情境的要求很高。贺慧敏在其论文中从教师资格、教师特性、教师实践和教师绩效四个方面综述了美国学者关于教师质量与学术成绩之间关系的研究，得出如下结论：①美国当前对教师质量与学生成绩的研究还没有达到成熟的阶段，但其研究是有益的；②美国教师质量问题的研究是建立在大量的教育实例研究基础上的。刘钧燕在其论文中梳理了 20 年来国外研究者对教师质量和教师激励问题的相关研究，将他们的研究主题归纳为"教师质量与教师激励""从学校特征角度讨论对教师的激励""工资对教师的激励作用""一些制度性安排对教师的激励作用"四个方面，并分别从上述四个方面进行了综述。在这三篇研究综述中，戴伟芬的论文侧重于对大量实证研究成果的结论进行观念层面的梳理和提炼，理论性较强，而另外两篇综述则在文章框架下罗列了大量的实证研究案例，在理论提炼上尚显不足。总体来看，这三篇综述均是针对美国教师质量的相关实证研究所进行的，而国内目前尚未有关于美国教师质量问责机制研究的文献综述。

2. 关于美国教师质量观的研究

朱旭东、周钧于 2006 年发表了《美国教师质量观及其保障的机制、管理和价值分析》一文，从美国专业团体、学者个人和政府的角度探讨了教师质量观的内涵，分析了美国政府的行政机制、专业团体的专业机制以及教师教育机构的学术机制三种教师质量保障机制，并分别讨论了美国州政府和专业团体的质量保障管理机制，最后提出了教师质量保障机制的五个价值趋向，即学术价值趋向、专业发展价值趋向、满足多元需求价值趋向、实践价值趋向、学术文凭与资格证书的对等价值趋向，进而为教师质量的研究提供了一定的思想基础。[①] 此外，顾琪章在《美国的"教师质量"观透视》一文中对美国专业教学标准委员会（NBPTS）、夏洛特·丹尼尔森（Charlotte Danielson）的教师质量观以及美国宾夕法尼亚州对教师质量的理解进行了译介。[②]

3. 关于美国教师质量保障政策的研究

一是关于《不让一个孩子掉队法案》（简称 NCLB 法案）的相关研究。研究者主要就 NCLB 法案所界定的高质量教师的标准、实施策略和实施成效进行了研究，总结出美国联邦政府教师质量保障政策的六个特点：以拨款促进法律条款的实施；注重政策的一体化和衔接性；在监控的基础上奖惩并重；平衡公共利益与专业团体利益；反映社会共识和包容差异；注重调动多方面的政府资源。与此同时，研究者还分析了 NCLB 法案存在的两方面问题：一方面是强调"以阅读和数学成绩"为标准考核学生，另一方面是过于强调教师所具备的（学科）知识而非教学实践能力，并结合我国教师教育实际提出了相应的建议：增加教师培训经费，强化各级政府在教师培训过程中的财政责任意识；培训规划要考虑到地区教育发展的不平衡性，特别是农村地区的教师培训实际；培训内容应该集中在教师的专业发展上，开展分科培训，等等。

二是关于全美教师教育认证委员会（NCATE）与教师教育认证委员会（TEAC）专业认证的研究。洪成文就 NCATE 的认证目的、认证标准框架、认证程序及其与教师教育政策决策部门、教育学院（系）和教育研究及学科专业委

---

① 朱旭东、周钧：《美国教师质量观及其保障的机制、管理和价值分析》，载《比较教育研究》，2006(5)。

② 顾琪章：《美国的"教师质量"观透视》，载《中国教师》，2005(10)。

员会之间的关系进行了研究。洪明及其团队发表的系列文章，就 TEAC 产生的背景、性质与职能、具体的认证程序以及与 NCATE 进行比较的优势及争议进行了系统论述。洪明及其团队的核心观点如下：就认证的对象与机构的性质而言，NCATE 实施机构认证，TEAC 实施专业或方案认证。NCATE 是由机构成员构成的，其现有机构已经达到 30 多个，且它的标准的专业代表性更强；TEAC 则主要是由一些综合性大学校长和文理学院院长组成的，其成员不是团体机构，而是个人。就认证的理念而言，TEAC 注重参与式评估，而 NCATE 注重外部评估。就认证的标准而言，NCATE 的标准是自定自洽的，而 TEAC 的标准是它选开放的。就认证的证据而言，NCATE 对证据的要求是具有规定性的，而 TEAC 则更具灵活性。在未来的发展前景上，由于 NCATE 和 TEAC 的相似之处越来越多，面临的共同问题也越来越多，两者相互影响、相互合作是大势所趋。

三是关于美国教师质量保障体系演进的研究。2011 年，洪明发表了《美国教师质量保障体系的演进历程与当代启示》一文，将 19 世纪 20 年代以来美国教师质量保障体系的历史演进划分为内部专业保障制度的形成、外部专业保障制度的崛起、外部专业保障和行政保障的结盟、专业取向与选择性路径保障系统的并存四个阶段，并通过对美国教师质量保障系统形成与发展的历史进行回顾得出七个结论。① 张文在其 2008 年的硕士学位论文《20 世纪 80 年代以来美国基础教育教师质量保障体系研究》中将美国基础教育教师质量保障体系的历史沿革划分为静默期、形成期、发展期、调整期，并从内部质量保障体系和外部质量保障体系两个维度进行了研究。② 郭志明通过对 200 多年来美

---

① 这四个阶段的划分与《美国教师质量保障体系历史演进研究》中的划分是一致的，即"内部专业保障制度的形成"对应的是"师范学校时期"，"外部专业保障制度的崛起"对应的是"师范学院时期"，"外部专业保障和行政保障的结盟"对应的是"大学教育学院时期"，"专业取向与选择性路径保障系统的并存"对应的是"教学专业发展一体化时期"。得出的七个结论是：(1)保障教师质量需要建立有适当层级的质量保障系统；(2)教师质量保障体系应具有既维持国家标准又容纳地方需求的弹性空间；(3)教师质量的评估应基于教学专业自身的特点；(4)教师质量保障体系的建立和运行应充分考虑社会政治、经济与文化因素；(5)教师质量的评估应当充分考虑不同评估维度要素间的平衡；(6)正确处理教师入职资格认证、教师教育认证和优秀教师资格认证之间的关系；(7)正确处理培养、考试和认证之间的关系。

② 他认为美国基础教育教师质量保障体系历史沿革的具体分期为静默期(殖民地时期至 1823 年)、形成期(1823 年至 19 世纪末)、发展期(20 世纪初至第二次世界大战前)、调整期(第二次世界大战后至 20 世纪 70 年代末)。

国政府机构与专业团体联手合作建立教师质量保障制度的历史脉络进行了研究，得出如下结论：①美国教师质量保障制度权力结构的历史变迁，使其由过去的单一、垄断走向多元、互补，由粗犷的外部管理走向严格的内部规范；②教育行政部门和专业团体之间的矛盾，是教师专业化运动中的一对基本矛盾，二者联手合作是教师专业化发展的必然结果。① 此外，国内研究者还对美国教师质量存在的问题以及相关政策及其影响、经验、评价与启示进行了研究，但是这方面的文献比较少。

4. 关于美国教师质量问责的研究

20 世纪 90 年代以来，问责成为美国教师教育改革的主线，教师质量问责的研究和运用已经风靡美国，但在我国似乎还少有问津。2010 年之后，我国开始有学者关注美国教师质量问责、教师教育质量问责的研究，其关注点主要集中在以下三个方面。

一是美国教师教育问责的历史研究。谢赛认为，美国教师教育问责制经历了由强调输入到注重输出、由一切围绕未来教师到逐渐指向儿童的两次转型，先后经历了基于审核或认证标准的教师教育、未来教师在教师资格证考试中的表现、未来教师对儿童学术成就的影响三种表现形态。②

二是美国教师质量问责的取向研究。段晓明认为，美国教师质量问责呈现出基于标准、基于表现、基于测试三种不同取向，当前主要侧重在强调教学实践的校本策略、实施综合均衡的评价体系、关注专业学习共同体的构建三个方面。③

三是教师问责背景下的教师专业发展研究。王夫艳认为，教育问责是教师不可逃避的现实工作情境，而培植教师个人的道德信念、增强教师的道德能力、赋权给教师，是问责背景下提升教师专业责任的有效路径。④ 乔雪峰认为，随着问责制度的盛行，教师专业性处于管理主义、市场主义和表现主义三种力量的共同作用下，教师如何重塑专业形象、实现再专业化是一个有

---

① 郭志明：《政府机构与专业团体联手合作建立教师质量保障制度——美国教师质量保障体制权力结构变迁》，载《河南大学学报（社会科学版）》，2009(4)。

② 谢赛：《美国教师教育问责制的两次转型》，载《清华大学教育研究》，2011(2)。

③ 段晓明：《问责视角下美国教师教育的变革走向——基于政策文本的分析》，载《比较教育研究》，2013(10)。

④ 王夫艳：《教育问责背景下教师的专业责任观》，载《全球教育展望》，2012(3)。

待深入研究的问题。①

此外，国内研究者还对英国、法国、德国、日本、韩国、南非等国的教师质量进行了相应研究，研究主题主要是教师质量的政策和实践。②

(四)对我国教师质量及其问责研究的评价

基于对我国教师质量及其问责的研究历史和研究内容的梳理分析，下文从研究方法、研究主题和研究趋势三个方面进行评价。

1. 对研究方法的评价

目前，我国教师质量研究根据不同的问题采用了不同的方法，如理论研究和比较研究多采用文献法、比较分析法、历史分析法，而实证研究多采用问卷调查法、访谈法等。但是也存在一些问题，例如，在采用文献法和比较分析法的研究中，大多研究都选取国外的政策文本类文献为研究对象，很少选取理论探讨类文献作为研究对象，存在重实践而轻理论的倾向。实证研究对我国教师质量现状进行研究的文献比较多，但对教师质量影响因素的实证研究不多，存在重宏观而轻微观的倾向。这两种研究倾向都导致我们对教师质量理论认知不足，进而直接影响到教师质量研究的深入开展。

2. 对研究主题的评价

一是研究主题较多，但研究深度有待拓展。目前，我国教师质量研究涉及的主题有教师质量的概念研究与教师质量的调查研究，涵盖的领域主要有教师教育质量研究、教师教学质量研究、教师工作生活质量研究以及国外教师质量改进政策研究。在国外教师质量改进政策研究中，文献较多且研究较为深入的是关于美国教师教育质量保障体系的研究。整体来看，我国教师质量研究尚处于起步阶段，成果不多，有影响的研究团队不多，代表性成果较为缺乏，研究深度明显不够；实践层面的研究多，理论研究明显滞后；调查研究方法单一，信度、效度不高。二是外延研究较多，但内涵研究数量不足。

---

① 乔雪峰、黎万红：《问责制度下教师专业性——"去专业化"与"再专业化"间的主要争论》，载《中国人民大学教育学刊》，2012(3)。

② 《英国政府关于提高教师质量的具体措施》，载《山东师范大学学报(人文社会科学版)》，1985(3)；洪子锐：《法国中学教师：质量高，待遇优厚》，载《外国中小学教育》，1989(4)；蔡昌锡：《日本如何保证中小学教师的质量》，载《外国中小学教育》，1987(4)；姚巍、章苏静、肖飞生：《南非教师质量问题及归因分析》，载《外国教育研究》，2011(10)；柳国辉、谌启标：《韩国教师质量监控政策及其改革取向》，载《外国中小学教育》，2004(7)。

从概念的内涵和外延层面来看，目前我国关于教师质量概念的外延，即关于"教师××质量"的研究较多，而对教师质量概念的内涵研究数量不足，如教师教育质量、教师教学质量、教师工作生活质量等研究构成我国 21 世纪以来教师质量研究的主题。但明确以"教师质量"为对象的研究却非常缺乏，现有研究对教师质量概念本身界定不清晰，诸多基础的理论研究尚未充分展开，而且对教师质量的构成维度（或要素）及其与教师质量之间相互关系的研究也明显欠缺。

3. 对研究趋势的评价

一是教师质量研究稳步发展，但教师素质研究有一定程度的回落。20 世纪 80 年代，关于教师素质和教师质量的研究成果在数量上并没有多大的差别。然而，20 世纪 90 年代，特别是 1995 年之后，我国在较长的时期内处于教师素质的概念和话语体系之内，对教师质量的研究明显不足。但是，自 21 世纪初以来，随着国家教育改革发展和教师队伍建设实践的质量转向以及外部质量话语的不断影响和渗入，我国研究者对教师质量的关注度不断提高，成果产出也逐年增多，一些稳定的研究方向和研究团队逐步形成。与之相反，我国教师素质的研究在 2001 年左右达到一个高峰之后，其研究成果在数量上呈现出逐步回落的趋势。二是教师质量研究的主题更加丰富，视角更加多元。纵向来看，我国研究者对教师质量的研究已从单一的教师教学质量评价研究扩展到教师教育质量、教师工作生活质量等研究主题；在研究视角上，已有研究者从管理学、心理学等视角进行研究。这都标志着我国教师质量研究正在逐步趋于成熟。

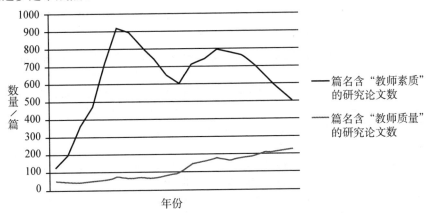

图 0-2 中国知网数据库关于篇名包含"教师素质""教师质量"的研究论文数走势图(1995—2014 年)

二、美国研究者对教师质量及其问责的研究

相对于我国研究者对教师质量及其问责的研究，美国研究者对这一主题进行了较为全面而深入的研究。下面，笔者重点从研究历史、研究内容、研究评价等方面对美国研究者对教师质量及其问责的研究进行综述。

(一)美国教师质量的研究历史

20 世纪 80 年代之前，"教师质量"(teacher quality)在美国也不常用，但 20 世纪 80 年代之后，尤其是 21 世纪以来，"教师质量"几乎成为备受青睐的"明星词汇"①。根据研究文献的丰富程度，笔者将美国教师质量的研究历史粗略地划分为萌芽期(20 世纪 70 年代至 20 世纪 90 年代末)和发展期(21 世纪初至今)两个阶段。

1. 美国教师质量研究的萌芽期(20 世纪 70 年代至 20 世纪 90 年代末)

这一时期美国的教师质量研究文献相对较少，主要散见于教师教育研究的论文中。根据笔者在 ProQuest 数据库中的检索情况，美国第一篇以教师质量为标题的研究论文可能是约翰·欧文(John D. Owen)于 1972 年所发表的《公共就业工资理论取向——一些关于教师质量的计量经济学证据》②。与此同时，20 世纪 90 年代较有代表性的论文有戴维·格里斯默尔(David Grissmer)等研究者的《教师流动与教师质量》③以及达林-哈蒙德的《教师质量和学生成绩：基于州政策证据的综述》等。④ 在著作方面，这一时期出现了韦弗·蒂莫西(Weaver W. Timothy)所著的《美国的教师质量问题：改革的选择性途径》⑤以及埃尔林·博(Erling E. Boe)与多萝西·吉尔福德(Dorothy M. Gilford)主

---

① 洪明：《美国教师质量保障体系历史演进研究》，博士学位论文，福建师范大学，2008。

② John D. Owen, "Toward a Public Employment Wage Theory: Some Econometric Evidence on Teacher Quality," *Industrial & Labor Relations Review*, 1972, 25(2), p. 213.

③ David Grissmer & Sheila Nataraj Kirby, "Teacher Turnover and Teacher Quality," *Teachers College Record*, 1997, 99(1), pp. 45-56.

④ Linda Darling-Hammond, "Teacher Quality and Student Achievement: A Review of State Policy Evidence," http://citeseer.ist.psu.edu/viewdoc/download; jsessionid=39960370 EF75A5E0DE430570545B874E? doi=10.1.1.294.4078&rep=rep1&type=pdf, 2019-01-25.

⑤ Weaver W. Timothy, *America's Teacher Quality Problem: Alternatives for Reform*, New York, Praeger, 1983, p. 46.

编的《教师供给、需求及质量：政策议题、模式和数据库》①。这些论文与著作围绕教师质量展开了初步的研究，其涉猎的范围还较为狭窄，这是由当时教师质量所处的时代背景所决定的。

2. 美国教师质量研究的发展期（21世纪初至今）

进入21世纪以来，美国教师质量研究的进展较为迅速，其成果不仅表现为期刊文章迅速增多，而且表现为有大量的专著陆续出版。这一时期的代表性期刊文章有汉纳谢克等研究者的《教师质量市场》②、丹·戈德哈伯（Dan Goldhaber）等研究者的《教师质量可以有效评价吗？》③、琳达·卡瓦罗兹（Linda Cavalluzzo）的《全国委员会认证是教师质量的有效指标吗？》④以及杰西·罗思坦（Jesse Rothstein）的《教育生产中的教师质量：跟踪、衰变及学生成绩》⑤，等等。

在这一时期，相关专著也大量出版。2000年，韦林斯凯（H. Wenglinsky）的《教学何以重要：将课堂带回教师质量的讨论之中》⑥出版。2002年，兰斯·艾祖米（Lance T. Izumi）与威廉斯·埃弗斯（Williams M. Evers）编辑出版了《教师质量》⑦一书，该书是胡佛研究所（Hoover Institution）与太平洋公共政策研究所（Pacific Research Institute for Public Policy）举办的关于教师质量研讨会的论文集。同年，哈特（J. R. Hart）所著的《教师和教学：当前的议

---

① Erling E. Boe & Dorothy M. Gilford, *Teacher Supply，Demand，and Quality*, Washington，DC，National Academy Press，1992，p. 82.

② Eric A. Hanushek, John F. Kain & Daniel M. O'Brien, et al. , "The Market for Teacher Quality," https：//www. nber. org/papers/w11154. pdf，2019-01-25.

③ Dan Goldhaber & Emily Anthony, "Can Teacher Quality Be Effectively Assessed?" http：//www. urban. org/UploadedPDF/410958 _ NBPTSOutcomes. pdf，2012-12-12.

④ Linda Cavalluzzo, "Is National Board Certification an Effective Signal of Teacher Quality?" http：//nbpts. org/wp-content/uploads/Cavalluzzo _ IsNBCAnEffectiveSignalof-TeachingQuality. pdf，2019-01-25.

⑤ Jesse Rothstein, "Teacher Quality in Educational Production：Tracking，Decay, and Student Achievement," http：//qje. oxfordjournals. org/content/125/1/175. full. pdf，2012-12-12.

⑥ H. Wenglinsky, *How Teaching Matters：Bringing the Classroom Back into Discussions of Teacher Quality*, Princeton，NY，Milken Family Foundation and Educational Testing Service，2000，p. 122.

⑦ Lance T. Izumi & Williams M. Evers, *Teacher Quality*, Stanford，CA，Hoover Institution Press，2002，p. 13.

题》①一书中的第一章就是詹姆斯·斯特德曼(James B. Stedman)撰写的《教师质量与数量》。2003 年，詹妮弗·赖斯(Jennifer K. Rice)的《教师质量：理解教师特性的效能》②出版。2006 年，詹姆斯·斯特朗(James H. Stronge)等研究者编辑出版《教师工资与教师质量：吸引、培养并保留最好的教师》③一书。2007 年至 2010 年，刘易斯·所罗门(Lewis C. Solmon)等研究者编辑出版的《利益相关者如何支持教师质量》④、约翰·亨宁(John E. Henning)等研究者编辑出版的《提高教师质量：运用教师工作样本以做基于证据的决策》⑤、秋叶原子(Motoko Akiba)与杰拉尔德·勒滕德(Gerald LeTendre)合著的《提高教师质量：全球视野中的美国教学队伍》⑥、凯瑟琳·韦斯特利(Katherine E. Westley)编辑出版的《教师质量与学生成绩》⑦、玛丽·肯尼迪(Mary M. Kennedy)编辑出版的《教师评估与对教师质量的探求手册》⑧等研究专著相继问世。学位论文方面，有哥伦比亚大学教师学院的凯瑟琳·庞安(Catherine H. Pangan)的博士论文——《教师质量：执行主管、政府官员和纽约市教师的不同观点》⑨。由此可以看出，21 世纪以来，美国教师质量研究在深度和广度

---

① J. R. Hart, *Teachers and Teaching*: *Current Issues*, New York, Nova Science Publishers, 2002, p. 77.

② Jennifer K. Rice, *Teacher Quality*: *Understanding the Effectiveness of Teacher Attributes*, Washington, DC, Economic Policy Institute, 2003, p. 113.

③ James H. Stronge, Christopher R. Gareis & Catherine A. Little, *Teacher Pay & Teacher Quality*: *Attracting*, *Developing*, & *Retaining the Best Teachers*, Thousand Oaks, CA, Corwin Press, 2006, p. 42.

④ Lewis C. Solmon, Kimberly Firetag Agam & Citadelle Priagula, *How Stakeholders Can Support Teacher Quality*, Charlotte, NC, IAP, 2007, p. 7.

⑤ John E. Henning, Frank W. Kohler, Victoria L. Robinson & Barry Wilson, *Improving Teacher Quality*: *Using the Teacher Work Sample to Make Evidence-based Decisions*, Lanham, Rowman & Littlefield Education, 2009, p. 97.

⑥ Motoko Akiba & Gerald LeTendre, *Improving Teacher Quality*: *The U. S. Teaching Force in Global Context*, New York, Teachers College Press, 2009, p. 14.

⑦ Katherine E. Westley, *Teacher Quality and Student Achievement*, New York, Nova Science Publishers, 2010, p. 32.

⑧ Mary M. Kennedy, *Teacher Assessment and the Quest for Teacher Quality*: *A Handbook*, San Francisco, Jossey-Bass, 2010, p. 234.

⑨ Catherine H. Pangan, "Teacher Quality: Differing Perspectives of Executives, Government Officials, and New York City Teachers," PhD diss. , Teachers College, Columbia University, 2008.

上都有深化和拓展，成为美国教育研究者和政策制定者广泛关注的议题。

(二)美国教师质量的研究内容

20 世纪 80 年代以来，教师质量一直是美国教育研究者和政策制定者研究的一个热点问题。总的来说，美国学者对教师质量的研究，涉及非常宽泛的领域，包括教师特征、教师认证、教师许可、教师资格考试以及学生学业成绩等诸多主题。传统上，这一领域的研究焦点是确认什么样的教师或教师教育项目对学生学习有显著的、积极的影响，并对这种教师或教师教育项目的特征进行研究和确认。但是，这一领域当前的研究越来越强调结果证据和项目问责，即通过 K-12（幼儿园到 12 年级）学生考试分数和学业收益来实现对教师质量和教师教育质量的评价和问责。这一领域的主要研究内容如下。

1. 教师特征与教师质量的关系研究

这类研究一般围绕某些具体的教师特征与学生学习、学生学业成绩之间的关系展开，目的在于确认何种教师特征是教师质量的有效表征，并将其作为教师质量问责的依据。汉纳谢克、格林沃尔德（Greenwald，R.）、奈（Nye，B.）等研究者就教师从教的时间、教龄对教师质量的影响进行了研究。戈德哈伯等研究者就教师的受教育水平与其任教学生的成绩之间的关系进行了研究。汉纳谢克等研究者就教师工资与学区、学校教师质量的关系进行了研究。弗格森（Ferguson，R.）、莱瑟姆（Latham，A. S.）等对教师的学术能力、学术水平对学生学业的影响进行了研究。这是美国学者关于教师特征研究的核心主题，主要围绕一些客观的、可测量的教师特征展开。同时，还有一些研究者对教师情意、教师行为等进行了研究，但是这类研究为数不多，影响也较为有限。

2. 教师认证与教师质量的关系研究

这类研究主要解决两个问题：一是认证教师是否比非认证教师更为有效，二是传统项目还是替代性项目能够培养出更为有效的教师。这是对教师教育项目进行质量问责的研究基础。达林-哈蒙德、弗格森等学者的研究发现，经过认证的教师更有可能进行有效教学，促进学生学业成绩的提高。戈德哈伯等研究者研究发现，由全国性委员会认证的教师所教的学生在标准化考试中的得分更高，而且相对于那些没有经过此类认证的教师所教的学生而言，有更好的学业表现。① 然而，也有一些公开发布的研究报告认为，传统的认证过程并没有培养出更为有效的教师，而且在一定程度上阻碍了教师教育领域的创新。代表性的报告有莱文（Levine，A.）的《培养学校教师》②和沃尔什（Walsh，K.）的《教师教育：归之于空》③。尽管这些争论还在继续，但是教师认证依然是一个广受认可的教师质量指标。

3. 教师资格考试与教师质量的关系研究

在教师认证研究中，资格考试是一个备受关注的研究主题，且教师资格考试分数是美国对教师教育项目质量问责的一个传统指标。20 世纪 80 年代，美国要求参加资格考试的州从 1980 年的 10 个增加到 1989 年的 44 个；到 2000 年的时候，50 个州提出了教师认证的要求，其中 44 个州已经采取了某种形式的教师资格考试作为获得认证的要求。认证和资格考试成绩已经成为美国教师质量、教师教育项目质量的常用指标。有研究者发现学生考试分数与"在校期间的表现、找到好工作的能力以及未来的工资收入有一定相关性"④。但也有一些研究者认为，标准化考试不能对候选人在教师教育项目中的学习成效进行充分考查，也不能作为教师候选人是否能进行实际教学的证据。⑤ 对此，有研究者指出教师资格考试旨在确保教师候选人满足基本的能力要求，而不是为了评估教师的表现和效能。⑥ 此外，胡德（Hood，S.）、科克伦-史密斯（Cochran-Smith，M.）等诸多研究者的研究发现，项目入学考试和教师资格考试阻碍了少数族裔进入教学领域，不利于增强教师队伍的多样性。

---

① Dan Goldhaber & Emily Anthony，"Can Teacher Quality Be Effectively Assessed?" http：//www. urban. org/UploadedPDF/410958 _ NBPTSOutcomes. pdf，2012-12-12.

② Levine，A.，"Educating School Teachers," http：//files. eric. ed. gov/fulltext/ED504144. pdf，2015-07-26.

③ Walsh，K.，"Teacher Education：Coming up Empty," http：//files. eric. ed. gov/fulltext/ED493850. pdf，2015-07-26.

④ Walsh，K.，"Teacher Education：Coming up Empty," http：//files. eric. ed. gov/fulltext/ED493850. pdf，2015-07-26.

⑤ Murnane，R. J. & Steele，J. L.，"What Is the Problem? The Challenge of Providing Effective Teachers for All Children," *The Future of Children*，2007，17(1)，pp. 15-43.

⑥ Cochran-Smith，M.，"The Outcomes Question in Teacher Education," Teaching & Teacher Education，2001，17(5)，pp. 527-546.

4. 学生学业成绩与教师质量的关系研究

鉴于教师特征、教师认证及教师资格考试在确认教师质量方面的有限性，政策制定者开始为问责寻找更为客观的结果证据，即直接将学生学业成绩与教师质量联系起来，常用的工具就是增值评估系统或模型。增值评估系统被许多研究者视为教师质量量化评价的有效工具。考虑到学生的人口特征、资源、学校环境等因素，它使用相应的公式对学生多年的考试分数进行追踪，然后计算并归因于个体教师。桑德斯等研究者对田纳西州的增值评估系统和达拉斯的增值问责系统进行了较为深入的研究。[①] 尽管增值评估系统能对教师质量进行客观的评价，但是这种问责路径也遭到质疑，包括对学生学习成效考查的有限性[②]、对标准化考试的不恰当应用[③]、学业成绩数据的不完整性[④]以及对影响学生学习的外部因素的忽视[⑤]，等等。但是，整体而言，增值评估仍然是一种迅速发展的教师质量问责路径。泰克威（Tekwe，C. D.）等研究者对美国现有的增值评估模型进行了综述，总结出三类模型，分别是分层线性模型（Hierarchical Linear Model，HLM）、分层混合效应模型（Layered Mixed Effects Model，LMEM）和简单固定效应模型（Simple Fixed Effects Model，SFEM），并对每种模型的公式、变量进行了详细的分析。[⑥] 研究者的综述显示，增值评估系统和模型正处于发展的初期，仍处于不断测验和修正

---

① Sanders，W. L.，Saxton，A. M. & Horn，B.，"The Tennessee Value-Added Assessment System: A Quantitative Outcomes-Based Approach to Educational Assessment," In J. Millman（Ed.），*Grading Teachers，Grading Schools：Is Student Achievement a Valid Evaluation Measure?* Thousand Oaks，CA：Corwin Press. 1997，pp. 137-162.

② Mary M. Kennedy，"The Problem of Evidence in Teacher Education," In Roth，R. A.（Ed.），*The Role of the University in the Preparation of Teachers*，London，Falmer Press，1999，pp. 87-107.

③ A. J. Wayne & P. Youngs，"Teacher Characteristics and Student Achievement gains: A Review," *Review of Educational Research*，2003，73(1)，p. 89.

④ Murnane，R. J. & Steele，J. L.，"What Is the Problem? The Challenge of Providing Effective Teachers for All Children," *The Future of Children*，2007，17(1)，pp. 15-43.

⑤ D. Ballou，W. Sanders & P. Wright，"Controlling for Students' Background in Value-Added Assessment for Teachers," *Journal of Educational and Behavioral Statistics*，2004，29(1)，pp. 37-65.

⑥ Tekwe，C. D.，Carter，R. L.，Ma，C.，et al.，"An Empirical Comparison of Statistical Models for Value-Added Assessment of School Performance," *Journal of Educational and Behavioral Statistics*，2004，29(1)，pp. 37-65.

之中，其未来发展的方向就是寻找更为科学合理的方法以提供教师质量对于学生学习的实证性证据。

5. 激励机制与教师质量的关系研究

有研究者将教师质量问题视为"供求问题"，即这个职业有没有吸引合适的（right）人进入教学。① 因此，政策制定者对那些潜在的能够提高教师质量的激励机制给予充分关注。研究者也进行了深入探讨，主要研究的内容有教师薪酬和工作条件两方面。教师薪酬是吸引高质量候选人进入教师职业的有利条件。默南（Murnane，R. J.）等研究者进行的一系列研究显示教师薪酬是教师在教师职业中工作时间长短的重要决定因素。② 苏珊娜·洛布（Susanna Loeb）等研究者发现，教师的工资对于高中辍学率和大学入学率有显著的影响，即提高教师工资的 50％能降低高中辍学率 15％以上，提高大学入学率近 8％。③ 菲戈利奥（Figlio，D. N.）也发现，在当地劳动力市场，教师工资和教师质量之间存在显著的积极关系。④ 对于教师的工作条件，研究者主要关注下列因素，如班级规模、所教班级的数量及教学负担、学生及教师的组成特征、设备条件及教学材料的质量、参加专业发展活动的机会以及合作和决策的机会等。其一，大量研究发现，班级规模对于学生学业没有显著影响；部分研究发现班级规模小于 20 个学生的时候会产生一定的积极效应。⑤ 其二，有研究发现，当关注教师改变教学地点的原因时，学生的特征（如收入、种族和学业）是一个极度相关因素。⑥ 其三，对于设备条件和教学材料的质量或者

---

① Liston, D. , Borko, H. & Whitcomb, J. , "The Teacher Educator's Role in Enhancing Teacher Quality," *Journal of Teacher Education*, 2008，59(2)，pp. 111-116.

② Murnane, R. J. & Olsen, R. J. , "The Effects of Salaries and Opportunity Costs on Duration in Teaching: Evidence from North Carolina," *Journal of Human Resources*, Winter, 1990，25(1)，pp. 106-124.

③ Susanna Loeb & Marianne E. Page, "Examining the Link Between Teacher Wages and Student Outcomes: The Importance of Alternative Labor Market Opportunities and Non-Pecuniary Variation," *The Review of Economics and Statistics*, 2000，82(3)，pp. 393-408.

④ Figlio, D. N. , "Teacher Salaries and Teacher Quality," *Economics Letters*, 1997 (55)，pp. 267-271.

⑤ Jennifer Buckingham, "Class Size and Teacher Quality," *Educational Research for Policy and Practice*, 2003(2)，pp. 71-86.

⑥ Paulo Santiago, "Teacher Demand and Supply: Improving Teaching Quality and Addressing Teacher Shortage," http: //dx. doi. org/10. 1787/232506301033, 2012-09-11.

参与专业发展活动的机会等因素的实证研究还比较缺乏。

(三)美国教师质量问责的若干研究主题

与 20 世纪 60 年代研究强调通过增加投入来改进教师质量不同，20 世纪 80 年代以来，结果、责任、绩效、问责在教师教育领域中发展起来。当前，教师质量问责在美国已经成为常态，并成为美国教育质量问责的重要部分。关于教师质量问责机制，美国学者进行了较为深入的研究。

1. 教师质量问责的动因研究

波普莱顿（Poppleton，P.）等人认为，对教育结果感到不满是政府加强对教师质量的监控及问责的主要原因。[①] 莫琳·哈里曼（Maureen T. Harriman）认为，政府对教师专业发展的投入大量增加，同时教育机构需要提供足够的证据以证明经费使用的正当性及有效性，因此主张对经费的使用效益进行问责。[②] 此外，对教育绩效的关注以及新公共管理运动的兴起，都是教师质量问责兴起的基本动因。

2. 教师质量问责的类型研究

在美国，教师质量问责主要分为政府问责和专业问责。在政府问责体系中，政府或者其他官方机构制定教师行为规范和教师标准以确保教师对公众负责，满足公众和政府的需要，是一种自上而下的问责模式。在专业问责体系中，专业机构设定质量问责标准，要求教师达到专业机构的期望标准。二者都关注问责，但在如何理解教师质量、如何评价教师质量、设计问责程序及如何确保获得高质量教师等方面存在争议。加恩（Garn，G.）认为四种问责类型构成了大多数项目的基础，这四种问责类型为政府问责、绩效问责、市场问责和专业问责。[③] 柯斯特（Kirst，M.）认为，需要通过综合每种问责框架

---

① Poppleton，P.，Riseborough，G.，"Teaching in the Mid-1980s：The Centrality of Work in Secondary Teachers' Lives," *British Educational Research Journal*，2013，16(2)，pp. 105-124.

② Maureen T. Harriman，"Toward a Pluralistic View of Accountability：Possibilities and Troubles," http：//files. eric. ed. gov/fulltext/ED438622. pdf，2015-03-19.

③ Garn，G.，"Moving from Bureaucratic to Market Accountability：The Problem of Imperfect Information," *Educational Administration Quarterly*，2001，37 (4)，pp. 571-599.

的特性,来平衡不同问责体系的非预期效应。① 例如,芬恩(Finn,C.)建议将基于标准的问责与以教育券为形式的市场问责相结合。② 戴(Day,J.O.)认为,专业问责的一些弊端可以通过引入绩效或基于考试的问责来得到革除。③

3. 教师质量问责的证据研究

政府问责体系,强调以学生的考试成绩来评价教师质量,如《国家处于危险之中:教育改革势在必行》(A Nation at Risk:The Imperative for Educational Reform)、《不让一个孩子掉队法案》等都主张结果导向的教师质量问责,代表人物是汉纳谢克、威尔科克斯(Wilcox,D.)等学者。专业问责体系则主张以细致的专业成就和标准衡量教师质量,包括将课程标准与学生特征有效衔接的教学实践能力、对学生产生积极影响的能力及教师的反思和研究能力等指标,代表人物是达林-哈蒙德、科克伦-史密斯等学者。

4. 教师质量问责的评价模式研究

评价模式中具有较大影响力的是问责的增值评价体系(value-added system of accountability),即根据学生在标准化测验中所取得成绩的进步与变化情况来评价教师质量和学校效能。这种评价经常通过对某位学生相邻的两个学年的测试分数进行比较来实现。分数上的进步被认为是教师质量所增加的价值。这是目前美国教师质量问责的一个主流评价模式,代表人物是桑德斯。

5. 教师质量问责的政策研究

研究的焦点主要集中在《不让一个孩子掉队法案》与《高等教育法案》的问责要求、实施成效等方面。《不让一个孩子掉队法案》使整个美国致力于提高学生学业标准,对高质量教师进行了法律界定并提出了问责要求,并通过联邦教育经费杠杆促使各州提高教师标准,进而有效地激发各州改进教师质量。但是,达林-哈蒙德等学者也指出该法案存在的一些不足,包括教师招募和培养资源的不足,对教师工作环境的忽视以及学区可以利用的技术知识匮乏,

---

① Kirst,M.,*Accountability:Implications for State and Local Policymakers*,Washington,DC,U.S.Department of Education,Office of Educational Research and Improvement,Information Services,1990,p.42.

② Finn,C.,"Giving Schools a Failing Grade,"*Hoover Digest*,2003,2 (3),p.1.

③ Day,J.O.,"Complexity,Accountability,and School Improvement,"*Harvard Educational Review*,2002,72 (3),pp.293-329.

等等。① 在美国联邦层面，1998 年的《高等教育法案修正案》要求各州和高等教育机构要就其教师培养状况进行年度报告。每个州还要基于该州自行设定的标准，识别和协助低表现的教师教育项目，对于确定为处于低表现危险之中的或低表现的教师教育项目，要取消联邦经费的资助。这两个法案是美国教师质量问责史上最为重要的两个法案，是诸多教育研究者研究的对象，拥有较为扎实的研究成果。

6. 教师质量问责与教师专业发展的关系研究

博尔科（Borko，H.）②、斯迈利（Smylie，M. A.）③等研究者发现，促进教师的专业发展将有效提升教师质量及其任教学生的学业成绩。他们甚至认为，教师的专业发展居于教育改革和教学改进的中心位置。大多数州要求教师只有参加规定时数的专业发展培训才能更新教师执照；④ 部分州要求教师获得硕士学位，并为教师获得高级学位提供经费奖励。反过来，有效的质量问责有助于教师的专业发展，但是部分问责也会对教师产生负面的影响。约瑟夫·派德拉（Joseph Pedulla）等研究者发现，如果教师认为问责措施与其工作相关并能促进预期目标的实现，那么教师就会对问责产生积极的感觉。⑤ 利思伍德（Leithwood，K.）以及斯坦巴克（Steinbach，R.）研究发现，如果问责举措被视为政治性的或者与教师价值观不一致，就会使教师对问责产生消极的感觉。而且，如果问责对教师的判断和决策构成限制，或者问责目标不明、资源不足、时间表不切实际，也会使教师对问责产生负面的感觉。研究发现，教师对问责改革运动的接受程度，取决于改革的目标、构建教师专业行动的

---

① Linda Darling-Hammond, "How Teacher Education Matters," *Journal of Teacher Education*, 2000，51(3)，pp. 166-173.

② Borko, H. , "Professional Development and Teacher Learning：Mapping the Terrain," *Educational Researcher*, 2004，33(8)，pp. 3-15.

③ Smylie, M. A. , "From Bureaucratic Control to Building Human Capital：The Importance of Teacher Learning in Education Reform," *Arts Education Policy Review*, 1997，99(2)，pp. 35-38.

④ Hill, H. C. , "Learning in the Teaching Workforce," The Future of Children, 2007(17)，pp. 111-127.

⑤ Joseph Pedulla, Larry Ludlow & Emilie Mitescu, et al. , "An Accountability Model for Initial Teacher Education," *Journal of Education for Teaching*, 2003，36(4)，pp. 353-381.

能力和允许教师拥有落实项目的时间和资源的能力。①

(四)对美国教师质量及其问责研究的评价

根据对相关文献的梳理,本书下面将对美国教师质量及其问责研究的方法、主题和价值进行评价。

1. 研究方法的实证取向

用"实验、统计、测量"等定量研究方法对教师质量诸因素之间的关系进行的实证研究,在美国教师质量研究中大为盛行,并成为美国教师质量研究显著的方法特征。与此同时,结合不同的研究问题,研究者还较多地使用了课堂观察法、问卷调查法和访谈法。美国教师质量研究方法的另一特征是研究视角的多元化:研究者从经济学、政治学等学科视角出发对教师质量的投入产出关系、权利利益关系进行了较为深入的研究,使跨学科研究成为美国教师质量研究的一个显著特征。

2. 研究主题的多元取向

美国教师质量的研究主题呈现明显的多元取向:研究者围绕教师质量的界定、不同主体的教师质量观、教师质量与学生成绩、教师质量与教师个性特征、教师质量与教师课堂实践、教师质量与教师薪酬、教师质量与教师流动、教师质量与教育公平、教师质量与教师专业发展、教师质量的评价及指标体系、教师质量的提升途径等各个主题展开了研究。这与国内教师质量研究主题的狭窄化形成了鲜明的对比。

3. 研究价值的学生中心取向

教师质量及其问责研究的根本目的是以高质量教师服务于学生的发展。目前,美国教师质量研究虽然主题众多,方法多样,但均围绕着一个核心目标,即服务于学生的发展。尽管大部分研究都将学生发展的指标量化为学生的学业成绩存在着一定的不合理性,但是其以学生发展为中心的突出的研究价值取向,不仅使教师质量研究获得了合法性基础,而且获得了政府和社会的关注,并得到了持续的项目经费支持。

---

① Leithwood,K. & Steinbach,R.,"Indicators of Transformational Leadership in the Everyday Problem Solving of School Administrators," *Journal of Personnel Evaluation in Education*,1991,4(3),pp. 221-244.

　　综合国内学者与美国学者对教师质量及其问责的相关研究，本书得出以下结论。国内外学者关于教师质量的概念、构成、评价、保障及问责等方面的研究成果，为本书提供了较为丰富的文献，奠定了一定基础，有益于本书的理论建构。但是，国内外很少有系统梳理美国教师质量问责机制的研究，而且已有的教师质量问责理论研究缺乏清晰的、整合性的研究视角。特别是国内尚未有系统的教师质量问责研究，未形成基本的理论框架，相对美国而言明显滞后，主要表现在以下三个方面：一是成果数量少，明确以教师质量问责、教师教育质量问责为主题的文章不足 10 篇；二是起步时间比较晚，国内 2011 年才有研究者开始关注教师质量问责这一主题；三是研究主题不集中，成果较分散，尚未展开系统研究。为弥补这些不足，本书立足于前人的成果，以美国教师质量问责机制的时代背景、代表性理论及其核心内容与政策主张、实践案例、经验、影响等为研究重点，以期对美国教师质量问责机制进行较为深入的研究，呈现出美国教师质量问责的整体图景。

第三节　研究框架：教师质量问责机制研究的总体设计

一、概念界定及其框架[①]

　　概念既是人类思维的形式，又是人类认识的成果，以内涵与外延相统一的方式构成主体对客体的规定性把握。人类在自己的社会实践活动中，必须只能以概念的方式去实现对世界的本质性、普遍性、必然性和规律性的把握和解释。[②] 在科学研究中，概念更是被称为"一切学问性的知识最重要的工具之一"[③]，且"优良的科学研究需要把思维建立在权威的定义基础上"[④]，以保证科学研究的精确性。本书涉及的核心概念主要有质量、教师质量、问责、教师质量问责、教师质量问责理论。

[①]　赵英、王华锋：《教师质量概念建构的内涵与外延》，载《山西师大学报（社会科学版）》，2014（4）。

[②]　孙正聿：《哲学通论》，39 页，上海，复旦大学出版社，2010。

[③]　[德]韦伯：《韦伯作品集》，170 页，桂林，广西师范大学出版社，2004。

[④]　[美]约翰·W. 克雷斯威尔：《研究设计与写作指导：定性、定量与混合研究的路径》，114 页，重庆，重庆大学出版社，2007。

（一）质量

"质量"作为一个专门术语，最初源于工商业领域。在现代社会，质量概念已经被广泛应用于不同的领域。在教育领域也不例外，教育质量、教学质量、科研质量、人才培养质量等概念已经司空见惯。但是，要准确地理解和界定上述概念，必须基于对质量本身的概念理解，这也是界定教师质量的重要基础。

中英文词典对质量的界定虽有不同，但都指向了一点，那就是事物、产品或工作的优劣程度。质量管理学中的质量概念，一般被认为经历了"符合性"到"适合性"再到"满意性"三个阶段的演进过程，形成了目前国际上普遍认同的一个质量定义，即"一组固有特性满足要求的程度"，进而使质量概念由一个具体的、孤立的、客观的和解析式的概念逐渐发展成为抽象的、系统的、主观的和综合式的概念。而且，随着概念的演进，质量所适用的载体也发生了显著变化，由 ISO 8402：1986 标准中的"产品或服务"转化为 ISO 8402：1994 标准所述的"实体"，包括"可以单独描述和研究的事物，可以是活动或过程、产品、组织、体系或人，及上述各项的组合"。目前国际普遍认同的质量定义，即 ISO 9000：2000 标准的质量定义对于质量载体更是未做说明。[①] 这使得质量概念的适用范围更加广泛，从而在某种程度上证明了教师质量概念的合法性。基于此，本书采用 ISO 9000：2000 标准的质量定义，即"一组固有特性满足要求的程度"。

（二）教师质量

"教师质量"对应的英文短语是"teacher quality"。据笔者掌握的资料及查阅情况，"教师质量"还没有作为一个词条出现在我国的词典工具书中。在我国台湾地区，有学者对"教师素质量"（quality of teacher）的概念进行了界定，即"教育教学工作人员所具备的教育素质、素养和专业能力的高低、深广及合理度"，并指出"教师素质量取决于教师的培养、选拔、任用等环节的质量保证。教师素质是影响师资质量的根本因素，是决定教育教学工作成败的关键"[②]。通

---

① 鲍悦华、陈强：《质量概念的嬗变与城市发展质量》，载《同济大学学报（社会科学版）》，2009(6)。

② 颜庆祥、汤维玲：《教育百科辞典》，445 页，台北，五南图书出版股份有限公司，1994。

过这一界定我们可以看出，教师素质与教师质量是有区别的。

本书主要基于国际公认的 ISO 9000：2000 标准中的"质量"概念来建构"教师质量"的概念，将"教师质量"界定为教师基于专业发展规律而养成的专业特性满足以学生发展为核心的多样化要求的程度。在对该教师质量概念进行内涵解析的时候，我们要关注以下几点。第一，必须基于教师专业发展规律，这是界定、研究和评价教师质量的基础。第二，必须关注和突出人本性。教师质量的载体是教师，形成过程基于师生互动，落脚点是学生发展，人本性是其突出特征，这也是教师质量区别于其他质量概念的根本特征。第三，教师质量体现了教师所具有的专业特性满足各类利益主体要求的程度。这是教师质量概念的一个核心维度，即满足要求的程度是衡量教师质量高低的标准。为了更好地理解教师质量的概念，我们需要对教师质量、教师素质、教师效能的概念进行区分。

1. 教师质量与教师素质两个概念的联系与区别

我国研究者关于教师素质的概念界定，目前主要有心理品质说、职业质量说、基本条件说、综合要素说、品质要求说五种。[①] 他们分别把教师素质定义为教师从事教育教学活动所应具有的"心理质量的总和""一种职业质量""基本要求和条件""知识、技能、理论、艺术、思想水平以及生理素质、心理状态和行为习惯""心理和行为品质的要求"。从上述定义中我们可以看出，教师素质概念的主体是教师，指向的也是教师，旨在阐明教师本身应该"具有什么"。而教师质量的概念并不局限于教师本身所具备的素质，而且特别关注教师素质所达到的实际效果，其概念的主体是教师，指向却是学生，旨在阐明教师满足以学生发展为核心的多样化需求的程度。也就是说，教师素质必须转化为学生发展的效果，必须满足各利益主体的要求，这是教师质量的一个重要维度。因此，教师质量的概念既可以承接教师素质概念的"合理内核"，又可以超越其局限性。

与教师素质类似的概念，还有教师素养。有研究者直接将教师素养与教师素质两个概念等同起来，认为教师素养就是教师具有的素质和修养，教师素养的高低直接影响教师的质量。[②] 叶澜教授认为"教师的专业素养是当代教师质量的集中表现，它应以承认教师职业是一种专业性的职业为前提"，并指出未来教

---

① 赵英：《我国教师素质理论研究述评》，载《上海教育科研》，2013(4)。

② 郭少英、朱成科：《"教师素养"与"教师专业素养"诸概念辨》，载《河北师范大学学报(教育科学版)》，2013(10)。

师专业素养包括以下内容，即具有与时代精神相通的教育理念、多层复合的知识结构以及理解他人和与他人交往的能力、管理能力和教育研究能力。① 因此，教师素养与教师素质在内涵上更为一致，与教师质量的概念均有所区别。

2. 教师质量与教师效能两个概念的联系与区别

效能，即效力、效率、功效。在教师教育的研究中，教师效能经常被界定为教师教学实践的产出结果，主要通过教师对学生学业考试成绩的贡献度来进行评估。也有学者从更为宽泛的角度来界定教师效能，认为教师效能是指"教师达成自身设置的教育目标或者达到教育部门、立法者和政府官员、学校行政人员预期的教育结果"②。因此，教师效能与教师质量的共同之处在于它们对结果的关注。但是，教师效能对于学生多方面发展的关注不够，而是将学生学业成绩作为重要的关注点，未能将教师专业发展纳入效能概念，忽略了教师效能与教师专业发展之间的内在联系。因此，在美国，很多研究者都把教师效能作为教师质量的一个重要维度③，认为对教师效能的评估并不能反映教师质量的全貌。

实际上，在美国研究者的观念中，教师质量是一个多维的概念，包括教师效能、教师资格、教师专长、教师能力、教师个性、教师绩效、教师成功等多个维度，并具有不同的评价工具与指标。表 0-1 可以使我们更全面地了解教师质量的维度以及相关概念之间的联系与区别。

表 0-1　美国学者关于教师质量概念界定的若干维度④

教师效能 (teacher effectiveness)	概念阐释：在教师质量的研究中，"有效"(effective)意味着教师对于结果产生某些直接影响。对教师而言，这一术语经常被界定为教师对学生学业考试成绩的贡献度，尽管它也可能评价其他重要的学习成效，如高中毕业率、学生的学习积极性、学习效能感以及其他社会的、行为的或智能的成果。因此，高度有效教师(high effective teachers)被界定为那些有证据表明其产出了较多学生学业成果的教师。

---

① 叶澜：《新世纪教师专业素养初探》，载《教育研究与实验》，1998(1)。

② 谌启标、柳国辉：《西方国家教师效能研究发展述评》，载《教育研究》，2011(1)。

③ Jane G. Coggshall, "Communication Framework for Measuring Teacher Quality and Effectiveness：Bringing Coherence to the Conversation," http：//files. eric. ed. gov/fulltext/ED543771. pdf, 2015-07-06.

④ Jane G. Coggshall, "Communication Framework for Measuring Teacher Quality and Effectiveness：Bringing Coherence to the Conversation," http：//files. eric. ed. gov/fulltext/ED543771. pdf, 2015-07-06.

	评价工具与指标：学生学业成绩，包括增值方法、发展模型；辍学率；正式记录的学生作业；学生的喜爱度、学生的参与度、学生的保持度。
教师资格 （teacher qualification）	概念阐释：合格教师（qualified teachers）要持有证书证明其成功完成一项州（或国家）认可的教师教育项目，展现出良好的品质（一般通过一项犯罪历史认证），持有一个学士学位。而且，几乎所有的州都要求教师进行学科和教育学的考试才能获得州的认证。 评价工具与指标：学位；课程或成绩单；认证或许可要求；教师教育项目状态；认证考试的分数线。
教师专长 （teacher expert）	概念阐释：专家教师（expert teachers）对所任教的学科知识和如何从事学科教学的教育学知识有深入和广泛的理解。专家教师不仅拥有学生如何学习的一般性知识，而且还拥有一系列帮助学生学习的有效的教学方法。专家教师具有在任教环境的文化上的胜任力。 评价工具与指标：考试，包括学科知识或教育学知识的多项选择测验或自拟答案测验；教学档案；课堂观察；专业发展的相关评估。
教师能力 （teacher capacity）	概念阐释：拥有成功能力的教师（teachers with a capacity for success），展示出将其专业背景融入更好的教学的能力。比如，他们已经受过很好的教育，致力于持续的学习，善于反思，有条不紊，有良好的口语能力，能够分析他们的教学，明确表述和提炼他们的教学哲学。 评价工具与指标：教师访谈；资格审查；教学案例或课堂片段；课堂观察；智力测验；口语能力测验；教学哲学陈述。
教师个性 （teacher character）	概念阐释：有个性的教师（teachers of character）拥有某些与优质教学相关的特征或性情，如敏感、温暖、热情、积极、创新、坚持、同情、投入、高自我效能和真诚。 评价工具与指标：教师访谈；个人及职业的评价信息；学生调查和访谈；家长调查和访谈；课堂观察；教学哲学陈述；背景检查或指纹识别。

教师绩效 （teacher performance）	概念阐释：高绩效教师（high-performing teachers）是那些被观察的行为满足或超过教学实践的高标准的教师。高绩效教师展示出能为所有学生提供高质量教学的知识和能力。这些教师将可能产出较多的学生学习成果。 评价工具与指标：教学档案；校长/同行/专家评估，运用结构化的观察指南；加利福尼亚教学绩效评估（CATPA）；加利福尼亚教师绩效评估（PACT）；教学提升项目（TAP）以及其他州和地方的评价；教师工作案例；视频评价；教学案例分析；教师日志分析；学生调查和访谈；家长调查和访谈。
教师成功 （teacher success）	概念阐释：成功教师（successful teachers）是指高效地促进学生成功的教师，因此他们可能将促进学生发展和成功。 评价工具与指标：效能评估和绩效评估的结合。

（三）问责

与"问责"相对应的英文词是"accountability"，该词的词根是"account"，即会计、账目清算之意，后逐步引申为说明、解释的意思，直到 17 世纪初期该词才有了"责任"的含义。① 从辞书的解释来看，"accountability"一词的含义是要求或期某人对其行为做出解释、说明。比如，《朗文当代英语辞典》将"accountability"界定为"负责任的情况或质量"（the condition or quality of being accountable），而"accountable"的意思则为"必须对某人的行为做出解释"②；《麦克米伦高阶美语词典（英语版）》则将"accountability"界定为"主体居于特定职位时应该接受公众的批评，负有对公众进行与其职能相关的事情进行解释的责任"③。

就学者的界定而言，阿尔特巴克（Altbach，P. G.）将问责界定为"一种向

---

① Wanger，R. B.，*Accountability in Education：A Philosophical Inquiry*，New York，Routledge，1989，p. 7.

② 《朗文当代英语词典》，7 页，上海，世界图书出版公司，1993。

③ 《麦克米伦高阶美语词典（英语版）》，1199 页，北京，外语教学与研究出版社，2003。

外部顾客证明其行为责任的要求"①。阿姆斯特朗(Armstrong, J.)将问责界定为"系统化的收集、分析和应用信息,使学校、教育者和其他人对学生的表现负责。基于标准的问责指的是收集和报告学生达到确定标准的进步信息"②。特罗(Trow, M.)将问责界定为"就资源是如何使用的以及达到了何种效果向他人报告、解释、证明、答疑的一种义务。与问责相关的基础性问题包括谁负责、负责什么、对谁负责、通过何种方式负责以及有何后果"③。与此类似,布里克(Bryk, A. S.)也认为,要完整地对问责做出界定,关键在于回答以下三个问题④:谁对谁负责及负责什么?如何收集证据并确认标准是否达到?对于达到或未达到标准的机构或个人,问责体系需做出什么样的回应?

基于上述分析,本书将"问责"界定为"行为者通过报告、解释、证明及接受相应评估与奖惩而对其行为结果负责的一种实践"。

(四)教师质量问责

关于教师质量问责的概念,美国的研究者进行了一些探讨,代表性的观点有以下几种。苏珊(Susan, J. E.)认为,在教师教育语境中,问责指的是教师教育项目对"把个体充分地培养为有效教师"负责的一种实践⑤,即教师教育质量问责。萨慕伯(Sambar)认为教师质量问责是对教师从事有挑战性的、要求高的、令人振奋的教学工作的能力、技能、效能和表现的评估结果。⑥

---

① Altbach, P. G. , "Patterns in Higher Education Development," In P. G. Altbach, R. O. Berdahl & P. J. Gumport (Eds.), *American Higher Education in the Twentyfirst Century: Social, Political, and Economic Challenges*, Baltimore, MA, The John Hopkins University Press, 2005, pp. 15-37.

② Armstrong, J. , "What is an Accountability Model? In Issue: Accountability," Education Commission of the States, 2013-07-20.

③ Trow, M. , "Trust, Markets and Accountability in Higher Education: A Comparative Perspective," *Higher Education Policy*, 1996, 9(4), pp. 309-324.

④ Bryk, A. S. , "Observations About the Productive Uses of Assessment to Strengthen High Schools," Remarks Prepared for the Transforming Secondary Education Conference, Kirkland, WA, 1999.

⑤ Susan, J. E. , "Teacher Education Program Accountability: In Search of Meaningful Outcomes Evidence," PhD diss. , Capella University, 2007.

⑥ Catrina R. Knight. , "The Effects of High-Stakes Testing on Teacher Accountability," PhD diss. , Capella University, 2008.

伊顿（Eaton）认为教师质量问责是确保教师的能力和持续的专业发展满足不断变化的学生需求的一种评估和专业发展机制。① 根据《不让一个孩子掉队法案》的界定，问责通过对学生学业成绩数据的收集使州、学区、学校、教师对学生的学习负责。② 由此推出，《不让一个孩子掉队法案》视域下的教师质量问责就是指通过对学生学业成绩数据的收集使教师对学生的学习负责。

基于本书对教师质量和问责的概念界定以及美国研究者对于教师教育、教师质量问责的相关阐释，本书将"教师质量问责"界定为相关利益主体就保证和改进教师质量的结果做出报告、解释、说明并接受相应的评估和奖惩的一种实践。

（五）教师质量问责理论

本书的研究对象是教师质量问责理论。因此，我们有必要了解理论是什么。所谓理论，即"概念、原理的体系。是系统化了的理性认识"③。孙正聿先生把理论解释为规范人们思想和行为的概念的逻辑体系，即理论"以概念的逻辑体系规范着我们想什么和不想什么、怎么想和不怎么想、做什么和不做什么、怎么做和不怎么做，也就是以概念的逻辑体系规范着我们的思想内容和思维方式、行为内容和行为方式"④。据此，本书认为，教师质量问责理论就是各类主体基于不同视角和利益诉求而形成的关于教师质量问责的思想和行为的概念的逻辑体系，旨在对教师质量问责的思想内容和思维方式、行为内容和行为方式做出解释、规范、反思和批判。

因此，教师质量问责理论能够帮助我们更好地理解、把握和解释不同主体关于教师质量问责的思想内容和行动主张，进一步规范我们关于教师质量问责的理论认知、思想观念和政策实践，启发我们批判地去研究当前教师质量问责的相关问题，并引导我们构建和不断完善教师质量问责的理论和实践体系。

---

① Catrina R. Knight. ，"The Effects of High-Stakes Testing on Teacher Accountability，" PhD diss. ，Capella University，2008.

② U. S. Department of Education，"The No Child Left Behind Act of 2001，" http：//www2. ed. gov/nclb/overview/intro/execsumm. pdf，2013-07-20.

③ 《辞海》，1349 页，上海，上海辞书出版社，2009。

④ 孙正聿：《哲学通论》，59～60 页，上海，复旦大学出版社，2010。

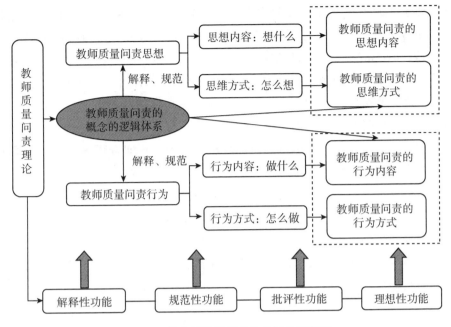

图 0-3　教师质量问责理论的概念框架图

二、研究框架

本书的研究框架主要基于布尔克（Burke，J. C.）的"问责三角"框架与汉纳谢克的"问责四要素"理论。

（一）布尔克的"问责三角"框架

本书采用布尔克的"问责三角"框架（the accountability triangle）①，对美国教师质量问责的机制进行研究。布尔克的"问责三角"框架将政府力量（state priority）、学术力量（academic concern）和市场力量（market force）作为美国教育领域问责的三大主体或压力来源。政府力量旨在满足公众对高质量教师的需求和要求。学术力量主要反映专业领域对教师质量的利益诉求。市场力量则主要基于学生、家长等教育"顾客"对教师质量提出的需求和要求。基于上

---

① Burke，J. C.，"The Many Faces of Accountability，" In Burke，J. C. (Ed.)，*Achieving Accountability in Higher Education：Balancing Public，Academic，and Market Demands*，San Francisco，Jossey-Bass，2005，pp. 1-24.

述三种主体的不同立场，布尔克提出了三种不同形式的问责，即政治问责（political accountability）、专业问责（professional accountability）和市场问责（market accountability）。政治问责主要由州这个层面的行政机构与立法机构实施，主要依据是规则、产出与结果、响应能力、评价、绩效和量化证据。专业问责主要由学术共同体实施，主要聚焦制度改进、同行评价、输入和过程、声望、信任和质性证据。市场问责主要由顾客和消费者实施，主要聚焦经济利益、消费主义、竞争、质量和价格。这种三角问责代表了三种不同的问责需求、问责文化，共同支撑起美国教育问责的基本框架。

布尔克认为，一个成功的问责体系需要对问责的三角均做出回应，并对三种问责的利益竞争进行适当的平衡，不能使哪一部分得到过度强调而使其他两部分屈从于任何"一角"。正如布尔克所说，"有效的问责体系必须包括足够的市场压力以确保自身对外部需求的灵活反应，充分的政策导向以确保对公众需求的响应，同时必须考虑正当的学术关切"。

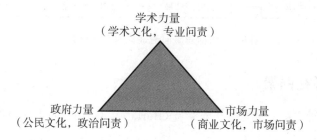

图 0-4　布尔克的"问责三角"框架

(二)汉纳谢克的"问责四要素"理论

美国著名教育经济学家汉纳谢克等人提出，一个完整的问责体系必须包括四个核心要素，分别为总体目标、表现标准、评估工具、结果奖惩。[①] 相应地，教师质量问责的四个关键环节依次为确定目标、制定标准、实施评估和落实奖惩。四个要素完善齐备，四个环节紧密衔接，才能构成一个完整的问责体系。

1. 总体目标

目标，是问责体系的第一个核心要素，旨在确定问责的政策指向和拟

---

① Eric A. Hanushek & Margaret E. Raymond, "The Confusing World of Educational Accountability," *National Tax Journal*, 2001, 54(2), pp. 365-384.

保障达成的发展目标，决定着整个问责体系设计、实施的基础和方向。而且所有的标准、评估、奖惩等问责要素都是从目标衍生出来并为目标服务的。在美国，由于联邦和州一般都通过法律法规来确定并实施问责实践，所以问责体系的目标描述通常来自相关的授权法案。目标的设定，一般会采取宏大的、模糊的表述，比如"确保所有的学生拥有进入社会所必需的知识和能力"，这样做的好处在于可以减少"表述上"的分歧，确保法案顺利通过立法机构的批准。但是，另一方面，目标的设定也会在"谁应该做什么、负责什么"等关键问题上留下"真实的"分歧，进而限制问责体系的功能发挥。

汉纳谢克认为，所有的问责体系首先要根据"关注的焦点"确定核心的目标，保证目标的针对性、聚焦性。因此，目标的设定，不能追求从一个问责体系中派生多个目标的用途。因为一个问责体系要满足多元的、分散的目标期待，将会在很大程度上弱化问责体系的整体功效。

2. 表现标准

标准，是对问责目标的具体化和细化，确定了问责所关注的领域或边界，提供了问责实施的基本依据。美国当前最受关注的"学生结果标准"，就是对"提高学生学业成绩"这一总体目标的细化，规定了学生对相关学科知识和能力的掌握程度，成为教师质量问责的基本依据。表现标准一般由权威机构制定，规定了学生学业的最低可接受程度。到 2001 年，美国已有 49 个州建立了学生学业标准。其中，36 个州建立了英语或语言艺术学科标准，44 个州建立了数学学科标准，43 个州建立了科学学科标准，27 个州建立了社会研究学科标准。

汉纳谢克认为，制定标准的目的在于改变行为。标准的制定，关键在于对某一领域所有可能的要素进行系统、精确地选择。这些要素要具有代表性，且能构成一个系统，使人们可以通过这些要素推断出更普遍、更全面的表现水平。制定精确的标准，充满困难和挑战，重点要处理好四对关系：一是要素的代表性与可测性需求之间的关系，二是学生学习目标与评价标准之间的关系，三是不同标准取向（如输入标准或结果标准）与目标达成效果之间的关系，四是专业判断与政治诉求之间的关系。特别是教育目标表述的不精确性以及有效教学路径的不确定性的存在，更增加了标准制定的难度。

3. 评估工具

检验标准是否达到了，必须通过某种评估工具和方式来实现。评估，是问责的关键要素和环节，是决定奖惩激励的基本前提，不过问题在于谁来评估、采用何种方式进行评估、如何将标准落实为有效的指标以及如何设定达标的临界值或分界点。这些问题既是问责体系所必须解决的理论问题，也是其面临的重要实践问题。

当前，美国教师质量问责体系的核心是对教师任教学生的表现的评估，主要通过学业考试成绩来决定。这种考试是否能准确反映教师质量的优劣，则要取决于作为学生学业表现"预测器"的考试的质量。因此，问责体系结构效度的一个关键点是，评估指标是否与标准旨在采集的信息有直接的关系。与此同时，表现评估的运作方式也是一个大家持续争论的议题。标准在落实为具体的评价维度和详细指标的过程中必然要经过抽象和简化，因此也必然会带着某种程度的误差。当前的学生和教师评估工具主要有多项选择的标准测验、简答式测验、观察性研究、工作档案的专家评估等，但是我们对各种评估工具的误差的研究和认识还不充分。此外，我们在评估教师质量的时候还有一个问题，那就是如何从学生能力、家庭背景等诸多学生学业影响因素中分析出教师质量的影响，即设计出教师对学生学业的增值评价工具。

4. 结果奖惩

汉纳谢克认为，问责路径的基本哲学是关注详细而有意义的结果考查，而不是控制过程。针对结果进行奖惩，是支撑整个问责体系的杠杆支点，是问责体系实现既定目标的重要工具。如果没有对结果的奖惩，美国的州、学区、学校、教师就不会对其产生的结果予以负责任的关注，问责体系就失去了基本的压力和动力。对学生而言，考试成绩是决定其毕业、升学以及获得奖学金的依据。对学校和教师而言，问责使他们面临奖优罚劣的后果。有的学校被确认为低表现学校或失败学校，那么它们将根据情况进行关闭、重组或被接管，或者对其教师或校长进行更换。有的州对学业成绩优秀的学校教师给予奖励。有的州允许失败学校的学生重新选择学校。

汉纳谢克认为，在上述四个要素中，表现标准、评估工具和结果奖惩是教师质量问责体系的三脚支架。同时，问责体系运行良好的一个基本原则是，把教师的结果奖励直接与其对任教学生的学业增值贡献度联系起来。为此，问责必须寻求恰当的评价工具，否则将破坏行为与结果之间的联系。汉纳谢克的这一分析结构，为我们研究美国教师质量问责理论以及完善优化现实中的教师质量问责政策提供了一种有益的理论框架和分析视角，因此，本书将其作为美国教师质量问责理论的认识论框架之一。

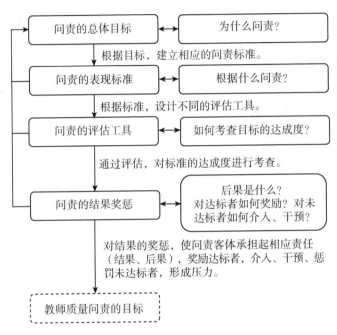

图 0-5　汉纳谢克关于教师质量问责要素的分析框架

　　基于布尔克的"问责三角"框架与汉纳谢克的"问责四要素"理论，我们确定了本书的理论分析框架，即以国家取向、专业取向、市场取向为经，以问责的总体目标、基本标准、评估工具、结果奖惩为纬，以此呈现美国教师质量问责机制的基本图景，如表 0-2 所示。

表 0-2　本书的理论分析框架

三种取向 四个要素	国家取向	专业取向	市场取向
问责的总体目标			
问责的基本标准			
问责的评估工具			
问责的结果奖惩			

（三）本书的研究思路及其框架

本书基于布尔克的"问责三角"框架与汉纳谢克的"问责四要素"理论所构建起来的认识论框架，形成了以国家取向、专业取向、市场取向为经，以问责的总体目标、基本标准、评估工具、结果奖惩为纬的整体分析框架，这也是本书所遵循的两条主线。从整体上而言，本书按照历史研究方法论的规范，综合运用文献分析法、个案研究法、历史比较法展开研究，对美国教师质量问责机制产生的时代背景、主体内容、历史转型、现实图景进行了全面的分析。本书的主要内容包括以下几个方面。

第一章是美国教师质量问责机制产生的时代背景，重点分析教师质量问责机制产生的现实背景、思想背景、舆论背景，梳理美国教师质量界定的基本维度、要素以及美国具有代表性的教师质量观，对若干重要的研究报告中关于教师质量问责的核心观点进行提炼、分析。这是本书的基础工作。

第二、三、四章是美国教师质量问责的三种取向，即国家取向的教师质量问责机制、专业取向的教师质量问责机制、市场取向的教师质量问责机制。这是本书的核心内容，是对三种取向的教师质量问责机制的逻辑基础、核心内容、实践案例及基本特点的研究。

第五章是美国教师质量问责机制的历史转型、现实图景以及对我们的启示。该部分主要对美国教师质量问责的主体、要素及机制转型特征进行了分析，并研究分析了美国三种取向的教师质量问责在理论上的逻辑关系、在实践上的依赖关系，以此呈现美国教师质量问责机制的整体图景。基于此，本书提出了建设中国特色教师质量问责体系的初步建议。

基于上述认识论框架及研究思路，本书的分析框架图确定如下。

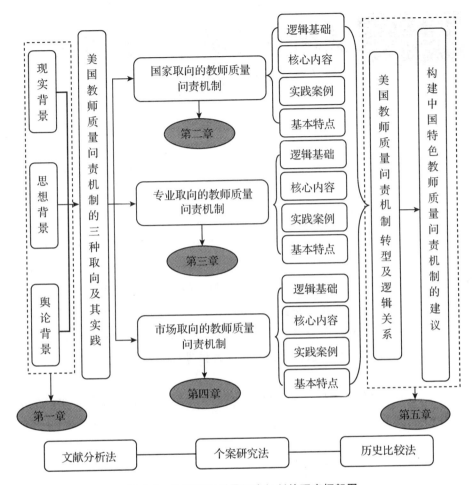

图 0-6　美国教师质量问责机制的研究框架图

第一章 美国教师质量问责机制产生的时代背景

　　任何一种机制的产生，都离不开特定的时代背景和实践需求，离不开相应的思想基础和研究积淀。美国教师质量问责机制的产生，不仅是对美国 K-12 教育改革发展要求的积极回应，也是对美国教师教育现实问题的理性应对；不仅是身处问责时代的诸多教育利益相关者面对教师质量议题时的共同选择，而且具有扎实的思想基础、舆论基础，达成了广泛的社会共识。本章旨在对美国教师质量问责机制产生的现实背景、思想背景与舆论背景进行梳理分析。

第一节　美国教师质量问责机制产生的现实背景

　　理论的产生离不开现实的土壤，实践的创新也离不开现实的需求。美国教师质量问责机制的产生，是对美国 K-12 教育质量问题及改革实践的积极回应，也是对美国教师教育现实问题的理性应对。其中，两个事件对美国教师质量问责理论产生了重大影响。一是 1957 年苏联人造卫星的发射，使以前不甚被美国社会关注的教师教育开始被视为不断增长的社会问题的"原因所在"和"医治良方"，于是提高教师质量成为应对包括教育危机在内的社会危机的关键。二是 1983 年美国高质量教育委员会(National Commission on Excellence in Education)发布了《国家处于危险之中：教育改革势在必行》，该报告尖锐地指出了美国各类优势地位指标逐步衰落的严峻现实，列举了学生成绩下降、学校质量下滑、课程低效散乱等一系列教育问题，并指出全国 50％以上的数学教师、科学教师和英语教师是不合格的①，于是教师质量问题成为社会关注的焦点。这些危机或问题不仅促使美国学者去研究和思考教师质量的问题，并构成了美国教师质量问责机制产生的现实基础和问题要素。

一、K-12 教育的质量问题与倒逼促动

教育离不开教师，高质量教师是教育事业发展的关键要素。研究表明，20 世纪 80 年代以来，美国教师质量的改革举措与美国基础教育改革运动的轨迹是基本一致的②，因为人们对 K-12 教育的质量诉求，必然会反映在教师质量上，反映在对教师教育项目、机构以及其他利益相关方的责任要求中。当前，美国对 K-12 教育质量的问责要求，已经成为一种规则而不是例外（exception），首先要进行的就是对教师质量的问责。③ 可以说，美国社会对 K-12 教育质量的高度关注与深切担忧，是美国社会对教师质量进行问责的第一动力。

（一）应对 K-12 教育质量危机的迫切要求

1983 年，美国高质量教育委员会发布的《国家处于危险之中：教育改革势在必行》严肃指出了美国教育体系的疲软状况，警告"我们社会的教育基础正在被一种不断蔓延的平庸潮流所侵蚀，这种侵蚀威胁着我们国家和人民的未来"④。报告的发布，造成一种全国性"恐慌"，使教育成为一项高度政治化的议题而受到广泛关注，同时教师质量的问责压力凸显，特别是列举了一系列学生学业的"危险指标"。例如，美国学生学业成绩与其他发达国家相比处于明显劣势；在大多数标准化考试中，美国高中学生的平均学业成绩低于 26 年

---

① National Commission on Excellence in Education, "A Nation at Risk: The Imperative For Educational Reform," http: //files. eric. ed. gov/fulltext/ED226006. pdf, 2014-10-20.

② Ladd, H. F. & Hansen, J. S., *Making Money Matter: Financing America's Schools*, Washington, DC, National Academy Press, 1999, pp. 134-297.

③ M. Ben-Perez, "The Impossible Role of Teacher Educators in a Changing World," *Journal of Teacher Education*, 2001, 52(1), pp. 48-56.

④ National Commission on Excellence in Education, "A Nation at Risk: The Imperative For Educational Reform," http: //files. eric. ed. gov/fulltext/ED226006. pdf, 2014-10-20.

前的水平；1963 年以来，美国学生的学术性测验（Scholastic Aptitude Tests，SAT）成绩几乎持续走低，其中，语文平均成绩下降 50 多分，数学平均成绩下降近 40 分，高分段学生的数量和比例显著下降。另据评估数据显示，17 岁学生的科学科目成绩持续下降，等等。①

报告所列举的这些关于学生学业成绩下降的"危险指标"，引发了美国高质量教育委员会对教师质量问题的关注、调查和分析，并基于扎实的数据指出了美国教师质量存在的突出问题：一是难以吸引优秀学生从教，有太多的教师来自高中或大学毕业生的后 1/4 位次；二是教师教育课程中教育方法课程比例过高，用时占到了 41%，大大挤压了学科课程的学习时间；三是教师待遇偏低，从教 12 年的教师的年平均工资仅为 1.7 万美元，而且个体教师在专业决策中几乎没有话语权；四是数学、科学、外语等学科教师严重短缺，从事"天才"学生、非英语母语学生、残障学生教育的专家型教师也严重不足；五是有约 50% 的数学、科学和英语学科的新聘教师不能胜任这些学科的教学工作，并且全美由合格教师进行物理教学的高中不到 1/3。② 这些严峻的问题，使美国各界开始认真审视教师质量的议题，进而将教师质量的改进推向教育改革的前沿。

针对学生学业成绩持续下降、教师质量问题突出的危险局面，美国高质量教育委员会建议为学生设定严格的、可测评的标准，提出更高的要求，并在全国实施标准化测验，把成绩（分数）作为评价学生学业的重要指标。同时，美国高质量教育委员会呼吁实施更严格的问责，通过严格的评估使学校对目标负责。其中，教师质量就是一个需要被突出关注和改进的领域。对此，美国高质量教育委员会建议，凡是准备从事教学工作的人，在教育上应达到高标准，显示出他们有教学的才能并证明他们在学科上是能胜任的；培养教师的学院和大学要根据毕业生对这些标准的符合程度来判断其成绩的优劣；教师的工资、晋升、任用和去留，应当与包括同行评议在内的有效评价制度联系起来，使优秀教师能够得到奖励，使一般教师可以得到鼓励，使水平差的

---

① National Commission on Excellence in Education，"A Nation at Risk：The Imperative For Educational Reform," http：//files. eric. ed. gov/fulltext/ED226006. pdf，2014-10-20.

② National Commission on Excellence in Education，"A Nation at Risk：The Imperative For Educational Reform," http：//files. eric. ed. gov/fulltext/ED226006. pdf，2014-10-20.

教师得到改进、提高或被解雇。① 这些建议在不同程度上都内含着问责的要素，初步提出了教师质量问责的改革设想与改革思路。基于此，《国家处于危险之中：教育改革势在必行》这一研究报告可视为 20 世纪八九十年代美国教师教育改革的起点②，使美国社会深刻认识到教师质量存在的严峻问题，在一定程度上拉开了美国教师质量问责的序幕。

(二)高风险学业考试大规模拓展的推波助澜

如前所述，随着《国家处于危险之中：教育改革势在必行》等系列报告的发布，教育迅速上升为美国国家层面的优先议题，学校改革也开始聚焦于两个相互关联的目标：一是更为严格的学业标准，二是更为严格的质量问责。③标准化考试作为实现上述目标的一项改革举措，获得了许多地方、州和联邦教育政策制定者的广泛支持。④ 考试成绩自然成为学业标准与质量问责之间的纽带和依据。但是，在美国历史上，考试成绩并不是从一开始就与教师质量问责相挂钩的，真正将考试成绩作为教师质量问责的关键要素，开始于高风险考试的大规模拓展。简单而言，高风险考试就是会给学生、教师、学校以及学区带来"严重后果"的考试。学生的学业考试成绩，成为判断教师质量和学校绩效的重要标准。高的分数将得到公众的认可或者经费的奖励；低的分数将受到公众的批评或者严重的惩罚。这一措施背后的理念是，基于学生学业成绩对教师和学校进行奖励与惩罚，能够真正使教师和学校为改进学生学业表现而负起责任。

20 世纪 70 年代之前，考试并不具备"高风险性"。联邦政府和各州使用大规模考试的主要目的是监控教育体系的运行状态，为教师和学生提供有益的信息，但是并没有将特定的奖励或惩罚与学生的考试成绩挂钩。例如，美国教育进展评估(National Assessment of Educational Progress，NAEP)作为联

---

①　National Commission on Excellence in Education，"A Nation at Risk：The Imperative For Educational Reform，" http：//files. eric. ed. gov/fulltext/ED226006. pdf，2014-10-20.

②　周钧：《美国教师教育理论与实践》，28 页，北京，北京师范大学出版社，2015。

③　Schrag，P.，"High Stakes Are for Tomatoes，" *The Atlantic Monthly*，2000，286(2)，pp. 19-21.

④　Haney，W.，"The Myth of the Texas Miracle in Education，" *Education Policy Analysis Archives*，2000，8(41)，pp. 47-58.

邦层面唯一的大规模学业考试，其设计的唯一功能就是监督。[①] 自 20 世纪 70
年代的最基本能力测试运动（Minimum Competency Testing Movement）开展
以来，政策制定者开始将考试结果作为评价个体表现的基础。[②] 20 世纪 80 年
代，学生学业考试变得更为普遍，大规模测验的基本目标也由判断学生的表
现扩展到评价教师的质量上来，开始影响教师的教学。[③] 当学生在考试中的
表现没有达到或超过应有的水准时，家长、社会将责任归咎于学校，特别是
教师，使考试的"高风险性"日益凸显。

《国家处于危险之中：教育改革势在必行》呼吁结束最基本能力测试，建
议各州实施严格的评估使学校对达到更高的学业标准负责。在此呼吁下，20
世纪 90 年代中期，美国各州开始实施州范围的基于学生学业考试成绩的问责
体系，给予达到或超过目标的教师和学校大量的现金奖励；没有达标的学校
面临被接管的威胁，而其校长和教师则有可能被更换。此后很长一段时间内，
越来越多的州将学业标准和考试作为改进教育质量的政策工具：拥有强制性
考试项目的州从 1980 年的 29 个增加到 2001 年的 46 个；到 2001 年已有 48 个
州正在设计或已经实施了基于标准的学业成绩评估，其中，33 个州拥有相应
的问责体系，要求教师对学生的学业成绩负责。[④] 特别是随着 2001 年《不让一
个孩子掉队法案》的通过，美国明确要求各州必须实施学生核心学科的学业考
试，并将学业成绩的适当年度进步情况作为学校问责的关键要素。高风险考
试及与其相联系的问责因此成为各州改进学生学业的一种普遍方式。[⑤] 随着高
风险考试在美国公立学校体系中的盛行，美国对教师质量的问责要求也越来越
迫切，这是教师质量问责产生与发展的一种必不可少的催化剂与助推力。

---

① Hamilton，L. S.，Stecher，B. M. & Klein，S. P.，*Making Sense of Test-Based Accountability in Education*，Santa Monica，CA，RAND Corporation，2002，pp. 79-100.

② Herman，J. L.，"The Effects of Testing on Instruction," In S. H. Fuhrman & R. F. Elmore (Eds.)，*Redesigning Accountability Systems for Education*，New York，Teachers College Press，2004，pp. 141-166.

③ Popham，W. J.，"The Merits of Measurement Driven Instruction," *Phi Delta Kappan*，1987 (68)，pp. 697-682.

④ Hamilton，L. S.，Stecher，B. M. & Klein，S. P.，*Making Sense of Test-Based Accountability in Education*，Santa Monica，CA，RAND Corporation，2002，pp. 79-100.

⑤ Perrault，G.，"The Classroom Impact of High-Stress Testing," *Education*，2000，120(4)，pp. 705-711.

(三)基于标准的 K-12 教育改革的现实要求

标准，构成了 20 世纪 80 年代以来美国 K-12 教育改革的基础。大多数州都实施了基于标准的教育改革。一方面，联邦教育法案积极推动：《2000 年目标：美国教育法案》(Goals 2000：Educate America Act)就提出研制并实施学科标准；美国《中小学教育法案》(Elementary and Secondary Education Act)的修正案要求对接受第一款的学生要应用同样的学科标准，并要求各州至少要在阅读和数学方面制定具有挑战性的学科标准。另一方面，几乎所有的州都实施了以设定学术标准为核心的改革举措，界定了内容标准与表现标准，对"学生应该知道什么和能做什么"以及"学生如何达到某个特定学科领域的熟练标准"等做出了明确规定。在内容标准方面，自 20 世纪 90 年代早期以来，几乎所有的州都制定了不同领域的学科标准。2000 年，美国州立学校首席教育官理事会(Council of Chief State School Officers)发现，49 个州至少已经制定了某个学科的标准。从 1995 年到 2000 年，制定英语/语言艺术标准的州由 20 个增加到 49 个，制定数学标准的州由 25 个增加到 49 个，制定科学标准的州由 23 个增加到 46 个，制定社会研究/历史标准的州由 20 个增加到 46 个。[①]在表现标准方面，表现标准就"学生如何证明其在州学科标准所要求的知识和能力方面的熟练程度"做出界定，将熟练程度划分为及格、良好、优秀等层次，并通过州的评估分数来决定。学科的内容标准与表现标准共同设定了清晰的、具有挑战性的学术期待和目标。评估学生达到这些目标的进步程度基于标准改革举措的核心。与此同时，州也修订了评估和问责体系以测评学生的学业进步程度，并收集信息要求教师和学校对学生的表现负责。

K-12 教育领域的基于标准的改革，对教师质量以及教师教育提出了新的要求。正如李·舒尔曼(Lee Shulman)所说："如果我们期待学生达到更高的标准，那么教育者必须达到更高的标准……正如我们必须为学生确定高标准一样，我们必须为教师确定高标准，因为只要有一位不会教学的教师，就会有数以百计不会学习的儿童。"[②]在这种背景下，学生学业标准不仅成为教师

---

① U. S. Department of Education, "Overview and Inventory of State Education Reforms：1990 to 2000," http：//nces. ed. gov/pubs2003/2003020. pdf，2015-07-23.

② Sack, J. L., "Candidates Tout Teacher-Quality Proposals," *Education Week*, 2000, 19 (24), p. 29.

教学实践的基本依据，对教师"教什么""达到何种程度"做出了规范性要求，而且成为教师教育项目质量和教师质量的评估标准，要求教师必须对学生达到或超过相应的学业标准而负责。正如莱文所指出的，在美国，教师处于一个基于标准、问责驱动的新的教育体系之中，该体系的核心就是要求教师最大限度地提高学生的学业成绩。① 在现实中，美国大多数州基于标准的教育改革一般都伴随着人们对教师教育领域的改革呼吁。它的基本假设是，K-12教育出现问题肯定与教师质量的问题密切相关，而解决K-12教师质量的问题一定是教师教育机构及项目的责任。因此，国家必须对教师质量的改进实施问责，以此作为保证学生顺利达到学业标准的重要基础。

综上，教师质量问责产生，是美国社会各界对教育成就不充分、不平等的现实回应②，并将学校教育表现不佳的原因部分归结为问责的缺失。基于此，无论是政府层面，还是专业层面，都开始将教师质量问责作为教育改革的重要举措之一，试图通过奖励与惩罚激励教师和学校变得更加有效。③

二、教师教育的质量困境与效率之问

美国教师质量问责理论与实践的产生，不仅与弥漫于美国的人们对教育学院教师培养质量的怀疑和批评直接相关，而且与教育学院毕业生在基础知识和任教学科知识方面的不佳表现直接相关。同时，政府层面对教师质量投入的日益增多，使得关于经费使用效益的审查与问责也受到社会各界的广泛关注。

(一)破碎的体系：教师教育质量面临严峻问题

2002年，美国联邦教育部部长提交的第一份教师质量年度报告，将彼时

---

① Levine, A., "Educating School Teachers," http：//files. eric. ed. gov/fulltext/ED504144. pdf, 2015-07-26.

② McDonnell, L. M., "Assessment and Accountability from the Policymakers' Perspective," In J. L. Herman & E. H. Haertel (Eds.), *Uses and Misuses of Data in Accountability Testing. Yearbook of the National Society for the Study of Education*, Boston, MA, Blackwell Publishing, 2005, Vol. 104, Part I, pp. 35-54.

③ Rouse, C. E., "Accounting for Schools：Economic Issues in Measuring School Quality," In C. A. Dwyer (Ed.), *Measurement and Research in the Accountability Era*, Mahwah, NJ, Lawrence Erlbaum Associates, 2005, pp. 275-298.

的教师教育体系称作"一个破碎的体系"，并用详细的数据说明了教师教育质量存在的严峻问题。一是教师质量标准与 K-12 质量标准脱节。截至 2002 年，美国仅有 23 个州采用了与 K-12 学科内容标准相联系的教师标准。二是教师质量的学术标准偏低。报告指出，就一个 29 个州普遍参加的教师资格考试来说，仅有一个州的阅读考试分数线接近美国平均分，另有 15 个州的分数线设定在低于美国平均水平 25％的区间内；在数学和写作考试中，仅有一个州的分数线高于全国平均分。由于标准偏低，90％以上的教师能够通过这些资格考试就不足为奇了。三是替代性路径的项目数量多且要求烦琐。到 2002 年，美国共有 45 个州已经开发了进入教学专业的替代性路径，目的是绕开传统教师教育体系中的一些严格要求，但是这些替代性路径仍然充斥着烦琐的认证要求。四是未取得正式证书的教师比例偏大。报告指出，各州越来越依靠聘用豁免认证的教师以及缺乏全面认证的教师。据统计，在美国全国范围内，约有 6％的教师缺乏全面认证，而且未经认证的教师在高度贫困学校以及诸如特殊教育、数学和科学领域更为集中。[①] 这些数据表明，美国的教师教育机构和项目没有培养出《不让一个孩子掉队法案》所要求的高质量教师，是一个高门槛、低标准的破碎的体系，缺乏有效的教师教育质量保障机制。

　　在这种背景下，教师教育领域内的问责需求与日俱增，同时大量独立的研究报告表达了人们对教师质量以及教师教育项目质量的关切，并呼吁教师教育机构提供客观的、基于结果的关于项目效能的证据。其中，联邦层面的两项问责举措意义深远：一是 2001 年的《不让一个孩子掉队法案修正案》，该法案对高质量教师进行了界定，提出了每个课堂都有高质量教师的目标，并实施了基于学生学业年度适当进步（Annual Yearly Progress，AYP）评估的问责举措；二是 1998 年美国《高等教育法案修正案》第二款的问责规定，要求州教育机构对所在州的教师教育项目效能的证据进行收集和公开报告。在这两项联邦法案的引导下，教师质量以及教师教育质量越来越多地处于日益增强的审查、监督和问责要求之中。

　　而且有研究指出，美国教师教育质量问题的存在与问责机制的缺失或无效有密切的关系。比如，尽管美国《高等教育法案》要求各州识别和改进所在

---

① U. S. Department of Education，"Meeting the Highly Qualified Teachers Challenge：The Secretary's Annual Report on Teacher Quality，" https：//title2. ed. gov/Public/ADATi-tleIIReport2002. pdf，2015-01-15.

州的低表现的教师教育项目，但是几乎没有州为其项目设定有意义的质量标准。最近几年的数据显示，1400 多个举办教师教育的高等教育机构中仅有 37 个被确定为低表现项目，其中 39 个州从未确认过一个低表现项目。[①] 这从一个侧面表明，美国教师教育质量问责机制在严肃性上、实施力度上仍有很大的空间。

(二)钱去哪里了：教师教育经费投入的效率之问

公众和政策制定者要求对公立学校的教育质量、教师质量进行问责的一个重要原因就是巨额财政经费投入了 K-12 教育。据统计，自 1960 年至 20 世纪 80 年代中期，美国公立学校教育的年均经费约占美国国民生产总值(GNP)的 4%。[②] 另据美国国家统计局的资料数据，1998 年，州和联邦政府在公立学校教育上的经费投入达到 3180 亿美元，是除社会保障经费(3790 亿美元)之外的第二大公共事业经费投入；紧随其后的是国防经费 2700 亿美元、医疗保险经费 1930 亿美元、高速公路经费 870 亿美元。[③] 目前，美国公立教育每年的财政经费超过 4000 亿美元。在这些经费中，包括教师工资在内的劳动力支出比例最大，是带动公立学校经费大幅增长的主要原因。以 2002—2003 学年为例，美国中小学教育经费为 3880 亿美元，其中 2380 亿美元用于支付教师及其他人员工资[④]，比例达 61.34%。美国教育经济学家汉纳谢克的一项研究也表明，美国公立学校教育经费增长的三个主要原因依次是教师成本的增加、班级规模的缩小、非教学人员成本的增加。[⑤] 因此，教师薪酬的支出已经成为美国教育经费支出的最大项目。

---

① Chad Aldeman, et al., "A Measured Approach to Improving Teacher Preparation," http://www.educationsector.org/publications/measured-approach-improving-teacher-preparation, 2015-07-10.

② Eric A. Hanushek, "The Economics of Schooling: Production and Efficiency in Public Schools," *Journal of Economic Literature*, 1986(24), pp. 1141-1177.

③ Franciosi, R. J., *The Rise and Fall of American Public Schools: The Political Economy of Public Education in the Twentieth Century*, Westport, CT, Praeger, 2004, p. 48.

④ U. S. Department of Education, "Annual Financial and Statistical Report(2002-2003)," https://files.eric.ed.gov/fulltext/ED485443.pdf, 2019-01-25.

⑤ Eric A. Hanushek, *Making Schools Work*, Washington, DC, The Brookings Institution, 1998, p. 67.

与此同时，学校经费的大幅增加并没有带来学生学业的显著改进。许多批评者指出，公立学校对资源的利用是低效的，并没有以有效改进学生学业为目标。① 也就是说，学校在接受更多经费的同时，却没有承担起促进学生学业进步的相应责任。② 在这种背景下，联邦和各州均开始采取相应的问责举措，促使学校对学生学业进步负责，要求学校"按照理性管理原则提供目标达成的证据；如果目标没有达成，就必须在系统内做出调整或者接受惩罚"③。作为学生学业成绩最重要的影响因素和学校教育经费支出的重要领域，教师质量首当其冲，成为问责的对象。在这种背景下，政府必须对教师专业发展经费的成效做出解释和说明，教育机构需要提供足够的证据以证明经费使用的正当性及有效性，社会公众要求对经费的使用效益进行问责。

在上述背景之下，教师质量问责成为大势所趋与现实要求。诸多利益相关者呼吁和要求，教师教育项目必须提供客观的基于结果的证据来证明其教师培养质量；教师聘用者和学生家长要求确认，教师教育项目的毕业生是否具备促进学生学习的专业知识和能力；州的立法机构要求对"教师教育的经费投入是否值得"这一问题进行确认，以证明纳税人的"钱"是否产生了应有的效益；州和学区政府要求学校和教师必须对学生的学业成绩负责，证明教师的工作能够保证学生达到相应的学业标准。因此，教师质量问责机制的产生，是对种种现实教育问题和利益诉求的必然回应，有其客观的现实基础。

第二节　美国教师质量问责机制产生的思想背景

教师质量与问责有着"割不断"的联系。④ 当前，通过综合性问责举措，

---

① Grosskopf, S., Hayes, K., Taylor, L. & Weber, W., "Budget-Constrained Frontier Measures of Fiscal Equality and Efficiency in Schooling," *The Review of Economics and Statistics*, 1997, 79(1), pp. 116-124.

② Ladd, H. F., *Holding Schools Accountable*: *Performance-based Reform in Education*, Washington, DC, The Brookings Institution, 1996, p. 139.

③ Arthur E. Wise, "Educational Adequacy: A Concept in Search of a Meaning," *Journal of Education Finance*, 1983, 8(3), pp. 300-315.

④ DeLacy D. Ganley, Anita P. Quintanar & Lisa S. Loop, "Raising the Bar of Teacher Quality: Accountability, Collaboration, and Social Justice," http://files.eric.ed.gov/fulltext/EJ813759.pdf, 2014-05-13.

改进和提高教师质量，进而提升学生的学业成绩，已经成为美国教育的一种常态。正如科克伦-史密斯所说，"作为一个政策问题和政治优先事项，教学质量与教师质量问责现在已经密不可分"①。在这种背景下，教师质量问责机制逐渐兴起，并成为美国教师教育研究和实践领域的一个热门话题。教师质量问责机制的研究，必然要基于对教师质量的界定和要素分析，并受到不同教师质量观的影响。这是教师质量问责机制产生的重要思想基础。因此，本节主要就当前美国教师质量的界定维度、基本要素以及具有代表性的教师质量观进行梳理分析，以期为本书提供有益的学术参照。

一、美国教师质量的界定维度及其基本要素②

教师质量是美国教育研究者和政策制定者持久关注的重要议题之一。大量关于教师质量和学生学业之间相互关系的研究发现，教师质量"是影响学生学业发展的最重要的学校相关性因素"③，甚至是"促进学生学业增值的唯一重要的因素，其重要性远远超过班级规模、学生的基础学业水平及其种族和社会经济地位等因素"④。此外，教师的影响还是"加法的和累积的"⑤，长时间由几位有效教师（effective teachers）任教的学生的表现要显著优于由非有效教师（ineffective teachers）任教的学生⑥。基于此，提高教师质量作为改进美国中小学教育的一个关键因素和优先事项，已经成为人们的共识并得到广泛支持。

尽管如此，教师质量的界定作为教师质量研究的前提和基础，却不是一

---

① Cochran-Smith，M.，"The Unforgiving Complexity of Teaching：Avoiding Simplicity in the Age of Accountability，" *Journal of Teacher Education*，2003，54(1)，pp. 3-5.

② 赵英：《美国教师质量概念界定的维度研究》，载《比较教育研究》，2013(9)。

③ Jennifer K. Rice，*Teacher quality：Understanding the Effectiveness of Teacher Attributes*，Washington，DC，Economic Policy Institute，2003，p. 5.

④ Linda Darling-Hammond，"Teacher Quality and Student Achievement：A Review of State Policy Evidence，" http：//pdfs. semanticscholar. org/8638/4ca8fea6b6e7067974d1d42ccb688d6fe1e6. pdf，2019-01-25.

⑤ Linda Darling-Hammond，"Teacher Quality and Student Achievement：A Review of State Policy Evidence，" http：//pdfs. semanticscholar. org/8638/4ca8fea6b6e7067974d1d42ccb688d6fe1e6. pdf，2019-01-25.

⑥ Sanders，W. L. & Rivers，J. C.，"Cumulative and Residual Effects of Teachers on Future Student Academic Achievement，" http：//www. beteronderwijsnederland. nl/files/cumulative％20and％20residual％20effects％20of％20teachers. pdf，2019-01-25.

项容易的工作。① 截至目前，美国研究者关于教师质量的界定维度及其基本要素尚未达成共识②，存在广泛的差异。据美国国家教育统计中心（National Center for Education Statistics，NCES）所述，教师质量是一个非常"复杂的概念，在如何界定及如何评价等方面几乎没有共识"③。但是，《不让一个孩子掉队法案》却将高质量教师明确界定为拥有"学士学位及全面州的认证和学科能力"的教师。这种在教师质量概念的"难以言说"的复杂性与"条款规定"的具体性之间所形成的张力，凸显了研究者和政策制定者关于"教师质量是什么"的一个较为宽阔的理解图谱（见图1-1）。在这一图谱中，一方认为，教师质量是可以通过既定的、可量化的标准来界定和测评的；另一方则认为，教师质量可能不是一个源自标准体系的产品，而是一个涉及多种形式的分析和反思的多维过程的结果。这种理解图谱实际上反映了美国教育的诸次历史转型所生成的关于教师质量理解和界定的多种视角和多元样态。

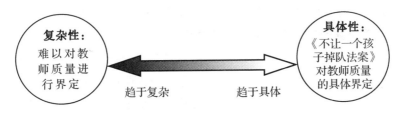

图 1-1　教师质量界定的理解图谱

（一）研究文献中的界定维度及其基本要素

正如丹·利斯顿（Liston，D.）等学者所言，"教师质量的界定是不确定的和难以捉摸的"④。阿瑟·怀斯也认为，"教师质量是一个多维的（multidimen-

①　Linda P. Blanton，Paul T. Sindelar & Vivian I. Correa，"Models and Measures of Beginning Teacher Quality," *The Journal of Special Education*，2006(40)，pp. 115-127.

②　Sandra Stotsky，Lisa Haverty，Margaret Raymond & John T. Wenders，"Can a State Department of Education Increase Teacher Quality? Lessons Learned in Massachusetts," *Brookings Papers on Education Policy*，2004(7)，pp. 131-199.

③　Lewis，L.，Parsad，B. & Carey，N.，et al.，"Teacher Quality：A Report on the Preparation and Qualifications of Public School Teachers," https：//nces. ed. gov/pubs99/1999080. pdf，2019-01-25.

④　Liston，D.，Borko，H. & Whitcomb，J.，"The Teacher Educator's Role in Enhancing Teacher Quality," *Journal of Teacher Education*，2008，59(2)，pp. 111-116.

sional)和难以具体化的(difficult to specify)概念"①。从大量的研究文献来看，美国学者普遍认为，教师质量的界定具有情境化、多维度的特征。因此，在界定教师质量概念的时候，美国学者倾向于将其划分为若干维度，并通过每一维度的要素化使其可以进行测评和实证研究。这也是美国学者对教师质量的大多数界定以外延性描述的方式呈现的一个原因。那么，美国学者关于教师质量界定的维度研究有哪些代表性的观点呢？该问题的回答将有助于我们更为准确地理解美国学者话语体系中的"教师质量"概念。

通过对已掌握文献的分析，我们不难看出，美国学者在不同的情境下，根据不同的目标，从不同的视角，以不同的标准，对教师质量的界定维度进行了多种划分。由于维度的界定标准不同，划分种类呈现明显的多样化特征，因此我们很难根据特定的标准将这些研究进行归类分析。在这种情况下，下文主要根据研究者对维度划分的数量总结出二维度说、三维度说、四维度说、五维度说及罗列说等类型，并在此基础上对其进行综合分析。

1. 教师质量的二维度界定及其基本要素

代表人物有柏利纳(Berliner，D. C.)、芬斯特马赫(Fenstermacher，G. D.)和保罗·圣地亚哥(Paulo Santiago)等人。柏利纳和芬斯特马赫关注到教师质量界定的多维度本质，并从教师素质和学生发展两个维度来界定教师质量。所谓教师素质的维度，即教师要具备实施优质教学的素质，并满足社会对他们的角色期待。例如，教师要获得学位，使用适合特定年龄学生的教学方法，满足一个教学领域的标准并具备其他特征和实践能力。所谓学生发展的维度，即教师实现了有效的或成功的教学，通过教师行动达到促进学生学习和学业发展的积极目的。② 他们认为，这两个维度是有机结合的整体。一方面，教师本身应具备实施"优质教学"所需的素质和能力；另一方面，教师具备的素质和能力必须转化为学生发展的效果，即实现"有效的或成功的教学"。缺乏任何一个维度，另外一个维度将不能全面地界定教师质量。

与之不同，保罗·圣地亚哥按照教师质量的可观测性特征(observable characteristics)与不可观测性特征(unobservable characteristics)将其划分为两

---

① Erling E. Boe & Dorothy M. Gilford, *Teacher Supply*, *Demand*, *and Quality*, Washington, DC, National Academy Press, 1992, p. 123.

② Fenstermacher, G. D. & Richardson, V. , "On Making Determinations of Quality in Teaching," *Teachers College Record*, 2005(107), pp. 186-213.

个维度。① 可观测性特征维度，主要包括教师的教师教育与学科专业知识、教师认证状态、学术测验能力、教学经验和在职培训程度五个部分。不可观测性特征维度，主要包括教师的语言能力、沟通能力、团队工作能力、教学技能、工作的积极性、对学生成功的奉献、灵活性、创造性、工作导向的行为、教学目标的观念十个部分。他还指出，仅根据可观察性特征维度的指标，很难预测谁将是优秀教师。不可观察性特征维度的指标，比如语言能力、教学技能、团队工作能力以及工作的积极性，都是教师质量非常重要的构成要素。

2. 教师质量的三维度界定及其基本要素

代表人物是劳拉·格（Laura Goe）和阿瑟·怀斯。劳拉·格将教师质量划分为输入性（input）维度、过程性（process）维度和结果性（outcome）维度三个维度。② 其中，输入性维度主要包括教师资格要求（teacher qualification）和教师个性特征（teacher characteristic）两方面内容。教师资格要求包括教师的教育、认证、证书、教师考试成绩和教学经验；教师个性特征包括教师的态度、信念、自我效能、种族、性别，等等。过程性维度主要是指教师的课堂实践（teacher practice），包括课堂内外两个领域的实践，其中课堂内的实践，如教学的计划、过程、课堂管理、与学生的互动等方面更为关键。结果性维度主要是指学生的学业考试成绩，并且它是评价教师质量的主要指标，其测量方法一般采用学业增值评价（value-added evaluation）法。

与劳拉·格的观点类似，阿瑟·怀斯也指出教师质量的三个维度：一是教师个性特征（teacher characteristic），包括教师的教育培训、考试能力和种族等特征；二是教学环境（teaching environment），如教学角色的专业化程度；三是课堂教学实践（teacher practice）。③ 二者的划分标准虽然不同，但在教师的个性特征、课堂实践等维度的划分上达成了共识。

---

① Paulo Santiago, "Teacher Demand and Supply: Improving Teaching Quality and Addressing Teacher Shortage," http://dx.doi.org/10.1787/232506301033, 2012-09-11.

② Laura Goe, "The Link Between Teacher Quality and Student Outcomes: A Research Synthesis," https://gtlcenter.org/sites/default/files/docs/LinkBetweenTQandStudentOutcomes.pdf, 2019-01-25.

③ Erling E. Boe & Dorothy M. Gilford, *Teacher Supply*, *Demand*, *and Quality*. Washington, DC, National Academy Press, 1992, p. 123.

3. 教师质量的四维度界定及其基本要素

代表人物是康福特·奥卡帕拉(Comfort O. Okpala)等人。他们在一项对职前教师的教师质量观的研究中，将教师质量划分为四个维度，即教师资格(teacher qualifications)、教学实践(teaching practices)、教师教育(teacher preparation)和教师特性(teacher attributes)。教师资格具体包括教师的全国性委员会认证状态、语言能力、州认证状态、本科教育学位等要素。教学实践具体包括教师的教学领导力、多元测评策略能力、课堂管理能力、教育技术能力等要素。教师教育主要包括教师的本科教育项目及其质量、获得的学位等要素。教师特性，即教师要具有如下品质：持有所有学生都能学习的信念、热爱学生、为教学奉献力量，等等。研究发现，尽管参与项目研究的职前教师在教师质量观上有一些不同，但是他们几乎都认同将上述四个维度作为教师质量最重要的构成部分。而且在四个维度的具体要素中，教师的全国性委员会认证状态、课堂管理能力、本科教育学位、热爱学生、语言能力、多元测评策略能力以及教学领导力等被认为是最重要的教师质量构成要素。①

4. 教师质量的五维度界定及其基本要素

代表人物是埃尔林·博和多萝西·吉尔福德。他们指出，教育政策制定者、管理者和研究者已经对教师质量的五个维度给予了相当关注。② 第一个维度，即教师资格(teacher qualifications)，包括教师完成的教师教育项目、所完成项目的认证状态、获得学士以上的学位、完成相关的学科专业和辅修专业、学科专业的认证(州认证/资格地位)以及先有的教学经验。第二个维度，即教师考试能力(teacher tested ability)，目前大多数州对新教师进行认证的过程都包括某种形式的教师测评，并且致力于开发全国层面的教师能力测试。第三个维度，即师生的人口统计学上的关联度(demographic matching of teachers and students)，主要指一个学校中的教师及其所教的学生在种族、性别、年龄等人口特征分布上的相似性。特别是在学生多元化特征明显的美国，教师队伍的种族分布构成教师质量的一个重要维度。第四个维度，即教

---

① Comfort O. Okpala, Jerono Rotich-Tanui & Jillian Ardley, "Voices of Preservice Teachers on Teacher Quality Components in Urban Schools," *The Journal of Negro Education*, 2009(2), pp. 135-145.

② Erling E. Boe & Dorothy M. Gilford, *Teacher Supply, Demand, and Quality*, Washington, DC, National Academy Press, 1992, p. 32.

师专业主义（teacher professionalism），主要是指基于教学的复杂性和环境特殊性，教师应当拥有与其他专业领域的成员相似的专业自主权和相应的责任，以提高教师作为一个职业选择的吸引力，并改进课堂教学实践的质量。第五个维度，即课堂教学实践（classroom teaching practice），主要是指教师教学的内容和策略，该维度在逻辑上与促进学生学业质量是最直接相关的。他们还指出，上述每一维度的改进将不会必然自动带来教学质量的改进，而且改进五个维度中的任何一个将不会必然带来任何其他维度的改进。对于五维度划分法，詹姆斯·斯特德曼表示，"（这样的划分）是没有问题的。这五个维度的每一个都是，或者应该是联邦、州和地方等各层次教师政策议题中的一部分"①。阿瑟·怀斯也认为，"这些教师质量的重要维度都是我们需要关注的。这样的划分是很合适的"②。

另一位学者赖斯虽然没有对教师质量进行明确的维度划分，但是重点强调了影响教师质量的五个属性，即经验（experience）、教师教育项目和学历（preparation program and degree）、认证（certification）、课程（coursework）和教师考试成绩（teacher test score）。③

在对教师质量概念的维度进行研究的同时，部分研究者也对高质量教师应具备的特征进行了研究。这些研究对于我们研究和分析教师质量的概念维度也有一定的帮助。劳拉·格认为，除了教师对学生发展的贡献外，教师质量由教师所具备的下述特征所证明：a. 拥有适应特定年级水平和学科教学的教师资格证书及教学经验；b. 对于学生的高期待，特别是对于那些学业欠佳的学生的高期待；c. 创造一种鼓励所有学生都参与的、能够开展有价值的学习活动的课堂环境；d. 帮助学生实现高水平的愿望；e. 具备激发处于不利环境中的学生来到学校并参加学习的能力，即使他们的学业成绩并没有显示出显著的潜力；f. 具备指导新教师以及在高流失率的学校中扮演稳定力量的杰

① Erling E. Boe & Dorothy M. Gilford, *Teacher Supply, Demand, and Quality*, Washington, DC, National Academy Press, 1992, p. 109.

② Erling E. Boe & Dorothy M. Gilford, *Teacher Supply, Demand, and Quality*, Washington, DC, National Academy Press, 1992, p. 117.

③ Laura Goe, "The Link Between Teacher Quality and Student Outcomes: A Research Synthesis," https://gtlcenter.org/sites/default/files/docs/LinkBetweenTQandStudentOutcomes.pdf, 2019-01-25.

出能力；g. 愿意与拥有特殊需求的学生一起勤奋工作，也许这些学生的考试成绩不能反映教师的贡献。① 综合来看，这些特征主要涉及教师资格要求（a），教师能力（c、e、f）以及教师情意（b、d、g）三个维度的要素。

伊丽莎白·刘（Elizabeth Leu）对人们就优秀教师（good teacher）普遍持有的要素进行了综述，认为可能包括以下内容：a. 足够的学科知识，并自信地教学；b. 使用一系列合适的、多样的教学方法的知识和能力；c. 教学语言知识；d. 关于年轻学习者的知识以及对学生的敏感性和兴趣；e. 反思教学实践和儿童反应的能力；f. 根据反思改变教学方法的能力；g. 创设和保持有效学习环境的能力；h. 理解课程及其目标的能力，特别是当改革项目和新的教学范式被引进的时候；i. 全面的专业性、良好的动机和对教学目标的奉献；j. 有效沟通的能力；k. 与学生交流所学东西的热情；l. 对学生作为个体的兴趣、关怀以及帮助他们学习和变成优秀的人的责任感和同情心；m. 好的人品、道德观念以及个人纪律；n. 与人合作的能力以及在学校和社区构建良好关系的能力。② 综合来看，伊丽莎白·刘所综述的以上14点品质主要可划分为三个维度：一是教师知识（a、b、c、d）；二是教师能力（e、f、g、h、j、n）；三是教师情意（i、k、l、m）。

（二）政策文本中的界定维度及其基本要素

美国政策文本对教师质量的界定，主要体现在布什政府和奥巴马政府的相关教育法案中：其一是布什政府的《不让一个孩子掉队法案》（NCLB法案）对高质量教师的界定；其二是奥巴马政府《力争上游计划》（Race to the Top，即RTT计划）对高质量教师的界定。二者的界定维度体现出明显的转向，即由教师本身具备的输入标准转为学生学业进步的结果标准，对教师质量的问责取向也由此发生了相应转型。

1. 布什政府对教师质量的界定：以学科知识为核心的高质量教师标准

NCLB法案首次通过立法的形式，对高质量教师的标准进行了界定。这

---

① Laura Goe, "The Link Between Teacher Quality and Student Outcomes：A Research Synthesis," https：//gtlcenter. org/sites/default/files/docs/LinkBetweenTQandStudentOutcomes. pdf，2019-01-25.

② Elizabeth Leu, "Developing a Positive Environment for Teacher Quality," http：//people. umass. edu/educ870/teacher _ education/Documents/EQ1％20Motiv％20Tchr％20Quality％20-％20Leu. pdf，2019-01-25.

一法律界定导致美国各州重新研究和审视教师认证和许可、教师招募、教师保留、教师入职及专业发展等一系列复杂的议题，并使各州投入更多的资源以改进教师质量。一般而言，高质量教师就是拥有完全教师资格证书、学士学位并能证明自身在所教学科上的能力的教师。但是，为了便于操作和符合实际情况，NCLB法案分别从全体教师、新入职教师和在职教师三个类别对"高质量"的标准进行了界定。

第一，全体层面的教师质量标准。对于任何在某个州的公立中小学校从教的教师而言，"高质量"的基本条件如下。一是教师要获得州的完全教师资格证书（包括通过替代性认证路径获得的资格证书）或者通过州的教师资格考试，持有在该州从教的执照。但是，在公立特许学校从教的教师，可以不受此限制，只需要满足该州公立特许学校法律所提出的要求即可。二是教师没有在紧急或临时证书的基础上放弃证书或执照要求。这是NCLB法案就高质量教师提出的基础性和普遍性要求，是除特许学校之外的所有公立学校教师都必须满足的准入条件。

第二，新入职的中小学教师质量标准。NCLB法案分别就新入职的小学和中学教师的"高质量"标准做出了相关规定。对于新进入教师职业的小学教师而言，"高质量"需要满足的基本条件如下：一是至少持有一个学士学位；二是通过州的严格测试，证明自身在阅读、书写、数学及小学其他课程的基础领域方面的学科知识和教学能力，证明的方式是通过州所要求的认证或许可考试，或者通过上述学科的考试。对于新进入教师职业的中学教师而言，"高质量"需要满足的基本条件，一是至少持有一个学士学位，二是证明自身在所任教的每个学科中的高能力。证明的方式有两种：一种是通过州为他们设定的严格的学科知识考试；另一种是在他们所任教的每个学科层面，成功完成一个学科的专业课程学习、获得一个硕士学位、完成相当于本科学科专业的课程学习或者获得同等水平的高级认证或证书。这是NCLB法案对新入职教师质量提出的基本要求，从法律层面确定了教师的准入条件，规范了州的教师招募政策和准入标准。

第三，在职的中小学教师质量标准。NCLB法案规定，对于已经从教的中小学教师而言，"高质量"意味着一要至少持有一个学士学位，二要满足上述新入职教师的可适用标准，三要通过一个客观统一的州的评价标准的测试，来证明教师在所任教学科方面的能力。这一评价标准由各州自行设定，要与中小学生的学科内容和学业成绩标准相一致，并要经过与核心学科专家、教师、校长和学校管理者的协商。该标准包括相应年级的学科知识和教学技能两个方面，为在职教师任教学科核心知识的掌握程度提供客观的、一致的信息，并统一应用于该州同年级、同学科的所有教师。

基于此，NCLB法案首次以联邦法律的形式对教师质量的标准做出了界定，构建起美国中小学教师质量的主要参照系。NCLB法案还要求，自该法案生效的第一个学年(2002—2003学年)开始，凡在这一条款下接受资助的地方教育部门要确保所有新聘用的教师都要满足"高质量"标准，并且在该经费支持的项目中从教的教师也得是高质量的。该法案还要求到2005—2006学年末，所有核心学科的教师都必须是高质量的。这些学科包括英语、阅读、数学、科学、外语、公民与政治、经济学、艺术、历史和地理。

2. 奥巴马政府对教师质量的界定：以学生学业数据为主的多元标准

奥巴马政府也高度重视教师在美国教育改进中的作用，将提高教师质量作为教育改革的四大支柱之一。正如奥巴马政府所言，"从学生进入学校的那一刻起，事关他们成功的最重要的因素不是他们皮肤的颜色或者他们父母的收入，而是站在课堂前面的这个人。美国的未来依赖教师。这就是我们采取措施培养高质量教师，并鼓励他们留在教学队伍之中的原因。这也是我们要创造新的教学路径和新的激励方案将教师带到最需要他们的学校之中的原因"[1]。然而，与布什政府明确规定高质量教师的标准不同，奥巴马政府关注的是教师在促进学生学业成功上的表现，具体体现在教育改革总体方案《力争上游计划》之中。

奥巴马政府将高度有效教师(highly effective teacher)界定为"能够使学生具有高学业进步率的教师"。尽管联邦政府要求，州、地方教育机构或者学校必须采取多种举措对教师质量进行评估，但是评估的关键要素仍然是学生的学业进步情况。此外的补充措施可能包括基于观察的教师表现评估以及对教师在辅导或领导专业学习共同体中的角色和作用的评估，等等。

基于此，奥巴马政府要求申请《力争上游计划》经费的各州必须以学生学业进步为核心要素来界定和评估教师质量。具体而言，一要建立明确的学生学业进步评价路径，对每个学生进行评价，将评价结果作为教师质量评估

---

① U. S. Department of Education，"Race to the Top Executive Summary," http：//www2. ed. gov/programs/racetothetop/executive-summary. pdf，2015-06-15.

的重要依据。二要设计和采用严格的、透明的、公平的教师评价体系，采用多种评价标准对教师质量进行等级区分。三要实施教师质量的年度评价，并对教师进行及时的、具有建设性的反馈。四要基于这些评价，为教师提供相关的辅导、入职及专业发展支持；将评价结果作为教师薪酬、晋升的重要参照，为高度有效的教师提供额外的奖励并赋予他们更大的责任；通过严格的标准和公开透明的评价程序，做出给予合格教师以教职及全面认证的决定，并撤销那些拥有充足改进机会但仍被证明是无效的教师的教职，同时要基于学生学业数据来评价和改进教师培养项目的质量。它的主要路径是，先将学生学业与进步数据和任教教师相联系，再将数据信息用于评价任教教师所毕业的培养项目的质量，而且要求所在州要公开报告每个教师培养项目的毕业生任教学生的学业数据信息，最后要基于学生学业和进步数据，对于那些成功培养出高质量教师的项目予以推广。

由此可以看出，学生学业进步不仅是对教师质量进行界定和评估的关键要素，也是对教师教育项目质量进行问责的重要依据。对教师质量的界定，已经从教师的许可、认证、学历等输入性要素转为学生学业这一输出性要素。

图 1-2　奥巴马政府基于学生学业进步数据的教师质量问责路径

二、当前美国较具代表性的四种教师质量观[①]

教师质量观是对教师质量的基本看法和观点，本身就内嵌着对教师质量优劣评价的基本取向，因此在很大程度上决定着教师质量问责的重点环节和基本要素，是教师质量问责理论与实践不可或缺的研究基础。可以说，有什么样的教师质量观，就有什么样的教师质量问责理论与实践。本部分主要对 21 世纪以来美国学者的相关实证研究结论进行了梳理、分析，初步总结出四种取向的美国教师质量观，即资格取向的教师质量观、个性取向的教师质量

[①]　赵英：《美国教师质量观研究述评》，载《外国教育研究》，2013(4)。

观、实践取向的教师质量观和效能取向的教师质量观。这是美国教师质量问责理论研究的重要基础和参照理论。

(一)资格取向的教师质量观

资格取向的教师质量观是目前美国主流的教师质量观之一。这种教师质量观认为，获得教师资格，是个体准许进入和保留教师职业的前提条件，是保证教师质量的首要门槛。因此，教师质量问责的重点，是对教师教育机构和项目的质量问责以及对州的教师许可与认证政策的问责。所谓教师资格，是个体被准许进入和保留教师职业的资质要求，既包括个体学习的课程、获得的学位、考试的成绩以及实习或从教的经验、接受的认证和证书，也包括教师参加在职培训的证明，如接受培训的课时数量、参加专业发展活动的情况，等等。以教师资格来界定教师质量的优点在于通过系列可测评的指标、标准对教师质量的输入要素进行控制，有益于把住教师质量的准入关口，避免不合格教师进入。此外，学区或学校可以在对教师与某一职位的适配性或课堂效能做深入观察和研究之前，仅通过教师的个人档案就能去评价教师的潜在效能，以达到认证和雇佣的目的，整体过程简单、易行、成本较低。不足之处在于高质量教师的特征很难具体化、指标化，而且"纸面上"认证的高质量教师，可能在课堂中表现得很差。

在美国，关于教师资格认证与教师质量(经常以学生学业成绩为代理变量)之间的关系是一个持续存在争议的领域。一些研究发现两者之间没有影响或影响很小，而另一些研究则发现两者之间有显著的积极影响。如果将这些研究作为一个整体来审视，其共识有两点。一是数学教师的资格认证非常关键，特别是中学学段数学教师的资格认证对于促进学生的学习有积极的影响；其他学科教师的资格认证与该学科学生学业之间的类似联系，尚未有充足的证据。二是有充足的证据证明，在教师从教的第一个五年内，教师的能力会随其经验的积累而逐年提高，对学生学业的贡献度也不断提升；没有证据表明，教师从教第一个五年之后的经验积累会对学生学业的提升有积极影响。概括来看，根据研究结论的不同，美国研究者以教师资格界定教师质量的研究主要分为以下三类。

第一，教师资格认证对教师质量的提高有积极意义。达林-哈蒙德使用美国教育发展评估的阅读和数学成绩分析了教师资格认证与学生学业之间的关系，认为教师资格认证与学生学业之间存在显著的、积极的关系。[1] 琳达·卡瓦罗兹使用迈阿密-戴德乡村公立学校108000名学生的数据分析了9~10年级数学教师专业认证的贡献度，发现那些通过美国专业教学标准委员会考核的教师的学生在学业发展上要明显高于那些非通过者的学生。[2] 达林-哈蒙德等研究者通过对休斯敦4408名样本教师的研究发现，非认证的教师和那些非标准认证的教师对学生学业的发展有负面作用。[3] 这些研究表明，教师资格是教师质量的基本要素，同时教师资格认证是保证和提高教师质量与学生学业发展水平的有效途径。

第二，教师资格认证对教师质量的影响因学科年级的不同而不同。贝茨（Betts，J. R.）等研究者通过对圣地亚哥市123所小学、24所中学、17所高中和5所特许学校1998—2000年数据的研究，发现各种资格认证对学生学业的贡献因学科领域和年级水平的不同而不同。[4] 克劳菲尔特（Clotfelter，C. T.）等研究者通过对近4000名北卡莱罗纳州教师及其5年级学生的相关数据进行研究，在确认了教师资格认证的积极作用的同时，也发现这种作用的结果因学科不同而不同。[5] 上述研究表明，获得资格认证的教师对促进学生学业发展的支持作用和贡献是毫无疑问的，获得教师资格是高质量教师的有效表征。但是，教师资格对于学生学业发展的贡献度并不是统一无异的，而是根据学科、年级水平的不同而存在相应的差异。

第三，部分教师资格认证要求对教师质量具有弱影响或负影响。罗考夫

---

[1] Linda Darling-Hammond, "Teacher Quality and Student Achievement: A Review of State Policy Evidence," http://depts. washington. edu/ctpmail/PDFs/LDH _ 1999. pdf, 2012-06-15.

[2] Linda Cavalluzzo, "Is National Board Certification an Effective Signal of Teacher Quality?" http://nbpts. org/wp-content/uploads/Cavalluzzo _ IsNBCAnEffectiveSignalof-TeachingQuality. pdf, 2019-01-25.

[3] Linda Darling-Hammond, Holtzman, D. J., Gatlin, S. J. & Heilig, J. V., "Does Teacher Preparation Matter? Evidence About Teacher Certification, Teach for America, and Teacher Effectiveness," *Education Policy Analysis Archives*, 2005, 42 (13), pp. 1 48.

[4] Betts, J. R., Zau, A. C. & Rice, L. A., "Determinants of Student Achievement: New Evidence from San Diego," http://web. ppic. org/content/pubs/report/R _ 803JBR. pdf, 2012-06-17.

[5] Clotfelter, C. T., Ladd, H. F. & Vigdor, J. L., "Teacher-Student Matching and the Assessment of Teacher Effectiveness," *The Journal of Human Resources*, 2006, 41 (4), pp. 778-820.

(Rockoff, J. E.)通过对新泽西两个学区的近 10000 名小学生和 300 名教师的研究发现，教师质量对学生学业的影响虽小但是显著；教师的教学经验与学生的阅读和数学测验分数有积极关系，但是对数学的影响从教学的第一个两年之后很快减弱。[①] 卡尔(Carr, M.)使用俄亥俄州传统学校和特许学校 2004—2005 学年学生和教师的档案数据进行的研究显示，《不让一个孩子掉队法案》授权的资格认证对教师在促进学生学业的贡献中比例很小。[②] 哈里斯(Harris, D. N.)和萨斯(Sass, T. R.)通过对佛罗里达州两个时期(1995—1996 年、2003—2004 年)全部公立学校的学生和教师数据的研究发现，职前教师培训对学生学业几乎没有影响；教师在 SAT 语言和定量部分的测试分数对学生学业没有影响；高级学位不仅没有对教师效能做出贡献，甚至与高中数学和中学阅读的效能降低有关系。[③] 这些研究表明，教师资格在提升教师质量、促进学生学业发展方面有一定的适应性，比如，对特定学科或学段而言，教师资格的学历要求并不是越高越好。

(二)个性取向的教师质量观

个性取向的教师质量观认为，教学是高度情境化、个性化的活动，同时高质量教师往往具有与高质量教学所匹配的个性特征。这些个性特征是满足多样化的学生需求的基础，是考量教师质量的重要维度。这种质量观下的问责路径，侧重于对教师构成的多样性的问责，主张多样化的学生结构必须有多样化的教师结构。当前，美国研究者主要关注教师的三类个性特征：一是不可改变的特征，如种族、民族和性别；二是一般很难改变的特征，如教师态度和信念；三是潜在的较易改变的特征，如用第二或第三语言交流的能力。以教师个性特征审视教师质量的优点在于扩展了教师质量的概念范畴，有助于更加精确地理解多元文化背景下的教师质量，对于修订政策进而丰富教师的人口构成具有重要的意义；不足之处在于以教师个性特征

---

① Rockoff, J. E., "The Impact of Individual Teachers on Student Achievement: Evidence from Panel Data," *America Economic Review*, 2004, 94(2), pp. 247-252.

② Carr, M., "The Determinants of Student Achievement in Ohio's Public Schools," http://www.ncctq.org/publications/Link Between TQ and Student Outcomes. pdf, 2012-06-17.

③ Harris, D. N. & Sass, T. R., "Teacher Training, Teacher Quality and Student Achievement," http://www.caldercenter.com/PDF/1001059 _ Teacher _ Training. pdf, 2012-06-20.

审视教师质量的研究，主要聚焦逻辑上、伦理上或者实践上超越了教师改变能力的那些特征。

目前，美国学者对教师个性特征与学生学业成绩之间关系的研究相对较少，对两者之间的关系性质也未达成清晰的共识。部分数据和研究也大相径庭。一些学者研究发现教师的某种个性特征与学生学业成绩之间存在显著的促进关系，但是另一些对同样的特征进行研究的学者却没有发现上述这些关系的证据。就目前而言，美国学者主要从教师的种族、性别、信息共享、团队合作等个性特征的角度对教师质量进行了相关研究。

第一，教师的种族匹配有助于改进教师质量，同时教师性别也是教师质量的影响因素。迪伊（Dee，T. S.）通过田纳西州 23883 名学生的数学成绩和 23544 名学生的阅读成绩及其相关的教师数据，比较了学生在由种族相同与不同教师任教的情况下的学业成绩后发现，由黑人教师任教一年的黑人儿童在数学及阅读成绩上要分别高出由白人教师任教的黑人儿童 3～5 个百分点和 3～6 个百分点。与此类似，由白人教师任教的白人儿童在数学成绩上高出由黑人教师任教的白人儿童 4～5 个百分点。阅读成绩还受到性别因素的混合影响，由白人教师任教的白人男孩的阅读成绩要高出 2～6 个百分点。女孩的阅读成绩受教师种族的影响不大，与黑人教师任教的白人女孩的成绩基本对等。[①] 该研究表明，如果教师与学生同属一个种族，将有助于学生学业的发展。也就是说，在同一课堂中，教师会因其与学生是否属于同一种族而对学生学业成绩产生不同的影响。然而，8 年前，埃伦伯格（Ehrenberg，R. G.）等研究者通过 1988 年国民教育追踪研究（National Educational Longitudinal Study，NELS）的数据对教师种族、性别与学生学业之间的关系进行了研究，几乎没有发现这些教师个性特征与学生学业之间关系的证据。但是，他们发现了教师可能基于性别而对其学生进行不同评价的有趣证据。特别是他们发现在数学和科学两门课上，白人女性教师要比白人男性教师更倾向于给予白人女性学生积极的评价。[②] 因此，教师性别也是教师质量的影响因素，与学生学业发展有一定的内在联系。

---

① Dee, T. S., "The Race Connection: Are Teacher More Effective with Students Who Share Their Ethnicity?" *Education Next*, 2004, 9(2), pp. 52-59.

② Ehrenberg, R. G., Goldhaber, D. D. & Brewer, D. J., "Do Teacher's Race, Gender, and Ethnicity Matter? Evidence from the National Educational Longitudinal Study of 1988," *Industrial and Labor Relations Review*, 1995, 48(3), pp. 547-561.

第二，教师的集体效能感(collective teacher efficacy)和团队合作有助于改进教师质量。戈达德(Goddard，R. D.)等人任意选择了美国中西部城市学区45所学校的教师进行了问卷调查(收回有效问卷452份)，并获得了这些教师所教的7016名学生的学业数据。他们还以学生的种族、性别、社会经济地位和学校规模作为变量，使用分层线性模型分析，发现教师的集体效能感和学生学业之间存在显著的积极联系。① 利纳(Leana，C. R.)和佩尔(Pil，F. K.)通过质性研究方法，如教师和管理者访谈、学校和教学质量观察、教师问卷调查(80％回收率)、校长日记(93％回收率)和学生测验成绩的档案数据收集等，对某城市东北部学区95所学校中的88所进行了研究，发现教师的内部社会资本(internal social capital)，即教师在一个合作的专业共同体中的信息共享、信任和共享态度等特征，与学生父母对教育质量的满意度和学生在数学及阅读中的学业成绩存在显著联系。② 上述研究表明，教师具有合作意识、共享态度以及参与同伴专业发展，是提升教师质量的有效途径。

尽管教师个性特征可能影响教师效能和教师质量，但是还没有一个直接研究教师个性特征(诸如效力、权威、管理风格、积极和消极的情感)与基于标准化测验的学生学业之间关系的实验。因此，目前关于教师个性特征与学生学业之间关系的研究仍然缺乏实证基础。

(三)实践取向的教师质量观

实践取向的教师质量观，主要关注和研究教师真实的课堂实践及其与学生学业之间的相互关系。例如，评价教师的提问策略并将其与学生的学习相联系就是课堂实践机制的一个例子。实践取向的教师质量观认为，教师质量不是由教师所拥有的资格证书所确定的，而是由教师在课堂中面对学生的实际行为所确定的，如教师的教学和课堂管理实践、与学生的互动以及工作的绩效，等等。以教师实践界定和审视教师质量，其优点在于将研究的重心置于课堂这一师生互动、教与学真正发生的时空场域之内。不足之处有两点：

---

① Goddard，R. D.，Hoy，W. K. & Hoy，A. W.，"Collective Teacher Efficacy: Its Meaning, Measure, and Impact on Student Achievement," *American Educational Research Journal*，2000，37(2)，pp. 479-507.

② Leana，C. R. & Pil，F. K.，"Social Capital and Organizational Performance: Evidence from Urban Public Schools," *Organization Science*，2006，17(3)，pp. 353-366.

一是对课堂中教师复杂的实践行为进行评价是困难的、耗时的，并受制于课堂环境的复杂性；二是将学生的学业发展归功于教师某些特定的课堂实践而排除其他课堂实践或课堂因素的影响和作用，几乎是不可能的。

目前，美国学者开展的这类研究主要采用观察报告的方式记录和评价教师及其学生的课堂行为，研究涉及教师实践的方方面面，比如，既有全面考查教师实践各种维度的全面研究，也有对教师的教学方法、布置作业的难度进行的研究。大部分研究发现，教师的课堂实践和学生学业之间存在显著的联系。

第一，高质量教师课堂实践的维度与特征。沙克特（Schacter，J.）和萨姆（Thum，Y. M.）研究了教师实践的 12 个维度，以探究教师实践与学生学业之间的关系。这 12 个维度包括教师的学科知识、课程目标、课堂表达、课程结构和进度、活动的相关性和挑战性、提问技巧、反馈、有效分组、鼓励思考、动机、环境以及教师的学生知识。52 名亚利桑那州的小学教师自愿参加了研究。研究收集了这些教师所教的 3～6 年级学生的阅读、数学和语言艺术成绩数据。通过混合统计模型分析，研究者发现教师 84％ 的变量可由这 12 个维度的教师实践进行解释。[1]

在高质量教师的实践特征方面，凯娜佩尔（Kannapel，P. J.）和克莱门茨（Clements，S. K.）挑选了肯塔基州 26 所财政困难学校中的 8 所质量优异的学校，并将这 8 所学校与同样面临财政困难但质量低下的学校进行了对比研究，发现在这些质量优异的学校中，教师更倾向于对学生进行经常性的评价并给予及时反馈，采用与学生学习目标、学习评价和学习风格相一致的教学方法，表现出对学生发展的高度期待，参加集体决策和基于工作的持续专业发展活动，等等。正是这些教师实践，使这 8 所质量优异的学校区别于其他同样面临财政困难的学校，有效地促进了学生的学业发展。[2] 马库莱德斯（Marcoulides，G. A.）等研究者对 1026 名 8 年级学生进行了问卷调查。问卷设计了大量关于教师在帮助学生学习方面的策略和实践，比如，教师检查和讨论家庭作业的程度以及相关的评价和课程实践，等等。研究发现，教师实践和学生

---

①　Schacter，J. & Thum，Y. M.，"Paying for High-and Low-quality Teaching," Economics of Education Review，2004，2(23)，pp. 411-430.

②　Kannapel，P. J. & Clements，S. K.，"Inside the Black Box of High-Performing High-Poverty schools," http：//www. docin. com/p-437910176. html，2019-01-25.

学业之间存在相关性。① 尽管这些研究关注的教师实践的维度不同，但是研究均发现，教师实践是影响教师质量的重要因素，同时适切的课堂教学实践是高质量教师的重要表征，对于促进学生学业发展有重要意义。

第二，教师的教学方法、作业布置等课堂实践直接影响教师质量。史密斯（Smith，J. B.）等研究者研究了芝加哥小学教师的教学方法及其与学生在艾奥瓦州基本能力测验（the Iowa Test of Basic Skills）中的数学和阅读成绩的关系，使用了 5500 名教师和 110000 名学生的数据，并通过分层线性模型分析，发现说教的方法在高年级低水平的班级、问题班级、大规模学校、低收入学校中更加普遍，在美国的非洲裔学校中更是居于主流。研究发现，说教式的教学方法与学生负面的学业成绩相关联（低于平均水平 0.04），而与之相对的交互式教学方法则与学生更高的学业收益相关联（高于平均水平 0.05）。②

在作业布置的实践研究方面，纽曼（Newmann，F. M.）等研究者通过观察教师布置的作业的智能要求来研究教师质量。他们从 3 年级、6 年级和 8 年级的芝加哥教师中收集了 2017 份作业，并将其分为一般性的和挑战性的两类。研究发现，在有高智能要求的作业班级中的学生，在艾奥瓦州基本能力测验上的学习成绩要高于国家平均水平 20%。在有低智能要求的作业班级中的学生，在阅读和数学成绩上要低于平均水平 22% 到 25%。而且教师布置高智能要求的作业，对于学业成绩好和差的学生都有益处。③ 上述研究表明，课堂实践是教师开展教学活动、促进学生学业发展的主要途径，是界定和评价教师质量的有效维度。

(四)效能取向的教师质量观

效能取向的教师质量观，以教师效能定义教师质量，认为教师质量主要取决于学生在标准化学业测验中表现出来的成绩的提高。目前，美国有越来

---

① Marcoulides, G. A., Heck, R. H. & Papanastasiou, C., "Student Perception of School Culture and Achievement: Testing the Invariance of a Model," *International Journal of Educational Management*, 2005, 19(2), pp. 140-152.

② Smith, J. B., Lee, V. E. & Newmann, F. M., "Instruction and Achievement in Chicago Elementary Schools," https://files. eric. ed. gov/fulltext/ED470298. pdf, 2019-01-25.

③ Newmann, F. M., Bryk, A. S. & Nagaoka, J. K., "Authentic Intellectual Work and Standardized Tests: Conflict or Coexistence? Improving Chicago's Schools," https://files. eric. ed. gov/fulltext/ED470299. pdf, 2019-01-25.

越多的州和学区已经或正在把增值模型作为教师效能的评价措施。在一些州，如田纳西州，这些信息已经成为校长在评价教师教学绩效时的众多因素之一。在一些州的学区，如得克萨斯州的休斯敦，教师会因为提高了学生的学业成绩而获得大量现金奖励。许多政策制定者和研究者建议，教师效能（教师对学生学业成绩的贡献度）应该是界定和评价教师质量的一个重要组成部分。以教师效能界定教师质量的优点是，在评价教师质量时不用考虑教师的资格证书、个性特征和教学实践。因为那些在理论上不满足所有（任何）资格证书要求的教师，可能因为其学生的表现比预期的更好，而被认为是高质量的。以教师效能界定教师质量的不足之处在于没有提供一个高质量教师预测机制，即在对教师效能进行评价之前无法确定谁是合适的教师人选。

在美国，这类研究主要通过对学生学业增长的评价来决定教师效能，进而评价教师质量。增值性测量是评价教师效能最突出的方法。总体上，这些研究试图并成功展示了以教师效能界定教师质量的意义。比如，阿伦森（Aaronson）、巴罗（Barrow）和桑德斯对芝加哥公立高中相关学生和教师的数据进行了研究。该研究采用了增值模型并聚焦于 8～9 年级的数学标准化测验分数。研究发现，由效能（取决于增值分数）高于其他教师两个标准点的教师任教的学生的数学分数要高出平均学年增长率的 25%～45%。① 奈等研究者使用了为期 4 年的田纳西州师生比改进计划（Student Teacher Achievement Ratio）实验数据。在该实验中，学生和教师按照一定的师生比被随机分配进班级。实验项目包括田纳西州的 79 所小学。研究发现，课堂内教师效能对学生数学成绩的影响收益在 0.123 到 0.135 之间，对阅读成绩的影响收益在 0.066 到 0.074 之间，这些影响还是很显著的。②

但是，研究也发现，教师效能并非随着教学经验的积累而不断提升，也有消减的态势。而且由于影响学生学业变量的复杂性，教师效能的测量和评价也有一定的难度。比如，利弗金等研究者通过得克萨斯州的相关数据，研究了可观察部分（教师教育和经验）和不可观察部分（剩余的）及其与学生学业收益之间的关系。研究发现，可观察的教师特征对学生学业收益的影响虽小但是显著，

---

① Laura Goe, "The Link Between Teacher Quality and Student Outcomes: A Research Synthesis," https://gtlcenter.org/sites/default/files/docs/LinkBetweenTQandStudentOutcomes.pdf, 2019-01-25.

② Nye, B., Konstantopoulos, S. & Hedge, L. V., "How Large Are Teacher Effects?" *Educational Evaluation and Policy Analysis*, 2004, 26(3), pp.237-257.

但是教师效能的绝大部分主要源于教学质量中不可观察部分的不同。他们还发现，教师效能在教师从教第一年不断增长但是在第三年之后不断消减。① 萨姆（Thum，Y. M.）通过对亚利桑那州 75 名小学教师和 3～6 年级 1276 名学生的相关档案数据的研究发现，教师确实对学生的学业做出了贡献，但是很难确定其贡献度的大小。尽管许多教师使学生的收益至少达到 5%，但是由于研究设计本身不足或者其他变量因素无法剔除，人们很难知道这样的收益应归功于教师，还是应归功于其他资源，或者仅仅是凑巧而已。②

通过上述分析，我们不难发现，美国学者对教师质量界定的维度划分和要素分析呈现出明显的多样化特征，多种教师质量观的聚焦点也有很大差异，相关实证研究也有强有弱。但是，综合来看，美国学者对教师质量的界定、分析主要集中在以下几个方面。

第一，从教师资格的角度界定教师质量，即入职者要满足全国性的或州规定的进入教师职业的入门条件，其一般构成要素是经过正规的学科教育和专业教育，形成适应教学要求的知识结构、能力结构和品性特质，并通过全国性的或州的教师资格考试，获得相应认证。这既是准教师掌握从事特定学科和年级水平教学所必需的教师知识和能力的基本要求，也是教师职业专业化的基本象征，构成教师质量的基本筛选机制和预测指标。在美国研究者的视野中，该维度主要涵盖进入教师教育专业和进入教师职业两个关键的入门资格要求，其主要衡量指标有大学入学成绩或进入教师教育专业的分数、所进入的教师教育机构和专业的认证情况、修读的学科课程及其学分和分数、修读的专业课程及其学分和分数、教师资格考试成绩、获得的证书级别和相应的教学经验，以及教师与生俱来的种族、性别和通过后天教育内化于自身的态度、信念等因素。

第二，从课堂实践的角度界定教师质量，即教师在课堂内进行的所有旨在促进学生发展的专业实践效果，其落脚点是教师的课堂行为及教师与学生的互动。教师课堂实践既是通过有效的课堂教学以实现学生预期发展目标的教师质量形成过程，又是决定和评价教师质量的关键维度，其基本构成要素

① Rivkin, S. G. , et al. , "Teachers, Schools, and Academic Achievement," *Econometrica*, 2005, 73(2), pp. 417-458.

② Thum, Y. M. , "Measuring Progress Toward a Goal Estimating Teacher Productivity Using a Multivariate Multilevel Model for Value-Added Analysis," *Sociological Methods & Research*, 2003, 32(2), pp. 153-207.

是教师实施课堂教学的一系列内容和策略。保罗·圣地亚哥认为有效的教师课堂实践一般具有如下特征：认真地计划课程；选择适宜的材料；为学生界定清晰的目标；保持活跃的课堂进程；定期检查学生学业；当学生学习遇到困难时再次对材料进行教学；很好地利用时间；相信学生能够学会；相信自己对于学生的学习负有很大责任；与同事分享教育目标的观念；认可学校促进学生学习的目标；为学生学业成功倾力奉献；有积极的同事关系；灵活性；创造性；调整教学以适应不同学生的要求；使用各种教学策略；使用各种互动形式；讲授清晰；呈现工作导向的行为；采纳学生的理念和建议。①

第三，从学生学业成绩的角度界定教师质量。伊丽莎白·刘指出"优良的教师的最基本特征是他们所教学生的学业不断发展以及学生令人满意地按照特定社会和课程要求的方式有个性地成长"②。同时，促进学生学业成绩的提高是美国《不让一个孩子掉队法案》对高质量教师的核心要求之一。研究者也往往通过标准化测验所显示的教师对学生学习收益的贡献的增值评价，来确认为学生的学业增长做出贡献的高质量教师。这使得教师质量界定从关注教师本身的资格要求转为关注以学生为中心的学业发展，这是教师质量界定的一个新的关键的维度。虽然目前研究者也对众多州标准化测验的狭隘性和局限性做出了批评，但是目前美国研究者关于教师质量的研究，几乎都将学生学业成绩作为评价教师质量的有效指标，其惯用模型是增值性评价。

第四，从支持系统的角度界定教师质量。玛丽·肯尼迪在一篇文章中指出，"我们已经太过于将教学质量归因于教师自身的特征，而忽视了那些可能对教学实践的质量有巨大影响的情境性因素"③。良好的支持系统是教师质量的重要保障和支撑，主要表现为学校、社会、政府所提供的环境支持系统。因为教师总是作为社会网络中的一部分在发挥作用，与他或她的学生一起，或者在学校社区内，而不是孤立地发挥作用。就学校层面而言，其环境构成要素一般包括强有力的学校共同体(strong school community)、强有力的学校

---

① Paulo Santiago, "Teacher Demand and Supply: Improving Teaching Quality and Addressing Teacher Shortage," http://dx. doi. org/10. 1787/232506301033, 2012-09-11.

② Elizabeth Leu, "Developing a Positive Environment for Teacher Quality," http://people. umass. edu/educ870/teacher _ education/Documents/EQ1%20Motiv%20Tchr%20Quality%20-%20Leu. pdf, 2019-01-25.

③ Mary M. Kennedy, "Attribution Error and the Quest for Teacher Quality," *Educational Researcher*, 2010, 4(39), pp. 591-598.

领导力(strong school leadership)、高质量的学校设施和足够的资源(quality of school facilities and adequate resources)、适当的班级规模(class size)以及具有激励性的教师薪酬(teacher salary)等。而强有力的学校领导力和积极的"学校风气"的创设,是培育一个质量优良的学校基本的个体和公共特征的基础①,对教师质量有着不可忽视的影响。

三、持续争议的两种美国教师质量问责立场

教师教育的专业路径与解制路径,是影响美国教师教育政策和实践的两种重要力量。尽管双方所宣称的目标都是"使美国的每个课堂都有高质量教师",但是由于其哲学取向、研究基础以及背后利益集团等各方面的差异,双方在如何实现这一目标上存在着较为尖锐的对立状态②,因而也形成了截然不同的教师质量问责立场。

(一)专业路径的教师质量问责立场

专业主义者主张教师应获得与医生、律师等职业相同的专业地位,强调教师的教学必须基于专业的知识基础。具体而言,教师不仅要具备相应的学科知识,还要具备儿童和青少年发展的知识、针对不同类型和能力层次学习者的教学策略知识、教学评估和评价的策略知识、课堂管理知识。这些知识是教师从事专业化教学的基础③,而且这些知识都是基于研究的,必须通过正式的专业学习和临床实践才能获得。基于此,教师教育的专业主义者支持"一种新的教师质量问责形式"④。这种问责形式包括两个核心要素,一是建立专业标准,二是实施表现评估。持这种问责立场的主要有美国教学与美国未来委员会、美国专业教学标准委员会、州际新教师评估和支持联盟等专业组织。相关的

---

① Elizabeth Leu, "Developing a Positive Environment for Teacher Quality," http://people. umass. edu/educ870/teacher_education/Documents/EQ1％20Motiv％20Tchr％20Quality％20-％20Leu. pdf, 2019-01-25.

② Arthur E. Wise & Jane A. Leibbrand, "Standards and Teacher Quality：Entering the New Millennium," *Phi Delta Kappan*, 2000, 81(8), pp. 612-616.

③ Arthur E. Wise & Jane A. Leibbrand, "Standards and Teacher Quality：Entering the New Millennium," *Phi Delta Kappan*, 2000, 81(8), pp. 612-616.

④ Imig, D., *President's Environmental Scan*, Washington, DC, American Association of Colleges for Teacher Education, 2000, p. 19.

研究和政策主要受到卡内基基金会、福特基金会等基金会的支持。

在具体的问责举措上，专业路径主张各州应该创设更为规范和系统的标准以及认证、评估等专业程序以改进教师质量。具体而言，一是对进入教学专业的人员提出更为严格的标准，包括设立进入教学专业的标准，建立教师评价标准并强化评估的实施，并强调专业组织和团体应该对监控教师培养质量和教师表现负责①，在教师知识、教师专业发展和教育临床实践等方面给予专业支持。二是要求对负责教师职前培养的院校和项目进行强制认证，进行更为有力的问责，比如，要求教育学院公布毕业生在教师资格考试中的通过率，识别和确认低表现的教育学院和教育项目。三是专业主义者主张"表现评估"或"基于结果"的教师质量问责路径，强调教师教育项目要对更高的学生学业标准负责，主要的途径就是要求它们"提供证据证明它们的毕业生在帮助所有学生改进学习上是有效的"②。在这种情况下，K-12学生的学业成绩进步就成为教师质量问责及改进的目标。这种"表现评估"将教师质量的问责从传统的纸笔测验形式，如项目完成者的标准化测验分数、在教师许可证考试中的分数，转变为项目完成者在课堂教学中的实际有效性。

此外，秉持教师专业化立场的州，还会出台政策对教师的许可、认证和有意义的专业发展实施质量管理与监控。教师教育院校和项目则必须满足专业认证标准并获得相应的资格认证，通过改革课程体系、建立和支持专业发展学校，帮助候选人培养促进学生学习的专业知识和能力，并定期接受专业组织的评估。

(二)解制路径的教师质量问责立场

与专业主义者形成鲜明对比的是，解制派认为教师仅需要学科知识就能从事教学，以及能够证明自己拥有学科知识的教师就是高质量教师。尽管得到一些基础教育者和政策制定者的支持，但解制派主要得到保守派的支持，如托马斯·B. 福德汉姆基金会（Thomas B. Fordham Foundation），这是一个

---

① Imig，D.，*President's Environmental Scan*，Washington，DC，American Association of Colleges for Teacher Education，2000，p. 2.

② Imig，D.，*President's Environmental Scan*，Washington，DC，American Association of Colleges for Teacher Education，2000，p. 19.

由"一些教育团体的成员和一些政策制定者及保守派学者"组成的基金会。①他们将教育学院的垄断视为有害的、不成功的；他们强调学科知识，主张把学士学位作为"有效"教学的充分知识，认为教师教育课程的学习是浪费时间；② 他们反对传统的教师教育路径，主张对"进入教学"完全解制，采纳一种"彻底改革教学和教师教育的替代性路径"③。

解制路径认为，教育学院传授的教育学知识参差不齐、残缺不全且存在争议；指责专业的教育者因为不断升高的条件和门槛而没有实现任何目标。他们基于教师供需的角度认为，"对准教师的额外要求将限制教师的潜在供给，这些要求不仅窄化了优秀人才进入教学的渠道，而且这些要求本身对教师的质量和效能也没有影响"④。于是，他们的呼吁是"简化进入和聘用程序""去掉条件和门槛"，并且"开放进入教学的更多路径，鼓励教师培养形式的多元化，吸引更多有才华、受过良好教育且愿意从教的人进入教学专业"⑤。

解制主义者对教师教育的价值缺乏信任，尽管有时其目的是解决某些地方或学科的教师短缺问题。解制主义者主张消除吸引更多优秀人才进入教学领域的障碍，这些障碍包括标准、条件、规制等被专业主义者视为必需条件的门槛，进而创造一个更为开放的教师教育市场。许多州已经创设了进入教学的快速替代性路径，目的就是"绕过那些教育课程，这些教育课程被视为教师候选人获得认证所必须跳过的不必要的门槛"⑥。

综上，专业路径主张采用依据国家标准、项目认证等方式实施教师质量问责，而解制路径则主张改革并解制教师教育，仅仅把高风险考试成绩作为教师质量问责的证据。两种路径之间的争论是白热化的，几乎没有妥协的余

---

① Arthur E. Wise & Jane A. Leibbrand, "Standards and Teacher Quality: Entering the New Millennium," *Phi Delta Kappan*, 2000, 81(8), pp. 612-616.

② Arthur E. Wise & Jane A. Leibbrand, "Standards and Teacher Quality: Entering the New Millennium," *Phi Delta Kappan*, 2000, 81(8), pp. 612-616.

③ Imig, D., *President's Environmental Scan*, Washington, DC, American Association of Colleges for Teacher Education, 2000, p. 2.

④ Imig, D., *President's Environmental Scan*, Washington, DC, American Association of Colleges for Teacher Education, 2000, p. 3.

⑤ Imig, D., *President's Environmental Scan*, Washington, DC, American Association of Colleges for Teacher Education, 2000, p. 3.

⑥ Arthur E. Wise & Jane A. Leibbrand, "Standards and Teacher Quality: Entering the New Millennium," *Phi Delta Kappan*, 2000, 81(8), pp. 612-616.

地。这种理念的冲突正在重塑着教师教育的世界，驱使着它在截然不同的方向上横冲直撞。这种冲突的本质在于，美国对于如何培养满足未来世界要求的教师缺乏一种共同的愿景，导致产生了相反的改革路径。①

第三节　美国教师质量问责机制产生的舆论背景

20 世纪 80 年代以来，美国各界对教师及教师教育项目的质量关切日益强烈，教师教育领域的问责需求日益深入和广泛。诸多官方或独立组织的研究报告呼吁各类相关机构要提供客观的、基于结果的教师效能及教师教育项目证据，并指出美国的教育体系缺乏教师质量问责，亟待完善教师质量的标准、评价、改进等问责体系。其中，较早的报告就是《国家处于危险之中：教育改革势在必行》。该报告对当时的教育政策进行了深入观察，并打开了教师质量问责的大门。诸多研究报告的发布，不仅为教师质量问责的理论与实践提供了扎实的研究证据，而且在社会上形成了强大的舆论氛围，进而有效地助推了教师质量问责机制的产生和发展。

一、专业力量的问责舆论：20 世纪末聚焦教师质量问责的系列报告

20 世纪 90 年代以来，美国发布的诸多研究报告都要求增加教师教育领域的问责。其中，第一波报告集中在 20 世纪 90 年代，比较著名的有霍姆斯小组（Holmes Group）的《明日之教育学院》（1995）、美国教学与美国未来委员会的《什么最重要：为美国未来而教》（1996）以及美国教育委员会（American Council on Education）的《触摸未来：转变教师教育的方式》（1999）等。这些报告均根据问责时代的教育要求，表达了专业力量对于教师及教师教育项目质量的关切，以及改进标准和项目问责的需求。

（一）霍姆斯小组的《明日之教育学院》

霍姆斯小组由美国大学教育学院的领导人士所组成，其成立以来关注和解决的就是美国教师培养的低质量、宽标准、弱认证等问题。1995 年该组织

---

① Levine, A., "Educating School Teachers," http://files.eric.ed.gov/fulltext/ED504135.pdf, 2015-06-15.

发布的《明日之教育学院》对问责给予了前所未有的关注，在报告前言中就强调"无论在哪里生产什么东西、提供什么服务，都必须对产品或服务的质量负责"①，并专辟一节提出"明日教育学院的新承诺和新问责"。

该报告基于对美国教师教育项目质量控制机制的问题分析，明确提出"教育学院要就其毕业生的可信赖表现，对社会公众和教学专业负责"，并提出了标准建设、表现评估、问责举措等系列建议。具体而言，一要创设进入教学领域的系列标准，即教育学院应与地方、州和国家层面直接负责中小学教育的专业人士协同研制更高的质量标准，建立包括教师的录取、培养、许可、聘用、认证、专业发展等各个环节的质量标准，特别要提高专业发展学校的标准、教师教育者标准、教师专业发展标准。二要设计多种评估工具，对候选人在"师范生的录取、实习及获得教师资格证"等各个阶段的能力进行评估，并用教师资格考试取代标准化考试②，鼓励地方学校委员会把表现评估作为教师聘用的前提条件之一。三要提出具体的政策要求，鼓励公众和专业进行审查，务必使教育学院达到标准，对那些在规定时间内未达到标准的教育学院应当予以处罚或关闭。四要鼓励州和地方采用美国专业教学标准委员会、全美教师教育认证委员会提出的标准，期待所有的教育学院接受并获得全国性专业认证。可以说，《明日之教育学院》代表了美国大学教育学院对教师质量问责的声音，标志着 20 世纪 90 年代教师质量问责正式进入专业视野。

（二）美国教学与美国未来委员会的《什么最重要：为美国未来而教》

美国教学与美国未来委员会（National Commission on Teaching & America's Future，NCTAF）创立于 1994 年，是一个由教育政策制定者与专业实践者组成的非营利、超党派的倡议和行动组织，致力于解决高质量教师的招募、发展和保留所面临的全国性问题，以保证所有的学生都能接受高质量教育。该报告基于一项为期两年的研究，发现美国教师质量存在若干问题：未实施教师标准，教师培养存在缺陷，教师招募非常草率，初任教师的入职

---

① Holmes Group, Inc. & East Lansing, MI., "Tomorrow's Schools of Education: A Report of the Holmes Group," http://files.eric.ed.gov/fulltext/ED399220.pdf, 2015-07-09.

② 报告认为，标准化考试在预测初任教师的未来表现上几乎没有价值，不能向公众保证一名教师的教学能力，也显示不了某个教师教育项目是如何培养教师的。

辅导不够，缺乏专业发展支持以及对知识和能力的奖励，等等。为解决上述问题，报告提出"对现状进行显著变革，创设一个新的问责体系，确保国家、州、地方学区、学校和课堂各个层面都关注教师和学生的标准"①。其中，改进教学的关键就是创设一种可行的标准体系，指导教师的学习并实施问责。

围绕问责，该报告提出的改革举措如下。一要实施严格的教师标准，包括在每个州建立专业标准委员会；坚持对所有教育学院实施认证，关闭不合格的教育学院；通过学科知识、教学知识和教学能力的测试对教师进行认证；将全国委员会标准（National Board Standards）作为教师熟练教学的基准。二要重新设计教师教育和专业发展，要围绕标准组织教师教育和专业发展项目；创设并资助初任教师辅导项目，并对其进行教学能力评价；为教师提供稳定的、高质量的专业发展资源。三要解决教师招募的问题并将合格教师置于每个课堂，坚持只聘用合格教师。四要建立与评估和薪酬体系相联系的教学专业一体化机制，该评估和薪酬体系要基于教师的知识和能力对教师进行奖励；解雇不称职的教师；为每个州和学区的全国性委员会认证设定目标、进行激励。

该报告还特别提出了"专业问责"的概念，认为专业问责的起点在于确保那些能够胜任教学或领导学校的人进入教学领域。而一个综合的专业问责体系，要在多个时间点防范不胜任者的进入：准教师在获得初次认证之前要通过严格的评估；在从教的最初几年之内，学区要通过同行评议和审查支持教师学习，并且在授予终身教职之前要对不合格教师提出离开教师职业的建议；在获得长期专业执照之前，教师必须通过表现评估；学区要拒绝聘任无执照的教师或者不允许其从教；学区要在员工协议中就持续的、专业的同行审查和干预做出规定，必要时对不胜任的教师予以解雇。

（三）美国教育委员会的《触摸未来：转变教师教育的方式》

该报告是美国教育委员会教师教育校长特别小组（American Council on Education Presidents' Task Force on Teacher Education）于 1999 年 10 月发布的，其研究受到纽约卡耐基公司（Carnegie Corporation of New York）、福特

---

① National Commission on Teaching & America's Future, "What Matters Most: Teaching for America's Future," http://files. eric. ed. gov/fulltext/ED395931. pdf, 2015-07-09.

基金会的支持，为高等院校的领导者改革教师教育方式提供了基本框架。①

该报告的研究基于三个假设：其一，美国的中小学教育质量不能满足 21 世纪的需求；其二，为中小学校培养教师是美国高等院校的一项基本职责；其三，高校校长的果断行动是美国教师教育和中小学教育质量提升的基本条件。专家组的研究发现，中小学校学生的成功主要取决于教师质量；有效教师要证明自身掌握了所教学科的知识，在有效教育实践中经过扎实的培养，并具有良好的学业表现；有效的教师教育项目具有许多可识别的、共同的特征；当前的学业质量控制机制不足以保证只有全面合格的教师才能进入教学专业。

基于上述假设和研究发现，该报告提出高等院校的校长要实施 10 项行动计划：带头把推动教师教育发展置于本机构工作日程的中心位置；澄清并强化教师教育与机构使命之间的战略联系；要求对教师教育项目的质量进行审查；对机构的教师教育项目质量进行严格的、定期的、独立的评估；要求教育学院的教师及课程要与文理学院的教师和课程相互配合；确保他们的教师教育项目拥有培养未来教师所必需的设施设备和人力资源；支持研究生教育、奖学金及教师教育研究；加强机构之间的师资交流；确保教师教育项目的毕业生一进入教学领域，就得到应有的支持、监督和指导；在教师、教学等相关议题上要大胆发声，与其他舆论引领者一起制定公共政策。由此可见，该报告的核心是呼吁建立教师质量的控制机制，强调对教师教育项目进行质量审查与评估，进而确保教师教育机构对教师培养质量负责。

二、官方背景的问责舆论：21 世纪初聚焦教师质量问责的系列报告

第二波报告集中在 21 世纪初至今，比较著名的有莱文的《培养学校教师》(2006)、托马斯·B. 福特汉姆基金会的《福德汉姆报告 2006：各州贫困儿童教育现状》、美国联邦教育部的《教育部部长关于教师质量的第五份年度报告：每个课堂都有一位高质量教师》(2006)、不让一个孩子掉队委员会的《超越 NCLB：兑现我们对孩子的承诺》(2007)。这些报告的共性在于强调对教师效能的结果证据的需求，以及对加强支持当前问责实践的研究证据的需求。

---

① Charles Coffin, "Touching the Future: Final Report," http: //files. eric. ed. gov/ fulltext/ED478818. pdf, 2015-06-30.

(一)莱文的《培养学校教师》①

报告认为，在一个基于标准、问责驱动的教育体系中，教师教育的改革发展尤为迫切，不仅需要提升教师队伍的数量和质量，而且要求教师将学生学业成绩提升至历史最高水平。但是，当前的教师质量控制机制是不充分的，太多的薄弱项目获得了州的批准，教师培养质量受到学术界、基金会、行业协会以及政府的多方批评，所以教师教育质量控制机制必须重构。对此，报告建议，要建立有效的教师教育质量控制机制，把学生学业成绩作为教师教育项目质量问责的首要指标，同时关闭不合格的教师教育项目，强化有前景的项目，拓展卓越的项目。此外，报告建议必须强化州的责任：一是将教师教育项目问责的焦点从教师培养的过程转移到培养的结果上来，通过建立纵向的 K-12 学生学业数据收集系统，持续评估项目毕业生任教学生的学业情况；二是为大学和非大学的教师教育项目建立统一的认证标准，为传统路径和非传统路径的教师候选人建立统一的教师许可及认证要求，而且这种标准要基于中小学校学生的学习标准。

(二)托马斯·B. 福特汉姆基金会的《福德汉姆报告 2006：各州贫困儿童教育现状》②

该报告对 2005 年美国教育进展评估系统中的低收入、非洲裔和西班牙裔学生的阅读、数学和科学的成绩数据进行了评估，得到的结论并不乐观。其中，州的平均等级为"D"，同时 3 个州不及格，且没有一个州优于"D＋"。为了改进这种状况，报告指出，美国学生的学业成绩促进路径应该是设定卓越的标准，实施严格的评估，并让教师和学校对学生的学业表现负责。报告认为，优质教育的基础在于制定儿童在各学科领域和年级水平需要达到的具体的知识和能力标准，并构建起一个可靠的跟踪系统和问责系统，检验和了解学生学习达标的情况，并根据评估结果进行问责，进而保证预期目标的实现。

---

① Levine, A., "Educating School Teachers," http：//files. eric. ed. gov/fulltext/ED504144. pdf, 2015-07-26.

② Thomas B. Fordham Foundation, "The Fordham Report 2006：How Well Are States Educating Our Neediest Children?" http：//files. eric. ed. gov/fulltext/ED499439. pdf, 2015-07-26.

在标准、问责的框架之内，教师的表现必须且只能通过学生的学习进行判断，而不是通过"一纸证书"来评价。该报告主张将教师质量问责要素从输入性的资格要素转变为输出性的学生成绩要素，将学生学业成绩作为教师质量问责的主要依据。

(三)美国联邦教育部的《教育部部长关于教师质量的第五份年度报告：每个课堂都有一位高质量教师》

该报告是对 2005 年美国各州教师质量的进展和问责情况的汇总，突出了各州及其教师教育项目在"确保每个儿童都由高质量教师任教"方面所做的承诺和工作，并就各方面的教师质量数据进行了系统报告。报告指出，随着《不让一个孩子掉队法案》和《高等教育法案修正案》第二款问责条款的实施，许多州都新建了严格的问责体系，确定质量标准，评估教师表现，收集并报告教师质量的系列数据。一是各州通过确定标准和要求，就教师候选人进入课堂之前必须满足的条件做出规定，以此保证和改进教师质量。二是所有的州都必须向联邦教育部报告教师教育、教师认证、教师许可的标准和政策情况。三是各州要监控教师培养项目的质量，建立评价标准，评估项目表现，并将确定为低表现的教师培养项目的机构名称报告联邦教育部。报告指出，"这些标准和评估都强化了对教师质量的问责，并传达出一个重要的信息，即所有教师必须为学生提供丰富的学习体验，对学生的学业进步负责"①。

(四)不让一个孩子掉队委员会的《超越 NCLB：兑现我们对孩子的承诺》②

该报告列举了建立一个优质教育体系的几个建议，包括提高教师质量及效能、实施有力的问责和更精确的评估。不让一个孩子掉队委员会认为，要彻底改变传统的教师质量评估方式，从关注教师资格(teacher qualification)转变为关注教师效能(teacher effectiveness)。这要求所有的教师要产出学生学习

---

① U. S. Department of Education，"The Secretary's Fifth Annual Report on Teacher Quality," http：//www2. ed. gov/about/reports/annual/teachprep/2006-title2report. pdf，2015-07-11.

② The Commission on No Child Left Behind，"Beyond NCLB：Fulfilling the Promise to Our Nation's Children," http：//files. eric. ed. gov/fulltext/ED495292. pdf，2015-07-10.

收益，获得校长或教师同行审查评估的积极评价，以成为高度合格的有效教师（highly qualified effective teachers，HQET）。这就要求各州设计一套实施学生学业增值评估的数据系统，追踪个体学生的逐年进步情况，用于教师质量问责。关于 HQET 状态的信息要通过州和地方的报告卡向家长报告，其方式与 NCLB 法案的要求一致。

对于如何实施教师质量问责，该报告提出如下建议。教师的 HQET 状态是由其学生的三年学业数据决定的，并通过增值指标将其学生的学习收益与该州其他教师的学生的学习收益进行对比。那些产出学生学习收益居前 75％ 且获得积极的校长评价或同行审查的教师，将被确定为达到 HQET 状态。在第一个三年的前两年的数据被收集之后，那些处于达不到 HQET 状态的危险之中的教师，将被要求参加旨在帮助他们达到 HQET 状态的专业发展和培训，这种专业发展将持续整整三年时间，可以使用 NCLB 法案第二款的教师质量经费。如果一名教师在三年的专业发展之后仍然达不到 HQET 状态，学校的校长就必须每年都告知学生的家长该教师未能达到 HQET 状态。在这种情况下，该教师还有两年的时间达到 HQET 状态。也就是说，一名教师必须在七年之内达到 HQET 状态，否则，将不再被允许在第一款经费资助的学校中任教。同时，接受第一款经费资助的学校校长有权力拒绝没有获得高度合格教师或高度合格有效教师资格的教师转入其学校，从而确保教师质量。

从上述报告的意见和建议中我们可以看出，20 世纪 90 年代以来，教师质量问责的呼声越来越强烈，舆论基础也越来越扎实，而且问责的重点也实现了由输入要素到输出要素的转变，强调把学生学业成绩作为教师质量问责的最重要的依据。问责的客体也逐渐由教师教育院校、教师教育项目，拓展至州、学区和学校等多元主体，强调共同负责、各负其责。这些研究报告对美国教师质量问责的发展起到了积极的推动作用。

本章小结

美国教师质量问责机制的产生有其独特的现实背景、思想背景和舆论背景。在现实领域，《国家处于危险之中：教育改革势在必行》等报告都指出，美国大量的 K-12 学生没有显示出能够在 21 世纪获得成功的知识与技能。在这种背景下，教师质量被视为提高 K-12 学生学业成绩的一个关键因素，所以改进教师质量作为一项教育改革议题被广泛关注。如何界定、监控、评估进而改进教师质量并强化学生的学业表现在美国教育利益相关者中引发了广泛争论。所谓实践是理论产生与发展的沃土，因此，随着教师质量问责的现实需求及相关实践的迅速发展，一系列与之相关的理论问题随之产生。比如，对教师质量的各个利益相关者而言，问责意味着什么？为何问责？谁问责谁？如何问责？等等。对这些问题的回答，在很大程度上决定着教师质量问责体系的产生和运作方式。在这种背景下，教师质量问责理论应运而生。

第二章 国家取向的教师质量问责机制

　　国家取向的教师质量问责，是指联邦或州的立法机构与行政机构以法案、项目的形式确定问责的标准、程序及其实施形式而形成的一种较具强制性的教师质量问责机制。这种问责的核心以联邦或州通过的相关法案为基础，就相关客体在教师质量议题中的"达标"情况进行审查，并通过准入资格的控制、公开报告的方式、项目经费的杠杆以及低水平项目的识别与援助等问责举措，促进教师质量持续改进。

　　国家取向的教师质量问责的主体是联邦或州的立法机构与行政机构；问责的客体主要依据问责的内容而定，涵盖了政府机构、教师教育院校、中小学校等多个利益相关方；问责的基础是法案条款与政府计划；问责的标准是学生学业标准（内容标准与表现标准）；问责的途径以学生学业考试成绩评估为主；问责的工具包括报告卡、绩效拨款及低水平项目识别与援助。国家取向的教师质量问责机制的代表人物或组织主要有罗德·佩奇（Rod Paige）、罗伯特·林（Robert L. Linn）、萨拉·布鲁克斯以及不让一个孩子掉队委员会①、州教育委员会（Education Commission of the States）等。

---

　　① 不让一个孩子掉队委员会（Commission on No Child Left Behind）于 2006 年 2 月成立，由 15 位来自 K-12 教育、高等教育、商业等领域的领导者组成，致力于改进 NCLB 法案，受到比尔及梅琳达·盖茨基金会（Bill & Melinda Gates Foundation）等致力于改进美国教育质量的多个基金会的资助。

第一节 国家取向的教师质量问责机制的逻辑基础

国家取向的教师质量问责机制的逻辑起点是"美国的未来取决于教师"的基本判断，并受到美国新保守主义思想和委托代理理论的深刻影响。

一、思想基础：新保守主义思想的影响

新保守主义思想是美国国家取向的教师质量问责机制的思想基础。新保守主义(Neo-conservatism)深受英国 17 世纪哲学家霍布斯(Hobbes)的"自然状态"和国家起源说的影响。"传统""秩序"是新保守主义国家和政治理论中的主要"术语"。① 新保守主义者往往从控制的角度去看教育，认为教育是国家实现经济繁荣、增强国际竞争力的核心，并强调标准和问责对教育改革发展的重要性。

在教师教育领域，新保守主义思想强调国家机构等权力机制对教师拥有重要权力，并通过制定课程、对教师进行监督与考核、管理服从与应允等三种途径形成针对教师的控制集团。② 正如迈克尔·阿普尔(Michael W. Apple)在《谁改变了我们的常识？——美国教育保守主义运动与教育不平等》一文中所述："新保守主义强调强势政府，尤其是在知识和价值的问题上。""基于该意识形态而形成的教育政策如下：强制统一的全美或全州课程计划、全美或全州范围的标准考试，重新强调'高'的教学标准和'西方传统'的回归，以及性格教育中爱国主义和其他保守特征的养成。""它的强国家理念还体现在加强对教师队伍的调控方面。教师的工作……变得高度标准化、合理化和政策化……无论是在过程还是在结果上都受到了更为严格的监督。"事实上，美国的有些州不仅对教师的教学内容进行了规定，甚至对教学方法也有唯一的规定。"教师如果不遵循规定的教学法便会面临行政处罚的危险……对于新保守主义者来说，能解决这个问题的不是市场，而是一个强大的干预性政府，由这样的政府来规定并强制教学内容和教学方法的唯一'合法性'，在全州或

---

① Lawton, D., *Education and Politics in the 1990s: Conflict or Consensus?* London, The Falmer Press, 1992, p. 7.

② 卢乃桂、钟亚妮：《教师专业发展理论基础的探讨》，载《教育研究》，2007(3)。

全美推行教师和学生的统一考试的政策。"①由此看来，深厚的新保守主义思想直接影响着美国教师质量问责的政策取向，是国家取向的教师质量问责机制的重要思想基础，这种思想的核心强调对教师和教师质量的国家控制，通过标准、考试等手段使教师质量满足学生学业达标的要求。

二、理论基础：教师作为国家的代理人

委托代理理论是社会科学中一种被广泛使用的理论框架，为检验联邦、州、学区、学校等委托人与教师之间的问责关系提供了一种分析框架。所谓委托代理关系就是聘用代理人完成委托人所委托的工作，产出委托人要求的成果。这种关系的前提是，委托人没有充分的时间、知识或资源以满足自身的需求。因此，委托人与代理人订立契约，由代理人完成相应的工作。然而，代理人的利益并不总与委托人相一致，而且所有代理人都更愿意追求自身的利益并在此过程中产生"卸责"的行为。由于这种偏好差异及追求私利的取向的存在，委托人既要进行激励以确保代理人服从意愿，也要对代理人的行为实施监控和问责，即形成一种控制机制以保证代理人的行为与委托人的要求一致。因此，问责成为调整委托代理关系的关键机制。可以说，没有问责，委托人就没有办法确保代理人按照委托人的利益要求行动。

规范的委托代理理论，关注的是确立一种使委托人收益最大化的契约，既适用于私人部门，也适用于公共部门。就公共服务领域而言，委托代理理论最主要的议题是采用何种结构的奖励和惩处机制，以最低的成本最大限度地激励公职人员产出委托人所期望的成果。因此，这个过程必然涉及问责的议题，即委托人要使代理人对代理人自己的表现负责，因而必然需要设置相应的质量监控与审查机制。在教学专业化的背景下，教师拥有从事教育工作的专业知识、专业能力，由州或学校聘用为国家教育事业的代理人，从事教学工作，教育国家的儿童，满足委托人对教育质量的要求。由于在国家的视野中，学生教育质量最直接、最核心的指标就是学生学业成绩，因此国家与教师之间的委托代理关系在很大程度上转变为教师要对学生学业成绩负责的关系，使学业成绩成为国家评估教师质量是否满足要求的重要指标。

由于教师质量受到诸多利益相关者的关注，在美国当前的教育问责体系

①　迈克尔·阿普尔、罗燕：《谁改变了我们的常识？——美国教育保守主义运动与教育不平等》，载《清华大学教育研究》，2006(4)。

中，这种委托代理关系形成了比较复杂的等级结构，既有联邦政府对州的教师政策、举措及改进情况的问责，也有州对学区、学校的问责，还有学区对学校以及学校对教师个体的问责。在这种委托代理关系中，教师质量是一条主线，也是问责的核心。

三、逻辑起点：美国的未来取决于教师

尽管美国学者对教师质量的研究纷繁复杂，但他们有一个基本结论和共识，即教师质量是促进学生学习、提高学生学业成绩的最重要的决定因素。特别是自 20 世纪 90 年代以来，越来越多的实证研究表明，教师质量与学生学业之间存在密切的正相关性，教师质量被确认为改进学生学业成绩的重要变量，所以教师必须对学生学业进步负责。基于此，改进教师质量作为一项教育改革议题成为被广泛关注的政治议程。

例如，海科克（Haycock，K.）宣称"所有的研究归结为一点，即教师质量是学生学业的唯一最重要因素"[1]，并证明高质量教师的效能是排名为后三分之一的教师的 6 倍[2]。达林-哈蒙德认为"教师的知识和能力是学生成功最重要的决定因素"[3]。奈等研究者发现，学生学业收益中 21％的变化是由教师质量所决定的。[4] 格林格（Geringer，J.）不仅确认了教师质量是促进学生学习的决定性因素，而且宣称教师质量的重要性超过了学业标准、办学经费和班级规模等因素。[5] 布朗斯福德（Bransford，J. D.）等研究者证明，新的学习科学进一步强调改变教的内容（what is taught）、教的方式（how it is taught）以及学

① Haycock，K.，*Good Teaching Matters a Lot*，Santa Cruz，CA，The Center for the Future of Teaching and Learning，1998，p. 2.

② Haycock，K. & Huang，S.，"Are Today's High School Graduates Ready?" *Thinking K-16*，2001，5(1)，pp. 3-17.

③ Linda Darling-Hammond & Youngs，P.，"Defining 'Highly Qualified Teachers'：What Does 'Scientifically-Based Research' Tell Us?" *Education Researcher*，2002，31(9)，pp. 13-25.

④ Nye，B.，Konstantopoulos，S. & Hedges，L. V.，"How Large Are Teacher Effects?" *Educational Evaluation and Policy Analysis*，2004，26(3)，pp. 237-257.

⑤ Geringer，J.，"Reflections of Professional Development：Toward High-Quality Teaching and Learning," *Phi Delta Kappan*，2003，84(5)，p. 373.

习评估(how learning is assessed)的重要性。① 1998 年的一项哈里斯民意调查(Harris Poll)显示，绝大多数被调查者认为教师质量是决定教育改革成败的关键因素。此外，美国联邦政府的委托研究也显示，教师质量低的州与学生表现差的州是平行的，即学业成就最低的学生的任教教师中很大一部分都是经验不足、准备不充分的教师。因此，国家层面亟待建立一种教师质量控制机制(quality-control mechanism)来确保教师质量持续改进，并强化教师质量问责。

由此看出，国家取向的教师质量问责机制的逻辑起点，就在于教师质量的国家功能，即教师决定着美国的未来。

第二节 国家取向的教师质量问责机制的核心内容

国家取向的教师质量问责是一种政府层面的问责，集中表现为联邦或州的立法机构与行政机构通过透明的、具有监管性和选择性干预，向公众保证政府层面正按照社会的期待和公众的要求改进教师质量。这是政府必须履行的基本职责，终极目的是确保所有学生都能掌握应对未来挑战所需要的知识和能力。为此，政府层面需要掌握并向学生家长和社会公众提供证据，就公立学校的教师质量是否能满足学生学习的需求、各利益主体是否就改进教师质量做出了足够的努力等方面的问题做出说明、解释，并需要尽早确认和矫正相关的问题，对低表现的学校和教师进行适当的援助。国家取向的教师质量问责有其特殊性，即促进所有学生达到既定的学业标准是改进教师质量的核心目标，而学生学业考试成绩则是评估学生学业表现及教师质量的重要指标，因而国家取向的教师质量问责又被称为基于标准的问责(standards-based accountability)或基于考试的问责(tests-based accountability)。

一、问责的总体目标：提高所有学生的学业成绩

如前所述，国家取向的教师质量问责的目标指向是确保所有学生达到学业标准。问责体系中的每一个要素都直接支持和服务于学生的学习和学业提升，具体而言体现为两大目标：一是卓越性目标，即学生要达到高质量的、

---

① Bransford, J. D., Brown, A. L. & Cocking, R. R., *How People Learn：Brain，Mind，Experience，and School*，Washington，DC，National Academies Press，2000，pp. 97-99.

具有挑战性的学业标准，而不是没有标准或低的标准；二是公平性目标，即所有学生都要达到这种标准，通过让每个学生都拥有高质量教师，缩小不同学生群体之间的学业差距。概言之，国家取向的教师质量问责就是通过对教师质量的持续改进，达到"不让一个孩子掉队"的目标。

(一)格拉茨的两种国家关切

国家取向的教师质量问责，源于国家需求，体现政府意志，从本质上而言是一种基于标准的问责。那么，为什么要制定学生学业标准呢？美国学者格拉茨(Gratz，D. B.)指出，制定学生学业标准的主要目的在于对两种国家关切做出回应。①

第一种国家关切是对美国正在丧失国际竞争力的群体忧患。20世纪中后期，由于美国在国际学生学业竞争中的不佳表现，特别是在科学与数学两个领域与其他国家存在较为明显的差距，美国全国上下弥漫着一种落后于其他国家的恐惧。在这种情况下，"国家和学生的最大利益与发展前途要求每个学生和每所学校要做得更好"成为一种国家信念，"推动学生学得更多更快"成为一种国家共识。否则，学生就会因为准备不足而没有竞争力，美国就会经历前所未有的后退，经济将遭受重创。这种国家关切，反映到教育领域的直接表现就是为美国学生制定高质量的、具有竞争力的学业标准。

第二种国家关切是对高学业成绩学生与低学业成绩学生之间的学业成绩差距的群体忧患。有研究表明，不断扩大的学业成绩差距将在未来进一步扩大美国的贫富差距，对美国的经济健康及社会公平构成威胁。之所以存在这些状况，在很大程度上是因为美国没有建立起相应的学业标准。正如马克·图克(Marc S. Tucker)等人所说，"美国学生学业进步的最大障碍就是我们对学生的低期待。这种低期待不仅是对贫困儿童及少数族裔儿童的低期待，而且是对大多数学生的低期待"②。对学生的低期待会把学生置于非常不利的位置。因此，建立学业标准旨在提高所有学生、教师和学校的期待，进而改进包括贫困儿童和少数族裔儿童在内的所有美国学生的教育质量。

---

① Gratz, D. B. , "High Standards for Whom?" *Phi Delta Kappan*, 2000, 81(9), pp. 681-687.

② Marc S. Tucker & Judy B. Codding, *Standards for Our Schools*, San Francisco, Jossey-Bass, 1998, p. 33.

可以说，格拉茨的两种国家关切，在本质上反映了美国对学生学业表现不佳、学业差距扩大的现实反思。为了回应这两种国家关切，无论是政府层面，还是社会层面，都要求州、学区、学校以及教师教育机构切实承担起改进教师质量的责任，把教师质量的改进作为促进所有学生学业提升的基本途径。因此，从本质上而言，格拉茨的两种关切，就是国家取向的教师质量问责的核心关切与目标指向。

(二)教师质量问责的目标：促进学生学业成绩的卓越与公平

美国联邦与州对教师质量问责的基点在于国家需求，核心目标是促进所有学生的学业进步。2011年美国发布的《我们的未来，我们的教师——奥巴马政府教师教育改革与改进计划》明确提出"我们未来在世界上的经济成功和安全，取决于我们国家每一位儿童的成功，为此必须确保他们受到成功的教育"，并"帮助所有学生达到高的学业标准"[1]，确保所有学生通过学习成为能够进行民主参与的自食其力的公民，否则将威胁到国家的经济安全和未来在世界上的竞争力。但是，达到这一目标的前提是，确保"我们每位教师都能得到他们所需要的高质量的培养和支持，以使每位学生都能够拥有高质量教师"[2]。如其表述，美国政府层面的基本逻辑为，学生达到高的学业标准是确保美国拥有强世界竞争力的基础，同时高质量教师则是确保学生达到学业标准的基础。因此，确保学生达到学业标准是国家取向的教师质量问责的出发点与落脚点。

概言之，国家取向的教师质量问责，旨在向公众保证所有学生都能达到同样的可接受的学业标准。美国历届政府教育政策的核心基点都是只有成功地招募、培养、保留高质量教师，才能使公立教育发生实质性改变，并最终为每个学生提供一种卓越的教育。这是美国政府将教师队伍建设作为优先议题的重要出发点，重点要在以下领域做出切实努力。第一，教师教育机构必须熟悉州所确定的内容标准与表现标准，并培养出能够帮助学生达到上述标

---

①　Education Commission of the States，"State and District Approaches to School Improvement：Helping All Students Meet High Academic Standards，" http：//files. eric. ed. gov/fulltext/ED484915. pdf，2015-06-13.

②　U. S. Department of Education，"Our Future，Our Teachers：The Obama Administration's Plan for Teacher Education Reform and Improvement，" http：//www. ed. gov/sites/default/files/our-future-our-teachers-accesible. pdf，2015-09-30.

准的高质量教师。因为如果教学体系旨在促进学生学业达到更高的标准并使利益相关者为满足这一要求负责,那么教师的培养和持续的专业发展就是最基本的。第二,在教育改革的过程中,最重要的因素就是建立一个强有力的专业共同体,使身处其中的教师追求清晰的、能够共享的学生学习目标,并为学生的学习承担集体责任,使教师的专业知识和能力与学生应该知道什么、教师应该教会什么相一致。第三,学生学业标准要求教师具备相应的教学方法、教学组织和教学态度。如果教师要改变教学方式和对学习的认知方式,那么教师的专业发展也必须改变。因此,在追求学生学业标准的影响下,各州要对教师职前培养、教师许可与认证要求进行重新审视,以支持改革。

除了这一核心目标之外,国家取向的教师质量问责还有助于实现其他一些目标:一是为教师政策决策提供信息,即问责数据能够为评价或制定资源分配等方面的政策提供依据;二是为项目改进提供信息,即问责体系提供了学生、班级、学校层面的诸多指标数据,能够用以确认教师教育项目的优点与不足,及时为需要改进的项目提供支持服务;三是可以就相关质量指标在不同的州、学区、学校或机构之间进行比较,对低表现的项目或机构形成改革的压力;四是使学校、学区重视并创造更为优质的教师专业发展项目和机会,保证为教师质量的持续改进做出切实的努力;五是有益于改进个体教师的表现,特别是问责的评估环节将为个体教师所任教的学生的学业表现、教师自身的教学实践提供反馈信息,为教师专业发展提供指导;六是分配资源,基于学生学业成绩的达标程度,对高表现的学校、教师进行奖励,为低表现的学校和教师提供援助及支持。

(三)萨拉·布鲁克斯的问责三原则与七要素

华盛顿大学重建公立教育中心(Center on Reinventing Public Education, University of Washington)的萨拉·布鲁克斯教授指出,为了实现提高所有学生学业成绩的问责目标,一个有效的政府层面的教师质量问责体系必须基于三原则,且包括七要素①,从州政府的角度集中阐明了国家取向的教师质量问责的理论框架与基本要素。

---

① Sarah R. Brooks, "How States Can Hold Schools Accountable: The Strong Schools Model of Standards-Based Reform," http://files.eric.ed.gov/fulltext/ED469450.pdf, 2015-10-20.

1. 国家取向的教师质量问责体系的三原则

第一，聚焦结果。国家取向的教师质量问责的目标是确保所有学生都由能促进学习的教师任教，并使学生达到州的学业成绩标准。评估、奖励以及惩罚都不是目标，而是实现目标的手段；目标指向只能是有效教师和学生学习。第二，明确重点。萨拉·布鲁克斯认为，政府必须清楚其问责体系能做什么、不能做什么，即问题要有焦点，不能面面俱到。因为一个由政府运作的问责体系不可能确认和触及教师质量改进的方方面面，也不能只靠自身的力量就能改进教师质量。政府层面的问责，关键是要创设一种环境和导向，使学区、学校关注教师质量与学生学业的持续改进，这是改进教师质量至关重要的一步。第三，突出互动。在国家取向的教师质量问责体系中，学校、学区、州都承担着重要的、不可替代的责任。[①] 政府不能单纯地要求学校和学区满足相应的表现要求，而是要为他们提供必要的资源和行动自由，使被问责的客体能够根据自身实际做出改进教师质量的努力。

2. 国家取向的教师质量问责体系的七要素

基于上述三原则，萨拉·布鲁克斯提出，有效的政府层面的问责体系必须具备以下七个关键要素。一要具备公平的、可靠的、适切的、可理解的教师质量指标。设定清晰而公平的教师质量指标是创建一个有效的问责体系的基础，这些指标是确认教师是否达到绩效目标、是否需要援助或者介入的基础，并为整个问责体系设定了基调。二要具备对教师绩效表现的可预期的、持续的激励或惩罚。一个有效的问责体系必须拥有可预期的、基于结果的奖励或惩罚体系，从而引导学校严肃对待标准和评估，使学校拥有强烈的动机关注教师质量与学生学习的改进。三要为学校提供提高能力的机会，保证那些需要改进的学校具备必需的工具和资源并得到有针对性的援助和专业支持。四要保障学校的灵活性和自主性，使学校能够根据自身实际，改进教师质量，促进学生学习并使学生达到州的标准。为此，州必须给予教师和校长自主权，就如何帮助学生达到州的标准做出独立的专业判断。五要具备保障学生学习的安全网，即在学校改进不可能实现的情况下，要为学生提供实用的学习机会。当一所学校没有显示出帮助其学生达到州的标准的意图和希望的时候，

---

① Elmore, R. F., "Accountability in Local School Districts: Learning to Do the Right Things," *Advances in Educational Administration*, 1997(5), pp. 59-82.

州政府必须介入并承担起为该校学生学习提供支持的责任，切实保证每个学生的学习机会。六要具备一个综合的信息公开机制，帮助学校和公众了解问责的全过程。一个有效的问责体系要对整个过程进行清晰地、易理解地解释，比如，教师是如何被评价的，需要帮助的教师会得到什么样的支持，以及表现优异的教师会得到怎样的奖励，等等。通过解释，公众易于了解问责体系是如何运作的、体系的目标是什么，进而获得真正的认同和支持。七要有一个独立的机构负责问责体系运行，并将政治影响最小化，避免问责决策受到政治的压力，从而保证稳定的立场。

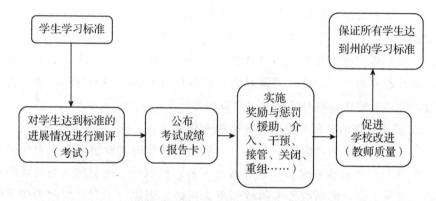

图 2-1　萨拉·布鲁克斯关于州政府问责体系的理论框架图

二、问责的基本标准：内容标准与表现标准

在美国高质量教育委员会的《国家处于危险之中：教育改革势在必行》报告发布之后，几乎所有的州都提高了毕业的要求，增加了学生学业考试，提高了教师的资格要求。到 20 世纪 80 年代末，美国国家和州层面都开始意识到这些改革是远远不够的。尽管学生学业有所改进，但是其改进的程度和范围不足以满足公民的要求以及竞争日益激烈的全球经济发展趋势。作为回应，政策制定者和教育者呼吁各州和联邦政府建立具有挑战性的学生学业标准，并要求所有学生达到这些标准。随后，《2000 年目标：美国教育法案》、《改进美国学校法案》(Improving America's Schools Act)、《美国中小学教育法案修正案》的通过，使建立学生学业标准的举措获得了充足的动力，同时相关法案为各州提供了经费用于标准设计和相关评估。比如，《改进美国学校法案》要求各州建立学生表现的挑战性标准，创设与标准相配套的评估工具和问责体系，就学生的达标情况进行评估和问责。对此，NCLB 法案又走出了关键的

一步，就是它提高了考试要求，要求对3～8年级学生的阅读和数学进行年度评估，要求按照种族、民族和其他关键的人口特征报告考试结果，要求学校证明无论总体还是特定群体的学生在州的考试中都实现了适当年度进步。如果学校没有实现适当年度进步，将首先面临介入和干预，随之还将受到更为严厉的惩罚。而且该法案允许这些学校的学生转入表现更好的学校或接受辅导，要求各州确保每位教师都是高质量的，并要求各州向家长详细报告学校表现和教师质量。

(一)国家取向的教师质量问责的两个标准：内容标准与表现标准

学生学业标准是国家层面和州层面教师质量问责体系的基础，因此也被称为基于标准的教师质量问责体系。在这一体系中，联邦和州对教师质量的关注点不再是传统的输入性要素，而是学生学业成绩这一结果性要素，即学生学到了什么以及能够做什么。基于标准的教师质量问责体系，根据对学生学习的期待，即内容标准与表现标准来评估学生的成就，进而对教师质量进行问责。由于教师质量问责的基本依据是学生学业标准，州和地方首先要建立标准，对学生在学校教育过程中的各个时间点应该学习什么、会做什么做出明确界定。在有些州，标准是由州和地方共同研究制定的，然后各学区直接使用那么这些标准；有些州建立了内容标准，那么这些州的学区既可以采用州的标准，也可以制定自身的标准，但是制定标准要达到或超过州的标准；还有的州直接由每个学区制定标准。同时，州层面应该设计小学、中学、高中各个学段的内容标准与表现标准。这些州的标准应该覆盖所有核心学科，应该对所有学生一视同仁，并应该对那些不容易满足标准的有特殊需求的学生进行适当的介入和援助。

内容标准不仅详细规定了学生应该知道什么、能做什么，而且规定了教师应该教什么，进而为教师的课程、教学、评估提供清晰而确定的目标，是学生、家长、教师、政策制定者和社会公众所共同接受和期待的质量指标。自20世纪90年代早期以来，几乎所有的州都制定了不同领域的学科标准。到2004—2005学年，除了艾奥瓦州，其余各州都采用了核心学科的内容标准。其中，44个州已经设计出与内容标准相一致的考试。[①]

---

① Education Week，"Quality Counts 2005：No Small Change，Targeting Money Toward Student Performance，" *Education Week*，2005，24(17)，p. 86.

表现标准就"学生如何证明其在州学科标准所要求的知识和能力方面的熟练程度"做出界定,对"达到何种程度就足够好"这一命题做出规定,一般划分为及格、良好、优秀等层次,并通过州的评估分数来决定,一般指向高期待,而不是最低能力。罗伯特·林认为,表现标准至少有五个关键的特征:第一,表现标准一般是确凿的(absolute),而不是具有规范性的(normative),旨在建立一个确定的表现标准;第二,表现标准一般是具有挑战性的,要与高水平的学业要求相符;第三,表现标准一般会划分为若干数量有限的水平层次,如及格、良好、优秀;第四,表现标准应该适用于所有学生,而不是一部分学生;第五,表现标准取决于标准设定者的判断,审查关于预期学业水平的描述,并将这些描述转化为评估的分数线。①

因此,内容标准与表现标准为教师的课程、教学、评估、专业发展及资源分配提供了决策依据。同时,各州的课程框架、教学标准、教师评估都应该与州的标准保持一致。在这种背景下,学生学业标准自然成为州范围内教师质量问责体系的基础。

(二)学业标准的问责功能如何发挥:以 CCSS 对教师教育项目的问责为例

K-12 学生学业标准对教师教育问责的影响是基础性的。当前,在美国,无论是联邦层面,还是州和地方的教育官员和机构都在实施新的大学与职业准备标准。新标准的出台和实施,要求各州重新考虑对教师教育项目质量的要求和监控,以确保进入课堂的新教师能够具备帮助学生达到各州共同核心标准(the Common Core State Standards,CCSS,以下简称"共同核心标准")的专业知识与能力。为此,各州采取多种方式将"共同核心标准"融入教师教育课程,并对标准的落实情况进行问责。

那么,"共同核心标准"是通过哪些途径发挥问责功能的呢?2014 年美国研究院(American Institutes for Research)对此进行了专门调研。调研结果显

---

① Robert L. Linn, "Issues in the Design of Accountability Systems," In J. L. Herman & E. H. Haertel (Eds.), *Uses and Misuses of Data in Accountability Testing. Yearbook of the National Society for the Study of Education*, Boston, MA, Blackwell Publishing, 2005, Vol. 104, Part I, pp. 78-98.

示，学生学业标准对教师教育项目问责的影响主要有以下三种路径①。

一是根据"共同核心标准"确定教师的教学标准与许可要求，即各州普遍把教学标准作为教师教育课程与核心标准相联系的一个基本纽带，通过把"共同核心标准"融入教学标准，使教师教育项目的课程符合"共同核心标准"的要求，进而保证教师教育项目的候选人掌握促进 K-12 学生达到共同核心标准所需要的专业知识与能力。

二是把"共同核心标准"纳入教师教育项目的批准及问责要求。许多州通过教师教育项目的批准和问责程序将教师教育课程与"共同核心标准"相联系。主要策略包括按照"共同核心标准"对教师候选人的表现进行评估，要求教师教育项目提供与"共同核心标准"相关的课程与评估，把候选人实施"共同核心标准"的表现信息纳入项目报告卡，等等。比如，犹他州的政府人士在审查教师教育项目的评审材料时，如果发现该项目的教学大纲没有反映核心标准的要求，那么该州将不再认证该项目的毕业生，而且该州还会通过对 K-12 学校校长进行调研的方式对教师教育项目毕业生在实施"共同核心标准"方面的效能进行评估。

三是将"共同核心标准"纳入州的教师许可评估。教师候选人要想通过州的教师资格考试，就必须具备按照"共同核心标准"开展教学的专业知识与能力。俄勒冈州要求该州学科领域的教师许可考试必须与"共同核心标准"完全一致；纽约州也要求按照"共同核心标准"设计新教师认证要求与考试；亚利桑那州也采用了基于"共同核心标准"的教师学科知识考试。

由此可见，K-12 领域的学业标准，是教师教育改革的风向标，是教师质量问责的基本依据，在国家取向的教师质量问责中发挥着举足轻重的作用。

三、问责的评估工具：学生学业考试成绩的评估

尽管内容标准与表现标准为教师的教学提供了目标，但是在实践中，评估才是驱动教学的有效力量。因此，建立与学业标准相一致的评估至为关键。在国家取向的教师质量问责中，学生学业考试是教师质量评价的重要工具，而考试成绩则是教师质量问责的主要依据。

---

① Kathleen Paliokas, "Preparing Teachers for the Common Core: Aligning Preparation Program Curricula," http://files.eric.ed.gov/fulltext/ED555681.pdf, 2015-07-21.

(一)学生学业考试的功能

评估是问责的关键要素和环节。问责需要通过某种基于标准的评估来确认学生的学业是否达到了既定的标准，进而为所有利益相关者提供关于学生学业及教师质量状况的反馈信息，并确认需要改进的领域，而且也是实施结果奖惩的基本依据。在国家取向的教师质量问责中，考试分数被用于决定学生是否在阅读、数学及其他学科上达到了相应的熟练标准，既是对学生真实的学业表现做出判断的评估工具，也是确认教师质量高低的基本依据。教师可以利用考试结果的反馈信息做出更为合理的教学决策，以更好地改进学生的学习。政策制定者通过确定具体的目标，并根据达到、未达到或者超过目标的情况对学校或教师进行激励和惩罚，进一步强化问责。[1] 因此，作为评价教师质量的重要指标，学生学业考试成绩的评估是国家取向的教师质量问责的关键环节。

之所以将学生学业考试成绩用作教师质量问责的工具，是因为考试所具有的基本功能。总的来说，学业考试具有以下功能：一是有益于阐明人们对教与学的期待；二是可以监控学校和学生的教育进展情况；三是可以监控不同群体学生的学业进展情况以及学业差距；四是可以鼓励教师和管理者付出更大的努力来促进学生学习；五是可以确认需要改进的学校、教师和项目；六是为学校和教师的奖励和惩罚提供基础。因此，学业考试不仅是一种政策工具，使教师和学校管理者对学生的学习负责，同时也是改进课堂教学的重要杠杆。正如麦克唐奈(McDonnell，L. M.)所指出的，"政府官员和政策制定者可以用以改变课堂教学的工具少之又少。标准化考试是他们影响地方学校和课堂的最有效的手段之一"[2]。

(二)学生学业考试的形式

学业考试在联邦政府、州、学区教师质量问责体系中居于核心地位。

---

① Herman, J. L., "The Effects of Testing on Instruction," In S. H. Fuhrman & R. F. Elmore (Eds.), *Redesigning Accountability Systems for Education*, New York, Teachers College Press, 2004, pp. 141-166.

② McDonnell, L. M., "Assessment and Accountability from the Policymakers' Perspective," In J. L. Herman & E. H. Haertel (Eds.), *Uses and Misuses of Data in Accountability Testing. Yearbook of the National Society for the Study of Education*, Boston, MA, Blackwell Publishing, 2005, Vol. 104, Part I, pp. 35-54.

然而，考试性质以及考试结果的使用方式却并不相同。多年来，学业考试已经历了几次变革。当前，政策制定者能够选择多种类型的学生学业评估工具，包括常模参照考试（norm-referenced test）、标准参照考试（criterion-referenced test）、表现评估及档案袋评价。每种工具都有独特的优点与不足。但是，在一个基于标准的问责体系中，学生学业考试成绩评估应当是第一选择，同时也应该收集其他指标的表现，为学生学业的进步提供更为准确的图景，以此确认需要改进的领域。

目前，美国各州所采用的学业考试类型有以下几种。一是常模参照考试，这是美国各州较常用的一种学业评估工具，旨在就个体学生或学校的学业表现与国家或州层面的常模团体进行比较，进而评估被测个体或教师质量的相对水平，易于为家长和公众所理解。但不足之处是，这类考试与某个州或学区的内容标准的关联度不大。二是标准参照考试，这是典型的基于州的内容标准而设计的学生学业评估考试，其题型通常有选择式反应题和建构式反应题两种，并按照州的表现标准报告分数。这类考试的优点是与州和学区的标准紧密相关，缺点是实施成本较大。三是定制的常模参照考试。有些评估项目保留了常模参照考试可以进行全国比较的优点，同时对常模进行调整以适应特定州或学区的内容标准。四是表现评估，即通过学生实际的作品（如文章、实验、画作等）来进行评价，其优点在于与课程和内容标准紧密相关。这类评价通过将教的内容与考试的内容相结合，进而对教师教学构成较为显著的影响。五是档案袋评价。档案袋评价是对一段时间内学生工作的案例进行收集和评估的一种评估方式。档案袋评价的优点是提供了学生在一段时间内的纵向发展数据，不足之处是收集信息费时费力，且难以公平评价。因此，如果州要在高风险的情况下使用档案袋评价，就必须确保打分者受过很好的培训。尽管州可能会使用上述任何一种或几种考试方式，但是可以肯定的是，这些基于标准的评估方式都拥有一个共同的优点，那就是基于标准的评估与内容标准和课程标准联系紧密。通过将教的内容与考试的内容相关联，这种评估可以有效地影响教师的教学，可以使考试成绩作为教师质量评价和问责的有效指标。

基于标准的学生学业考试成绩评估应该遵循以下原则：第一，州和地方的评估应该与内容标准相一致，并且要覆盖所有核心领域的内容标准；第二，州和地方要采用多种评估形式对学生达到标准的进步情况进行确认，并建立及时反馈系统向学生和教师反馈学习与教学中的信息；第三，评估学生学业考试成绩达标的过程应该反映最新的研究成果；第四，定期为学校提供综合的数据报告，其中要包括各群组学生的学业进步报告。

(三)学生学业考试成绩的使用方式

任何一种问责体系都必须解决一个核心问题，那就是明确何种程度的表现是令人满意的。分数的比较，就是做出这种决策的一种普遍的方式。在美国，学生学业考试成绩的比较主要有以下三种方式。一是与既定的标准相比较。在这种比较中，州主要考查达到或超过某个标准的熟练水平的学生比例，例如，在某个年级某个学科的考试中，达到及格、良好、优秀标准的学生的比例分别是多少。二是比较学生的收益分数。这种方式主要通过纵向的数据收集路径，比较同一学生在不同年级的学业水平差异，即通过学业增值情况对教师质量做出评价。这种增值评价可以用来奖励实现进步的学校和教师，甚至是低水平学校，进而鼓励持续改进。在这种评价方式下，每所学校、每位教师都有获得奖励的机会。三是使用标准化考试的百分位排序进行比较。上述三种学业考试成绩的使用方式，都可以用于教师质量评价和问责。但是，在实际中，使用者要注意各方式之间的配合。一个基本的原则是，学校不能因那些自己控制不了的因素而受到奖励或惩罚。一个妥协的方式是，诸种方式一起使用，既奖励那些达到既定表现标准的学校和教师，也奖励那些取得显著进步的学校和教师。这种方式不仅聚焦所有学校之间的竞争和比较，而且允许学校在同类学校比较中占优势而获得奖励。[1]

总之，学业考试尽管有局限性，但仍然是了解学生学习成效和教师质量的一种关键工具。高质量的评估体系，允许家长和教育者追踪个体学生的学业进步情况，也允许政策制定者评估整个教育体系的学习结果和平等结果。因此，评估提供了关于个体学生学习的有效信息，以及群体学生的发展趋势，是教育体系中所有责任主体明确聚焦点所不可或缺的。

---

[1] David Cohen, "Standards-Based School Reform: Policy, Practice and Performance," In Ladd, H. F. (Ed.), *Holding Schools Accountable*, Washington, DC, The Brookings Institution, 1996, pp. 85-86.

表 2-1　当前美国 K-12 学生学业考试类型一览表

考试类型	考试描述	主要优点
州学业考试	《不让一个孩子掉队法案》要求，各州要对 3～8 年级学生以及高中学生进行学业评估。学生在州学业考试中的表现是对教师质量进行评价与问责的一项重要指标。①	州学业考试是对州范围内所有学生学业成绩进行评估的一种通用工具，其考试成绩可以在学区内或学区之间进行比较，并据此对教师效能进行评估。这类考试经常与州和学区的标准相联系，其考试内容反映了州的要求。而且许多州的学业考试有较高的效度（评估目标明确且具针对性）和信度（评估结果持续且具精确性）。 由于各州已经将州学业考试纳入《不让一个孩子掉队法案》的报告范畴，因此通过州学业考试对教师质量进行评价和问责不会产生新的额外的费用。②
标准化学业考试	标准化学业考试是一种全国性规范考试，对学生的知识和能力进行评估，并可以将其成绩与其他学生进行比较。这类考试主要包括美国教育进展评估考试、特拉诺瓦考试、斯坦福学业考试、艾奥瓦州基本能力测验、大学先修课程考试，等等。	出题者所设计的标准化学业考试一般有较高的效度与信度，而且许多考试已经过研究的评估。由于这类考试是全国统一进行的，评价者能够就考试结果在不同州、学区、学校之间进行比较。与州学业考试的高风险特征不同，许多标准化学业考试被认为是低风险考试。

---

① Miller，J. & Scott，J.，"Understanding the Basics of Measuring Student Achievement," http：//cecr. ed. gov/pdfs/ Understanding _ Basics. pdf，2015-04-28.

② Goe，L.，Bell，C. & Little，O.，"Approaches to Evaluating Teacher Effectiveness：A Research Synthesis," http：//www1. gcsnc. com/whatmatters/pdf/EvaluatingTeachEffectiveness. pdf，2019-01-25.

考试类型	考试描述	主要优点
课程期末评估	课程期末评估是对学生学习的终结性评价。州或学区经常强制实施这类考试，而且考试内容要与课程内容相一致。	课程期末评估是对非考试学科和年级的学生学业成绩进行评估的一种方式。州和学区经常设计和实施课程期末评估，所以能够据此对某个州或学区内部的学校之间的教师质量进行评估。 由地方设计的课程期末评估能够适应地方标准，所以这类考试与标准化学业考试或州学业考试相比，更容易与地方课程相联系。
学校或教师设计的考试	这类考试由某所学校、某位教师或某个群体的教师设计，目的是对学生的知识掌握程度进行评估，如某个章节结束之后的考试、期中考试、学生档案袋评价或表现评价。	这类考试一般容易设计和管理，一般用于对非考试科目和年级的学生学业成绩进行评估。由于教师一般基于自己学生的学习情况设计考试，所以这类考试有很强的灵活性，使考试适合特定的目标，并更有可能使学生评估服务于教师质量评价的目的。 如果考试由一组教相同学科和内容的教师设计，那么教师能够比较不同班级的考试结果。对学生表现的交流和讨论，可以鼓励教师分享最好的实践或者形成改进学生学业的集体计划。

四、问责的结果奖惩

国家取向的教师质量问责的结果奖惩，主要包括三个方面：一是对以学生学业成绩为核心的学校表现评估结果进行公开报告；二是对困境学校、失败学校进行介入、干预和援助，帮助其解决质量改进中的问题；三是对达标程度不同的学校进行以绩效拨款为核心的奖励与惩罚。上述三种工具的目的都在于通过外部问责机制的建立和实施，改进各利益相关方的制度设计和绩效表现，回应政府对高质量教师的需求。

(一)公开报告

公开报告是政府强化教师质量问责的最有力的方式之一，即通过透明的数据公开机制使教师质量的相关利益主体如家长、政策制定者、研究者能够获得合理决策所需的信息，这是问责的基础，而且信息公开本身就是一种问责。公开报告能够促进问责、支持持续改进的理念基于这样的假设，那就是在政府以透明、全面、可理解的方式公开学校和学区的绩效信息的时候，各利益相关方能够就州、学区、学校等各个层面的绩效进步情况进行比较分析，进而使学校和学区为促进学生学业成绩而负起责任。① 鉴于公开报告的复杂性，政府是最好的实施主体，因为只有政府的力量能够保证数据的权威性、全面性、精确性，能够调动各方的数据资源，满足各方的数据需求，而且这也是政府履行公共责任的重要形式之一。正如帕特·巴斯（Patte Barth）等研究者指出的，州政府是公开报告中的最佳实施者，因为只有州具有法定的教育权力，可以保证教育领域的相关利益方能够获得关键的学校绩效数据，能够全面提供州范围内的学校和学区的比较情况，而且只有州层面能把高度流动的学生纳入报告数据。②

　　公开报告，是一种有效的政府问责机制，有助于所有的利益相关者做出明智的决定并采取适合自身的行动。例如，公开报告可以使家长根据不同学校的绩效表现或教师质量信息，明确哪所学校更适合自己的孩子，并通过"用脚投票"的方式对学校实施一种自下而上的问责；可以使教育管理者能够根据相关信息，更为有效地分配稀缺的资源，对学生的学业成绩水平进行纵向或横向的比较，了解各类项目的运行情况并明确下一步需要支持的领域和应对的挑战，对运行不力的项目或失败学校进行介入、干预、接管或关闭；可以为教育政策制定者的政策制定提供基本的信息依据，证明改革的成效并确保对有效举措的持续支持，通过对比结果使学校和学区对绩效负责，向公众阐明公用经费是如何使用的。

　　要发挥上述功能，公开报告必须满足如下特征要求。第一，报告的数据是可以信赖的、高质量的，具体表现为来源明确、精确度高、即时性强，而且纵向年度、横向要素之间相互衔接，并具有较强的可比性和透明度。第二，报告的数据可以满足人们的不同信息需求。家长、政策制定者、研究者对教师质量的关注点不同，所以良好的公共报告机制要很好地回应这些不同的信息诉求，确保教育领域的每个相关者都能获取自身所需的信息，以服务于自

---

① Data Quality Campaign, "Empowering Parents and Communities through Quality Public Reporting," http://files. eric. ed. gov/fulltext/ED559678. pdf，2015-08-23.

② Data Quality Campaign, "Empowering Parents and Communities through Quality Public Reporting," http://files. eric. ed. gov/fulltext/ED559678. pdf，2015-08-23.

身的决策。而且当州将公开报告的焦点转移到满足利益相关方的需求的时候，他们将提升公开报告的效能，并将其作为改进教师质量和学生学业的整体战略的一部分。第三，报告的数据要及时更新、易于获取和易于理解。如果利益相关者不能及时获取、很好地理解这些数据，数据的公开就没有意义。因此，良好的公开报告机制，能使各方在州教育机构的网页或通过基本的搜索引擎就能获取报告，或者使各方在学校、公共图书馆等社区成员聚集的地方可以看到报告。同时，数据应该以及时的、清晰的、可理解的方式呈现，并能够根据利益相关方的问题或建议进行持续改进和丰富。

当前，无论是联邦层面，还是州层面，都在以各种方式公开报告关于教师质量的信息。其中，部分州的报告机制仅在于满足州和联邦的法案要求，也有一些州开始考虑以促进透明、强化问责的方式呈现数据，确保教育领域的相关利益方都能获取所需的教师质量信息，以做出最有利于学生的决策。总的来说，关于教师质量的公开报告信息，必须很好地回答以下问题：我们学校的教师是否做好了教学的准备？是否熟练掌握了所教学科和年级的学科知识及相关教学能力？是否每个学生都能由高质量教师任教？哪所教育学院培养了质量最高的教师？我们学校或学区在招募、发展和保留高质量教师方面做了哪些工作？学区内的教师薪酬是如何确定的？我们学校或学区的教师是否能有效地改进学生的学业？具有不同学位、从教时间以及来自不同培养项目的教师在效能上有何不同？我们学校或学区的教师效能在不断提升，还是有所下降或是保持稳定？

(二)专业援助

在对学校表现进行充分评估之后，州和学区必须保证困境学校或学区得到进行针对性改进所需要的援助，而不是直接让其承担后果，接受州或学区层面的惩罚。单纯地施加惩罚，既不能解决学校失败的问题，也不能深层激发失败学校改进学生学业表现的潜在能力。因为许多失败学校有大量处境不利的学生，而改进这些学生的学业表现需要有针对性的、持续有力的专业支持，其范围涉及技术援助、教师专业发展等多个层面，甚至需要相关专家或州教育部门的代表进行"手把手"的援助。与此同时，诸多专家的研究发现，除非所有学生都能获得高质量的教师和足够的资源，否则处境优越与处境不利学生之间的学业差距将会不断拉大。因此，从公平性角度而言，州和学区必须保证所有学生的学习机会，为困境学校提供持续的技术、专业及经费援助，而不是直接给予惩罚。

对于被确认为需要改进的低表现学校而言，州和学区不仅要具有有效的工具去改变这些学校，而且要拥有选择和使用工具的灵活性，以最好地适应每所学校的情况。不仅如此，州和学区还必须掌握相应的数据和信息，保证基于证据而不是主观判断做出决策，并采取有意义的矫正措施和专业援助。

(三)绩效拨款

绩效拨款是美国政府教师质量问责的重要政策工具之一，其实施方式是把相关机构的绩效指标与政府的拨款相联系。达到特定绩效目标或满足改进要求的机构将获得既定额度或比例的政府拨款，而那些没有达到绩效目标的机构不仅要面临经费缩减，而且可能被确认为技术援助对象。作为一种政府问责工具，"政府拨款与机构绩效的关系是紧密的、必然的、严格的"①，且绩效指标的达成度是问责的主要依据。因此，绩效拨款本质上是一种基于绩效评估的资源分配机制，以经费为杠杆撬动问责的力量，对相关机构形成压力。当前，美国的联邦政府和许多州政府都在使用绩效拨款机制进行教育经费的分配，并将其作为一种改进教师质量的问责工具而受到越来越多的关注。

将绩效拨款作为一种问责机制的基本假设是当人们的工作成效获得认可和奖励的时候，人们会做出更为积极的反应。绩效拨款，一是强化了教育经费的效益问责，可以通过扎实的数据向纳税人证明经费使用的有效性和适切性，提升了教育经费使用的合法性，并保证教育经费流向最有效的机构和项目，使纳税人投入的收益最大化；二是促进了教师专业化，将经费与绩效紧密相连，使学校领导和教师必须为学生的学习成效负起责任，从而引导教师将注意力转移到课程与教学上来，转移到州的相关学业标准上来，并激发教师改进教学实践和专业发展；三是创设了一种高风险的环境，使地方强化数据收集的精确性与完整性，进而客观地反映教师质量改进与学生学业进步的状况。

(四)奖励、接管、关闭与重组

州按照标准对学生的学业表现进行评估之后，必须对学校的表现进行相

---

① Burke, J. C., "The New Accountability for Public Higher Education: From Regulation to Results," *Research in University Evaluation*, 2003(3), pp. 67-85.

应的等级确认，即有的学校将被确认为高度成功的学校，而有的学校则被认定为不符合标准的学校。一个完整的问责体系应该要求学校对评估结果承担相应的后果，包括对高度成功的学校给予经济或非经济形式的奖励，以及对失败学校进行相应的惩罚。

许多州的实践证明，奖励成功学校及其教师会产生积极的效应。支持者认为，对成功学校及其教师给予公开的认可，是一种有效的激励方式。部分研究甚至把奖励的缺失作为美国各州问责体系的重大设计缺陷之一。艾伦·欧登（Allan Odden）认为，教师的绩效工资要与清晰的标准相联系，对学校的绩效奖励应该与学校范围的学生学业改进挂钩。但是，为学生成绩高的学校提供经济奖励，可能会使高质量教师不愿意在更具挑战性的学校中工作，并可能鼓励一种"为了考试而教学"的风气。因此，如果使用奖励，州和学区的政策制定者应该将这种奖励基于合理有效、公平可靠的指标，并进行广泛的宣传。一旦某种经济奖励开始实施，这种项目的经费必须长时间保持充足。

一些州的政策制定者考虑将学校表现报告作为问责的目标本身，因为把低表现学校进行公开报告，本身就会激励学校重新整合教师队伍，并寻找方式改进表现。但是，一些州的政策制定者坚持失败学校需要承担一定的后果，必须撤销认证，撤销州的经费，由州进行接管、关闭或重组，而这些举措往往涉及更换校长、教师和员工。

州和学区领导者承认，为困境学校提供早期的、持续的援助有时候能够阻止惩罚。但是，即使获得援助，某些学校可能也没有领导力、教师专家或其他所需的资源以克服学生学业下滑的态势。在这种情况下，州和学区必须实施更多有力的举措。但是，惩罚会产出非预期的后果，特别是在贫困学生、少数族裔学生聚集的学校更容易失败。在被州确认为失败学校的名单上，一半多的学校在城市，40％的学校的少数族裔学生超过 90％，75％的学校被确定为高度贫困学校。[①] 这些学校往往缺乏资源，一般聘用的是年轻、经验不足的教师。在现实中，许多州不愿意实施托管或重组等严重的惩罚。但是，一旦制度设计了惩罚环节，就必须实施，否则就会有损问责体系的公信力。

---

① Burke, J. C., "The New Accountability for Public Higher Education: From Regulation to Results," *Research in University Evaluation*, 2003(3), pp. 67-85.

第三节　国家取向的教师质量问责机制的实践案例

国家取向的教师质量问责机制的实践途径主要有两种：一种是法律途径，以 1998 年《高等教育法案修正案》所确定的教师质量年度报告机制与 2001 年《不让一个孩子掉队法案》所确定的高质量教师标准及其学业问责机制为代表；另一种是行政途径。本节重点分析了美国联邦教育部的《力争上游计划》与得克萨斯州的教育者培养项目问责体系（Accountability System for Educator Programs）两个案例。

一、法律问责：《高等教育法案修正案》与《不让一个孩子掉队法案》两驾马车

法律问责，是联邦政府实施教师质量问责的主要方式。这是因为美国教育改革与发展的法定权力为州所有。联邦政府无权以行政权力直接介入或干预州的教育事务。但是，由于教师质量议题具有公益性、基础性、关键性，联邦政府必须从国家层面进行宏观的指导。在这种情况下，通过立法介入教育成为联邦政府的首选，也是其取得合法性的重要途径。在美国，教师质量的法律问责机制主要由《高等教育法案修正案》与《不让一个孩子掉队法案》两驾马车所构成。前者立足于高等教育层面对教师培养质量实施问责；后者立足于基础教育层面对教师的招募、聘任及专业发展质量实施问责。二者共同构建起教师职前培养、入职聘任到职后发展相衔接的教师质量法律问责机制。

(一)《高等教育法案修正案》确定的教师质量年度报告机制

报告卡（Report Card）制度是美国教师质量问责的主要实现方式之一。1998 年美国《高等教育法案修正案》第二款要求，教师教育机构和州必须以统一的、可理解的方式提交并公布教师质量年度报告，并由联邦教育部部长向国会提交全国教师质量状况的年度报告。该法案正式确定了教师教育机构、州、联邦三级教师质量年度报告机制，即"第二款报告机制"（the Title II Reporting System）。这是当前美国教师质量法律问责的主要机制之一，目的就是改进教师教育和教师专业发展质量，并使州和高等教育机构切实承担起相

应的责任。该机制主要由如下四部分组成①。

第一，教师教育机构要向所在州和公众报告教师教育质量的数据和信息，这是美国教师质量年度报告的基础。该报告的数据主要包括以下内容：一是通过率数据，包括该机构教师教育项目的毕业生在该州教师认证或许可评估中的通过率及其与该州平均通过率的比较情况；二是项目信息数据，包括教师教育项目的学生数量、对教学实习的时间要求以及教学实习中的师生比。此外，教师教育机构还要报告该机构的教师教育项目是否获得了州的授权或认证，是否被州认定为低表现项目。而且上述信息必须向公众公开，特别是要向项目的潜在申请者（高中毕业生）、项目毕业生的未来雇主（中小学校校长）等利益相关方公开。如果某机构没有及时准确地提供或发布相关信息，联邦教育部部长可以对该机构征收达 2.75 万美金的罚款。

第二，各州要向联邦教育部和公众报告该州教师质量的数据和信息。报告主要包括如下九类信息：该州对教师认证和许可的评估要求；未来教师获得初始认证或许可以及被授权在该州进行特定学科或年级教学所必须达到的标准和条件；该州的教师认证要求与基础教育阶段学生学业标准和评估的符合性程度；通过该州教师认证和许可评估的教师候选人的比例以及评估通过的分数线；各个教师教育项目毕业生在教师认证和许可评估中的通过率以及基于该通过率决定的机构排名情况；该州认证豁免教师的信息，包括认证豁免教师在高度贫困和低度贫困学区及各学科的分布比例；各州获得教师认证的替代性路径，以及通过替代性路径获得认证的教师比例；该州高等教育机构教师教育项目的表现评估标准，包括教师候选人的知识和能力指标；该州教师或未来教师需要参加所教学科的考试或其他评估的情况，以及通过这些评估所确定的标准及分数线。

第三，美国联邦教育部部长要向国会报告全国教师质量的数据和信息。2002 年，美国联邦教育部部长罗德·佩奇向国会提交了第一份教师质量年度报告——《迎接高质量教师的挑战》。截至 2015 年 7 月，美国联邦教育部已经向国会提交了九份教师质量年度报告（2007 年、2008 年、2012 年、2014 年四个年份未发布）。在十多年的时间里，美国教师质量报告的数据采集系统持续改进，使数据要素更加完备。特别是美国《高等教育法案修正案》第二款在

---

① U. S. Department of Education，"Section 205 through 208 of Title II of the HEA," https：//title2. ed. gov/Public/TA/HEA _ 2008 _ Sections％20205 _ 208. pdf，2015-07-10.

2008 年进行的修订和再授权，对 1998 年确定的数据要素和报告内容做出了重大调整：一方面，取消了一些数据要求，如豁免教师的数量、基于通过率数据的教师教育项目排名，等等；另一方面，重点增加了十个方面的报告数据。这十个方面的报告数据如下①。

①所在州的每一个教师教育项目的入学条件和标准。

②所在州的每一个教师教育项目的学生数量，以及不同种族、民族和性别的学生的数量。

③所在州的每一个教师教育项目所要求的教学实习（supervised clinical experience）的平均时间，以及教学实习中的等效全职教员（full time equivalent faculty）、兼职教员（adjunct faculty）和学生的数量。

④州作为一个整体所培养的教师数量以及每一个教师教育项目所培养的教师数量，既要有总体数据，又要有不同认证或许可领域、不同学科专业以及即将从教的不同学科领域的教师数量的分项数据。

⑤州所采用的教师认证和许可评估的信度和效度以及任何其他的认证和许可要求。

⑥所在州的每一个高等教育机构以及进行替代性教师认证或许可的实体中，已经完成 100％ 非临床课程且参加并通过评估的学生比例；所有教师教育机构和实体的全部学生中，参加并通过评估的学生比例；注册并完成某个教师教育项目且参加评估的学生比例；参与某个教师教育项目的个体的平均比例。

⑦教师教育项目解决所在州公立学校高质量教师短缺问题的成效，并按照认证或许可、学科专业等领域分别说明。

⑧教师教育项目在培养教师（含普通教育和特殊教育的教师）有效开展残疾学生教学方面的成效，包括作为个别化教育项目团队的一员参与的相关培训。

⑨培养教师有效地将技术整合到课程和教学之中的相关活动情况，包括与全方位学习设计原则相一致的活动；有效使用相关技术对数据进行收集、管理和分析，以改进教学，进而达到提高学生学业成绩的目标的情况。

---

① U. S. Department of Education, "Preparing and Credentialing the Nation's Teachers: The Secretary's Annual Report on Teacher Quality," https：//title2. ed. gov/Public/Title-IIReport11. pdf，2014-03-02.

⑩教师教育项目在培养教师(含普通教育和特殊教育的教师)有效地开展针对英语熟练程度有限的学生的教学方面的成效。

目前,美国联邦教育部提交给国会的教师质量年度报告已经形成较为完善的体例。以 2013 年 4 月发布的第九份教师质量报告《为国家培养和认证教师》为例,整个报告分为全国情况和各州情况两大部分。其中,第一部分就教师教育项目、提供教师教育项目的高等教育机构、州的教师认证标准、教师教育项目评估、州对教师的首次认证、教师资格证书的评估要求的相关数据做了全面而系统的梳理,形成了完善的教师质量数据采集和公开报告机制,使美国公众和其他利益相关者能及时获取教师教育项目及州的教师质量状况。

表 2-2   2013 年美国教师质量年度报告(第一部分)的目录①

第一章:教师教育项目	教师教育项目的类型
	传统的教师教育项目
	替代性路径的教师教育项目
	教师教育项目的录取要求
	教师教育项目的招生特点
	教师教育项目招生人数最多的州和项目类型
	教学实践(包括课堂观摩和参与、负责一个班的教学实习两种类型)
	项目完成者情况
	教师教育项目毕业生最多的州和项目类型
第二章:提供教师教育项目的高等教育机构	提供教师教育项目的高等教育机构的类型
	提供重点强调特定人群的教师教育项目的高等教育机构
	黑人院校和拉美裔服务机构教师教育项目的招生情况
	基于高等教育机构的教师教育项目的招生情况
	高等教育机构的特征和教师教育项目的招生
	招生人数最多的高等教育教师教育项目
	《高等教育法案修正案》第二款的教师质量伙伴关系酌情补助金项目奖

---

① U. S. Department of Education, "Preparing and Credentialing the Nation's Teachers: The Secretary's Ninth Report on Teacher Quality," https://title2. ed. gov/Public/Title-IIReport13. pdf, 2014-09-03.

第三章：州的教师认证标准	州的教师政策和标准
	全国协会的标准
第四章：教师教育项目评估	州评估教师教育项目绩效的标准
	确认低表现的教师教育项目以及被确认为处于低表现危险之中的教师教育项目
第五章：州对教师的首次认证	州的首次认证
	对其他州所培养的教师的首次认证
	教师短缺领域
	认证领域
	认证学位要求
	紧急认证的类型
第六章：教师资格证书的评估要求	州的评估要求
	考试参加者情况
	州的最低分数线和比例分数
	州的总体通过率

　　第四，除了报告上述数据与信息，该法案还确定了两个重要的问责机制。一是低表现项目援助机制。《高等教育法案修正案》要求，各州要通过技术援助条款，确认和帮助高等教育机构中的低表现的教师教育项目。各州每年要向联邦教育部部长提交低表现机构及被认证为处于低表现危险之中的机构名单。二是经费资格中止机制。《高等教育法案修正案》规定，任何高等教育机构的教师教育项目，如果因其在州的评估中的低表现而被撤回了州的认证或者被中止了州的财政资助，那么该机构将没有资格获得由联邦教育部为教师专业发展活动所提供的任何经费，并且其教师教育项目也不能接受或者录取任何接受本法案第五款经费资助的学生。在此期间，州应当为该机构已录取学生提供过渡性支持，必要时可包括矫正服务。该机构表现改进后，应由州决定恢复其授权资格和财政资助。

　　综上，美国教师质量年度报告机制不仅是一种自下而上的信息收集和公开报告机制，就相关主体保证和改进教师质量的举措与成效做出了详细说明，而且通过低表现项目援助机制和经费资格中止机制，对教师教育项目、州教育机构形成问责压力，促使它们在改进教师质量方面做出持续努力。同时，该机制突出了强制性、全面性、公开性的特点，即所有的教师教育项目和州都必须按照法案要求公开报告教师质量的数据和信息。可以说，《高等教育法案修正案》第二款确定的教师质量年度报告机制是当前美国教师质量法律问责的首要机制，也是美国教师质量问责实践中比较成熟的机制之一。

（二）NCLB 法案确定的教师质量标准问责机制

美国教师质量标准问责机制，是由《不让一个孩子掉队法案》（NCLB 法案）确定的，其问责路径是确定高质量教师的标准→支持教师质量改进的项目→对教师质量的达标情况进行问责。NCLB 法案是美国《中小学教育法案》的修订和重新授权版，2001 年 11 月由美国国会通过，2002 年 1 月被布什总统签署为法律。"对结果的问责"是 NCLB 法案的四大支柱之一。对教师质量的问责则是 NCLB 法案实现改进中小学生学业成绩的关键抓手。特别是 NCLB 法案第二款"培养、培训和招募高质量的教师和校长"的 A 部分"教师和校长的培训及招募经费"这一条款，明确要求"为各级教育部门提供经费，通过改进教师和校长质量、增加课堂上高质量教师的数量以及学校中高质量校长和副校长的数量等举措来提高学生学业成绩，并使地方教育部门和学校为改进学生学业成绩负起责任"①。

就教师质量这一议题而言，NCLB 法案不仅首次从法律上界定了高质量教师的标准（详见第一章"布什政府对教师质量的界定"的相关内容），而且基于扎实的研究基础推出系列质量改进项目并给予经费支持，更重要的是实施了强有力的教师质量问责举措，对美国教师质量的评价、问责及改进产生了深远影响。

1. 明确规定联邦和州层面的教师质量改进项目

为了切实提升教师质量，达到预期进步目标，NCLB 法案专门就联邦和州层面的教师质量改进项目做出规定，并给予相应的经费支持。在国家层面，美国联邦教育部部长被授权开展六项活动。这六项活动如下：确定并实施一项全国性教师招聘活动，特别是协助高需求的地方招募和培训教师；建立并实施一个全国性校长招募项目；鼓励和支持教师通过高质量的专业发展项目

---

① U. S. Department of Education，"No Child Left Behind Act of 2001，"http：//www2. ed. gov/policy/elsec/leg/esea02/index. html，2015-06-13.

寻求高级认证或高级证书；批准经费支持北科罗拉多大学等机构开展特殊教育教师的培训；支持学前教育教师的专业发展；成立全美教师流动专门小组。这是美国联邦层面针对全国层面的问题设计实施的系列教师质量改进项目。

与此同时，NCLB 法案规定州教育部门也要通过系列改革举措和具体项目改进教师质量。主要的改革举措和规定项目如下：改革教师和校长认证或许可的要求；实施为教师或校长提供支持的项目，促进教师和校长的专业发展；建立、扩大和改进替代性路径的教师认证项目；帮助地方教育机构和学校建立和实施有效招募和保留高质量教师的机制；改革任职资格制度，实行教师学科知识考试以及州的认证或资格考试；设计评价体系，对特定专业发展项目的效能进行评估；设计相应的策略，记录学生学业成绩的收益或教师对所教学科内容的掌握程度；履行州教育部门的责任，恰当并有效地对各类项目进行管理；促进州与州之间在教师和校长认证或许可方面的互惠合作；鼓励并支持教师和管理者的培训，有效地将技术整合进课程和教学。

NCLB 法案为州和学区提供联邦经费，强化所有学校特别是贫困儿童比例较高的学校的教师质量。其中，第二款经费的大部分都用于改进教师质量州授权项目(Improving Teacher Quality State Grants Program)，其中 2003 年的经费为 29 亿美元。这些经费可以用于支持包括教师专业发展在内的一系列活动，但强调活动要有科学的研究基础。由于美国全国范围的社区对教师质量的需求不尽相同，因此在经费使用上，该法案既给予学校和学区以很强的灵活性，同时也要求学校和学区对恰当有效地使用经费负责。

除了州补助项目之外，第二款还为其他与教师质量相关的补助项目提供经费。例如，教学过渡项目(Transition to Teaching Program)分配 4200 万美元给各州、学区和非营利组织，以帮助数以千计的杰出候选人通过替代性路径进入教学领域。与此类似，军转教项目(Troops to Teachers)，帮助各州和学区的原军队人员进入学校成为教师，并拨付将近 2900 万美元的经费。传统美国历史教学补助项目(Teaching of Traditional American History Grant Program)，将分配近一个亿的经费给各州、学区和教育组织，通过教师专业发展，以帮助改进美国历史教学的质量。同时，NCLB 法案也要求学区使用第一款的经费改进教师质量。

2. 确定教师质量问责的环节和举措

在确定教师质量标准、为教师质量改进项目提供经费支持的基础上，NCLB 法案要求对州、学区、学校的教师质量改进情况实施问责。问责的途径主要包括以下三种。

一是确定教师质量改进的计划和目标。NCLB 法案规定，接受第二款经费的每个州的教育部门，必须制订一项计划，确保到 2005—2006 学年末，该州所有核心学术科目的教师都是高质量的。而且这项计划必须为每个学区和学校确定年度可测量的教师质量改进目标，以确保这些教师满足法案规定的高质量要求。这些目标，应当包括每个地方教育部门和学校的高质量教师的年度增长比例、正在接受高质量专业发展教育的教师的年度增长比例等具体指标。与此类似，每个地方教育部门也要设计相应的目标和计划，承接州的改进目标和计划，进而形成联邦、州、学区、学校相协调的教师质量改进目标体系。这是 NCLB 法案进行教师质量问责的基本依据。

二是就教师质量改进情况做出说明并报告。NCLB 法案要求，所有接受第二款经费的学校的校长必须每年就学校是否满足高质量教师的要求做出说明，而且这一信息必须公布在学校和学区办公室，使公众能够根据要求随时查阅。同时，每个学区必须向所在州报告其在满足到 2005—2006 学年末所有的教师应该都是高质量的要求上取得的年度进步。州层面还要向联邦教育部报告，报告的关键信息包括该州的教师专业资格、通过紧急认证或临时认证从教的教师比例、由非高质量教师任教的班级比例，等等。

三是对教师质量改进不力的主体的问责和支持。NCLB 法案规定，如果地方教育机构连续两年没有达到教师质量的年度可测目标，该地方教育机构应当提出专门的改进计划，促其达到既定的年度目标，特别是要解决阻碍该机构达到目标的困难和问题。在改进计划的设计和实施过程中，州教育部门要为地方教育部门及必要的学校提供相应的技术援助。

NCLB 法案规定，首先，如果地方教育部门连续三年没有达到教师质量的年度可测目标，且没有取得适当的年度进步，州教育部门应当与该地方教育部门就相关经费的使用进行协商并达成协议。作为协议的一部分，州教育机构应该与地方教育部门协同设计教师、校长的专业发展策略和活动，并要求该机构采纳这些策略并开展相关的专业发展活动。其次，在此决定做出之后，除两种情况之外，州教育机构要禁止该机构使用第一款 A 部分的相关经费去资助任何教辅人员的聘用。第一种情况是填补离职造成的空缺且聘用人员满足本法案的要求；第二种情况是学生入学数量显著增加或对翻译人员或家校活动助手的需求增加。除此之外，该机构不能使用第一款 A 部分的经费聘用教师。

综上可以看出，NCLB 法案提供了较为系统的教师质量问责路径，从标准制定到结果评估再到落实奖惩，涵盖了教师质量的标准、评估、公共报告、奖励、惩罚以及持续改进等方方面面，成为美国联邦政府改进教师质量的重要抓手，在美国教师质量问责历史上具有划时代的意义。在该法案的影响下，各州普遍开始采取相应的改革举措，建立和完善了高质量教师队伍建设的目标和方案，并做出了卓有成效的努力。

《高等教育法案》与 NCLB 法案不仅共同支撑起美国教师质量法律问责的基本框架，构成美国教师质量法律问责的两驾马车，而且还是当前美国联邦政府介入教师质量议题的法律依据和政策工具。无论是教师质量年度报告机制，还是高质量教师的标准界定与改进计划，都突出了问责这条主线，要求州教育部门、学区、学校以及举办教师教育项目的高等教育机构切实承担起改进教师质量的责任，并对履职不力的相关主体进行相应的惩罚，进而形成问责压力，催生改进教师质量的动力。

二、行政问责：联邦与州政府的双重问责体系

美国是一个联邦制国家，分权制是其重要的政治特征。对于教师质量的控制，联邦政府与州政府都设计了不同的问责的工具、标准和程序，形成了一种独特的双主体问责模式。两类行政主体的问责既有交叉，也有区别，共同保证并促进美国教师质量的持续改进。本书重点就奥巴马政府的《力争上游计划》和得克萨斯州教育者培养项目问责体系进行了案例分析，以此窥探美国联邦政府与州政府两类行政主体的教师质量问责方式与特点。

(一)《力争上游计划》联邦教师质量问责计划案例分析

教师质量的行政问责是联邦和州的行政部门从不同层面实施的一种问责，既有法律问责的要素，又有专业问责的要素。进入 21 世纪以来，联邦政府将学生学业成绩作为教师质量问责工具的实践日益拓展。这种"新问责"基于这样的理念前提，即学生能够而且应该达到某种学业标准，并且行政部门能够通过标准化考试对学生达标程度进行评估。标准化考试的结果则能够用作对教师质量进行问责及做出奖惩的基础。同时，行政部门逐渐将学生学业成绩

的问责对象从学校层面转移到个体教师层面。例如，佛罗里达州、明尼苏达州等许多州正在或已经实施了基于学生考试分数的教师绩效工资制度。这些都表明一个共同的特点，即个体教师要为其特定学生的学业成绩负责。

奥巴马政府创设了《力争上游计划》，鼓励各州为教育创新和改革创造条件，并提供43.5亿美元的经费资助。该计划的一个关键目标就是支持获得资助的州实施系列"招募、发展、奖励和保留有效教师和校长"的计划。该计划的基本逻辑是，改进教师质量是教育改革和学校改进中最要紧的问题，而改进教师质量的前提则是改进教师教育的质量。基于此，为了促进美国教师教育质量的整体提升，美国政府采取"胡萝卜加大棒"的政策，既奖励那些着手进行重大改革的项目，又通过更严格的问责机制推动相应的项目向正确的方向发展，促进教师质量的改进。

《力争上游计划》的教师教育部分，要求各州采用更为严格的问责机制，并建立或扩大那些成功培养有效教师的教师教育项目。该计划要求获得资助的州：将学生学业成绩及学生发展数据与他们的任教教师相联系；把这一信息应用于州内所有培养教师的项目；对州内每个培养项目的效能数据进行公开报告；对那些成功培养有效教师的教师教育项目和教师认证选择进行普及。克罗（Crowe，E.）对第一轮和第二轮在《力争上游计划》中受资助的州的研究发现，各州都计划公开发布各教师培养项目毕业生任教的学生的学业数据，而且5个受助州把这些信息用于项目问责。[①]

1. 关注结果：改变教师质量问责的报告要素

《我们的未来，我们的教师——奥巴马政府教师教育改革与改进计划》[②]指出，目前的《高等教育法案》报告和问责要求并没有带来实质意义的改变，部分原因在于报告数据的收集并没有基于有意义的项目效能指标，更多关注的是项目输入的要素而非项目产出的要素。为此，该计划要求联邦教育部与教师培养机构一起简化规则，减少基于输入的报告要素，并替换为三类基于

---

① Crowe，E. , "Getting Better at Teacher Preparation and State Accountability: Strategies, Innovations, and Challenges Under the Federal Race to the Top Program," http://ays. issuelab. org/resources/12287/12287. pdf, 2019-01-25.

② U. S. Department of Education, "Our Future, Our Teachers: The Obama Administration's Plan for Teacher Education Reform and Improvement," http://www. ed. gov/sites/default/files/our-future-our-teachers. pdf, 2015-07-12.

结果的评估要素,从而更好地实施机构报告和州的问责。这三类评估要素如下。

(1)由项目毕业生所任教的K-12学生的发展数据

基于路易斯安那州、北卡罗来纳州、田纳西州以及纽约城市学区等参与《力争上游计划》的州的经验,联邦教育部要求各州报告每个教师培养项目的毕业生所任教的K-12学生的总体学习结果。为此,他们应该设计并使用多元的、有效的学生学业成绩评估工具,从而科学地确定与培养项目的毕业生相联系的K-12学生学业增长情况。

(2)项目毕业生的从教率和保留率数据

为了评估和判定项目的效能,特别是项目在培养、支持教师等方面与学区需求的符合度,联邦教育部要求各州报告项目毕业生是否被聘用到教学岗位,特别是是否被聘用到教师短缺领域和高需求区域,以及他们是否能在那些岗位上长期待下去。

(3)项目毕业生及其校长的质性调研数据

最后,基于加利福尼亚州立大学教师教育反馈系统的经验,该系统通过收集质性调研数据,确定了改进举措,提供了项目质量的完整图景。联邦教育部要求各州对近期的项目毕业生及其校长进行调研或收集其他质性证据,从而验证相关的培养项目是否为毕业生入职第一年的成功提供了所需要的能力。

各州不需要立即实施这些举措,而且受限于目前和近期州的数据系统的能力,上述要求的全面实施尚需时日。但是,截至目前,许多州已经部分地采纳了这些建议并付诸实施,而且许多州已经开始追踪教师入职数据,并将教师与学生相联系,将教师与教师培养项目相联系。无论最终的规定是怎样的,也不管每个州的实施选择如何,收集基于结果的数据有利于相关主体做出教师教育所有阶段更好的决策。比如,州可以据此决定批准哪个项目或支持哪个项目;正在寻求有效教师的学区和校长可以据此决定与哪个项目合作以及聘用哪个项目的毕业生;准教师能够据此决定参加哪个教师教育项目。同时,项目本身能够确认所需改进的领域并进一步提高其课程质量。

2. 由"共享"到"奖优":联邦经费投入方式的问责转型

根据问责要求,美国前总统奥巴马在2012财政年度的预算中,批准了一项1.85亿美元的州教师培养改革授权项目(2013年达到1.9亿美元),这是对此前 1.1 亿美元的高等院校教师教育资助项目(TEACH)①的改造和升级。修订后的高等院校教师教育资助项目更名为总统教学伙伴项目(Presidential Teaching Fellows),将为那些致力于建立严格的教师认证和许可体系以及教师培养项目问责体系的州提供配套经费支持,确保教师培养项目对结果负责。

该经费的主要政策要求如下。第一,各州确保教师的认证或许可是基于教师表现的,要求教师通过基于表现的评估或提供证明其效能的证据。同时,认证将不再以简单地通过一个低层次的纸笔测验为基础,因为这种测验并不能预示教师具有在一个"活生生"的课堂中有效开展教学的能力。第二,各州必须设定严格的标准,用于识别该州一流的教师教育项目和低表现的教师教育项目。识别的标准基于但是不限于《高等教育法案修正案》第二款之下收集的结果数据所提供的信息。对于低表现项目,各州将先进行协助,但如果该项目持续被认定为低表现项目,则最终必须被撤销项目资格。低表现项目的识别,主要基于三个结果导向的指标,即学生学业进步、从教率和保留率、顾客满意度调研结果。第三,各州将批准任何满足同样高标准的教师培养项目,包括非传统路径的项目。该项目经费的 20% 将作为储备金,用于支持各州实施这些活动。

总统教学伙伴项目经费中的很大一部分将用作教学奖学金,最低额度达到 1.35 亿美元,拨付的宗旨是将以往的高等院校教师教育资助项目经费投入最好的项目以及最好的学生。该计划的不同之处在于,将奖学金从在 1 年级发放改为在毕业年级发放,由覆盖所有项目到只奖励优秀项目的优秀学生,更加突出了经费使用的问责特征。奖学金拨付的基本原则是,各州要把经费奖励给一流项目中成绩优秀的毕业班学生,不管是传统的教师教育项目,还是替代性教师教育项目。每位学生将获得 1 万美元的奖学金。该项目在同等

---

① TEACH,即高等院校教师教育资助项目(Teacher Education Assistance for College and Higher Education),启动于 2008 年 7 月。该项目为正在完成或计划完成从事教学所需要的课程的学生,每年提供多达 4000 美元的资助。接受该项目资助的学生必须签订一份协议书,同意到一个高需求领域(双语教育、外语、数学、阅读、科学、特殊教育,以及其他已经被联邦政府、州政府或地方教育机构确定为高需求的领域)教学,到一所小学、中学或教育服务机构从事低收入家庭学生的教学,而且在完成项目资助的课程学习之后的 8 年间至少有 4 个完整的学年用于上述服务。如果没有履行服务义务,学生所获得的项目资助经费将转为直接无补贴贷款,也就是说,学生必须向联邦教育部支付贷款和相应的利息。见 https://studentaid.ed.gov/sa/types/grants-scholarships/teach,2019-01-25。

条件下优先资助低收入背景的学生。获得奖学金的学生将在高需求学科任教，如科学、技术、工程、数学，或在高需求领域任教，如从事英语学习者和残疾学生的教学，并在一所高需求学校中最少从事 3 年的教学。

该项目是对原来的高等院校教师教育资助项目的修订，但保持并强化了项目的核心目标，即为高需求学校招募教师提供奖学金。当前的项目每年几乎都将 1.1 亿美元的经费提供给所有的教师培养项目，并没有考虑质量，且从 1 年级就开始发放。结果，几乎 80% 的受助者没有如期完成他们的教学服务任务，必须偿还经费，并支付利息。同时，在为数不多的被州确定为处于危险或低表现的教师教育项目中，三分之二获得了高等院校教师教育资助项目的经费。通过把经费指向一流项目中最高年级的学生，该项目将有力地激励毕业生，更好地保证项目经费支持目标个体。这些个体满足服务要求，拥有成为有效教师的能力、知识和情意，能够进入高需求学校和学科。

3. 持续问责：保证教师教育项目的质量承诺

联邦教育部将为获得总统教学伙伴项目资助的项目确立目标和绩效要求。在短期内，联邦教育部就项目输入质量进行评估，对获得项目支持的教师候选人的平均成绩与其他学业成功的指标以及数学、科学或其他高需求领域学科的候选人数量进行持续跟踪。联邦教育部还将就州对低表现项目和一流项目的识别进行持续跟踪，并特别关注两类项目的评价标准是否严格。从中期来看，联邦教育部将对项目表现进行评估，重点考查受资助学生是否留在其教师培养项目之中、是否完成了项目学习、是否获得了初次许可或认证。从长远来看，联邦教育部将评估受资助学生履行承诺的情况，包括是否在一个高需求学科中接受培训、是否在毕业之后的 6 年中有 3 年在高需求学校从教，并评估由受资助学生任教的学生的学业水平及工作表现。[①] 因此，该计划涵盖了短期、中期、长期每一阶段对教师教育项目的问责要素，并最终落实到项目毕业生所任教学生的学业成绩这一关键指标上，形成了前后相续的持续问责和体系完整的教师质量保证链条，能够有效促进各个阶段质量目标的达成。

---

① U. S. Department of Education，"Teacher Education Assistance Overview Fiscal Year 2013 Budget Request，" http：//www2. ed. gov/about/overview/budget/budget13/jus-tifications/q-teach. pdf，2015-07-26.

与此同时，联邦教育部还将调查，在教师培养项目被认定为一流项目之后，其入学申请者是否明显增加。如果人们对高表现项目的需求增加，政府将希望州和高等教育机构能够加大对这些项目的投入力度，以保证这些高表现项目培养的高质量教师越来越多。

4. 术语界定：教师质量问责的基本导向

《力争上游计划》，对"有效教师"（effective teachers）、"学生发展"（student growth）、"学生学业成绩"（student achievement）这三个关键术语做出了清晰的界定，在很大程度上框定了州教师质量政策的"游戏规则"，成为该计划实施教师质量问责的基石。

该计划将"有效教师"界定为"所任教的学生达到可接受发展程度的教师"，即学生至少要在学年内达到规定的年级水平；将"学生发展"界定为"两个或更多时间点内个体学生学业成绩的变化"；将"学生学业成绩"界定为"学生在《中小学教育法案》规定的州学业评估中的考试分数以及关于学生学习的其他恰当指标，这些指标必须是严格的，而且能在不同班级之间进行比较"①。基于上述概念界定，在该计划中，各州必须以学生学业成绩界定有效教学，将教师效能数据汇总至教师教育项目的层次，并定期向公众报告其调查结论。

综上，联邦政府《力争上游计划》中的教师教育项目问责具有一个显著的特点，那就是把项目毕业生对 K-12 学生的影响作为教师教育项目质量的问责依据。这是该计划最重要的特征，它将教师表现置于"显微镜"下，聚焦学生学业成绩与教师质量、教师教育项目质量之间的联系。所有申请《力争上游计划》经费的州都必须基于学生学业成绩来评价教师质量，需要证明教师是否提高了学生的学业水平，并由此对教师所毕业的教师教育项目进行问责。可以说，这种学业结果导向的评价和问责，使教师教育项目的问责链条直接延伸至中小学课堂，从而倒逼教师教育、教师许可、教师认证等政策的系统改变。

（二）得克萨斯州教育者培养项目问责体系案例分析

相对于联邦政府而言，州在教师质量问责领域的权威更为重要，因为在

---

① Crowe，E.，"Race to the Top and Teacher Preparation，" http：//files. eric. ed. gov/fulltext/ED518517. pdf，2015-07-24.

美国，教师许可、教师认证实质上都是由州控制的。当前，州通过若干机制确保教师教育项目对其培养的教师质量负责。大多数州有三个层面的质量监管机制。一是批准许可（approval）。州教育部门设定项目批准的要求和标准，一般要求教师培养项目申请并通过初次认证，然后向教育委员会提交定期评审报告。二是资格认定（accreditation）。许多州鼓励或要求教师培养项目寻求非政府认证机构的资格认定，如令全美教师教育认证委员会或教师教育认证委员会，按照该机构的国家标准对每个项目进行评审。三是认证（certification）。所有的州都要求教师教育项目的毕业生满足最低的认证标准，如通过州的基本能力测试、持有一个特定学科的学位、完成特定领域的课程学习。这些认证要求实际上就是州层面的教师教育质量问责机制，因为项目必须确保它们的候选人达到这些标准以使公众将此项目视为可信赖的。① 由于各州在教育领域具有充分自主权，各州的教师质量问责机制也各不相同。这里仅以得克萨斯州为例，分析州政府教师质量问责的主要政策工具。这些政策工具主要规定在《得克萨斯州行政法规》（Texas Administrative Code）的第 29 章"教育者培养项目问责体系"之中。② 总的来看，其问责体系的主要构成如下。

1. 教师获得初次认证的五项要求

一个人在得克萨斯州要成为一名获得认证的教师，需要满足以下条件：一是获得一个学士学位，且必须在经过认证的高等教育机构中获得；二是完成一项获得认证的教师教育项目；三是通过教师认证考试；四是在上述所有条件都满足，且所在的教师教育项目证实其申请资格之后，向州提交认证申请；五是完成指纹识别，因为所有初次申请者都必须把指纹识别作为国家犯罪背景核查的一部分。

2. 问责的主体和目的

得克萨斯州教育者认证委员会（Texas State Board for Educator Certification）负责建立标准，对所有教育者培养项目进行持续问责。该委员会所采用

---

① Jane G. Coggshall, Lauren Bivona & Daniel J. Reschly, "Evaluating the Effectiveness of Teacher Preparation Programs for Support and Accountability," http://files.eric.ed.gov/fulltext/ED543773.pdf，2015-07-15.

② Texas Department of Education, "Texas Administrative Code: Chapter 229," http://txrules.elaws.us/rule/title19_chapter229，2019-01-25.

的规则，控制着州内所有教育者培养项目的认证，而且只有获得认证的教育者培养项目才有资格推荐候选人申请得克萨斯州教育者资格的认证。对项目进行问责的目的是保证每个教育者培养项目能为完成项目的候选人获得认证做好准备而负责。

3. 问责的指标

得克萨斯州规定，每个教育者培养项目的认证状态至少每年确认一次，主要基于州教育者认证委员会所确定的表现标准，并重点评估四项 EPP 问责绩效指标，而且各类指标均要按照性别和族裔进行分别评估。这四项问责绩效指标如下：一是教育者培养项目（Educator Preparation Program，EPP）候选人在教师资格认证考试中的学年通过率要达到 80%；二是学校管理者对初任教师的评价结果，这种评价要基于由得克萨斯州教育部门设计且受到州教育者认证委员会批准的相关标准；三是初任教师在获得认证后的前三年内，所任教学生的学业进步情况；四是对初任教师实习期间的现场监督的频次、时间和质量。得克萨斯州行政法规要求初任教师在自身 12 周的教育实习或临床实践中，至少要组织 3 次课堂观察，且每次要达到 45 分钟。在每次课堂观察之后，教师候选人必须与观察者进行讨论交流并接收书面反馈。

除了上面列举的四种评估，教师教育项目还必须提交系列数据，包括申请该项目的候选人数量、实际录取的学生数量、项目完成者的数量、项目结束之后进入教学专业的学生数量、留在教学专业中的学生数量等数据指标。

4. 问责的工具

是否给予资格认证以及给予何种资格认证，是州政府对教师教育项目进行质量问责的重要工具。在得克萨斯州，该州对教师教育项目的认证决定共有五种，做出何种决定一要看上述四项问责指标的达标情况，二要看项目是否遵循得克萨斯州教育认证委员会的规定和得克萨斯州教育法案。根据评估结果，州教育者认证委员会进行如下五种认证。同时，关于每个高等教育机构的信息和数据必须在州的网站上予以公示。

（1）认证状态（accredited status）

在某个 EPP 满足上述四项问责绩效指标的条件下，而且该项目被州教育者认证委员会批准从事教师候选人的培养、培训和认证推荐工作，州就可以认定该项目为认证状态。

(2)未予定级的认证状态(accredited-not rated status)

某个 EPP 在首次获准提供教育者培训且没有达到上述四项问责绩效指标期间,可以被认定为"未予定级的认证状态"。尽管该项目处于未予定级的认证状态,但是可以推荐候选人申请教师资格认证。

(3)警告式认证状态(accredited-warned status)

某个 EPP 之所以被认定为这种认证状态,是因为两种情况。第一种情况是 EPP 没有达到上述四项问责绩效指标的要求。例如,某个 EPP 在任何一年里未能满足州教育者认证委员会为所有候选人的整体表现而设定的四项绩效指标中的任何一项的时候,或其任何两种性别或族裔的学生群在任何一年内未能满足四项绩效指标中的任何一项的时候,或者有一种性别或族裔的学生群连续两年未能满足四项绩效指标中的任何一项的时候,州都可以给予该项目以警告式认证状态。第二种情况是如果州教育者认证委员会确认某个 EPP 已经违反了州教育者认证委员会的规则以及/或者得克萨斯州教育法案的时候,该项目也可以被认定为警告式认证状态。

(4)暂缓式认证状态(accredited-probation status)

与警告式认证状态类似,这种认证状态也有两种情况。第一种情况是,当某个 EPP 连续两年未能满足州教育者认证委员会为其所有候选人的整体表现而设定的四项绩效指标中的任何一项的时候,或者任何两种性别或族裔的学生群在任何一年内未能满足四项指标中的任何一项的时候,或者有一种性别或种族的学生群连续三年未能满足四项绩效指标中的任何一项的时候。第二种情况是,如果州教育者认证委员会确认某个 EPP 已经违反了州教育者认证委员会的规则以及/或者得克萨斯州教育法案的时候,该项目可以被认定为暂缓式认证状态。

(5)非认证撤销状态(not accredited-revoked status)

第一种情况是,如果某个 EPP 连续三年被认定为暂缓式认证状态,那么该项目将被认定为非认证撤销状态,其推荐候选人申请教师资格认证的资格将被取消。第二种情况是,如果某个 EPP 被认定为暂缓式认证状态达到一年的时间,且州教育者认证委员会确定撤销该项目的授权是州教育法案必须做的时候,这个项目可以被认定为非撤销认证状态。对 EPP 授权予以撤销的决定在两年内是有效的。两年之后该项目可以作为一个新的 EPP 重新申请授权。如果 EPP 的授权被撤销,该项目就不能再录取新的学生,但是允许该项目对已入学的学生完成培养,并推荐其获得教师资格认证。

在必要的情况下，州教育部门和其他 EPP 可以合作帮助先前已入学的学生完成学业。

5. 问责的惩罚和程序

如果州教育者认证委员会确认某个 EPP 违反了委员会规则以及/或者得克萨斯州教育法案，就可以确认该 EPP 处于警告式认证或暂缓式认证状态。一旦处于这两种状态，州教育者认证委员会就可以采取以下任何一项或多项行动，并要求该项目每年必须接受州教育者认证委员会的审查。这些行动包括两类：一类要求该项目获得由得克萨斯州教育部门或者教育者认证委员会批准的技术援助和专业服务；另一类要任命一个监督者参与该项目的活动，并向州教育部门或州教育者认证委员会报告相关活动的情况。同时，所有技术援助、专业服务以及监督者的聘用等产生的费用均由该项目或其赞助者支付。与此同时，未能满足相关绩效标准的 EPP 要设计一份行动计划，陈述该项目改进候选人表现的相关措施，特别是要针对未达标的地方提出解决办法。州教育部门可以就行动计划所必须包含的信息做出规定，且行动计划必须最晚在做出认证后的 45 个自然日之内报送州教育部门。关于认证状态的认定，州教育者认证委员会要通过书面通知，并陈述做出认证或采取后续行动的基础和原因。

此外，尽管某个项目获得了认证，但是如果获准进入某个认证领域的所有候选人的表现连续三年未能满足上述任何一项绩效指标，该项目在这一认证领域的授权将被撤销。该领域已经入学的候选人可以继续在该项目中学习，并在完成项目之后可以被推荐认证，但是在州教育者认证委员会恢复该项目的认证状态之前，不允许其招收新的学生。

6. 在职教师的质量评价

自 1997—1998 学年开始，得克萨斯州要求所有的学区至少每个学年对每位教师进行一次评价。年度教师评价或采用由得克萨斯州教育委员会推荐的教师评价体系，或采用地方的教师评价体系，但前提是地方的教师评价体系必须符合得克萨斯州教育法案的要求。得克萨斯州的教师质量评价重点考查以下八个领域：学生积极而成功地参与到学习过程中；以学生为中心开展教学；对学生的进步做出评价和反馈；对学生纪律与教学的策略、时间和材料进行管理；专业交流；专业发展；遵守政策、运作程序和要求；改进所有学生的学业表现。在评价过程中，学区要通过观察、教师自我报告表和其他资料来源收集数据，对教师在提升学生学业成绩、保障学校安全有序、为学生创设具有激励性的学习环境等方面做出的贡献进行描述。基于这些数据，评价者对教师在每个领域的评价结果分别进行打分，并对每个领域做出超过预期（exceed expectation）、熟练（proficient）、低于预期（below expectation）、不满意（unsatisfactory）四种评价。一旦某位教师的表现满足下列两种情况之一，将被认定为"需要帮助的教师"。这两种情况如下：在一个或多个领域被评价为"不满意"的等级；在两个或多个领域被评价为"低于预期"的等级。针对"需要帮助的教师"，经过认证的评价者、学校校长经与教师商议，可以采取如下介入计划：认定某位教师需要帮助的领域；专业改进活动的指导或建议；用于确认成功完成专业改进活动的证据；改变对教师行为的指导；用于决定教师行为是否改变的证据；成功完成的具体时间点。如果在规定时间内，"需要帮助的教师"没有达到所有介入计划的要求，将可能被从岗位、学校或者学区调离。

综上，得克萨斯州设计了较为完备的教育者培养项目问责体系。该体系以确保项目的培养质量为目标，以四项绩效指标为标准，以五种认证状态为工具，设计了较为合理的惩罚举措和程序，对州内每个教育者培养项目质量进行持续监控、评价，并在此基础上设计了系统的在职教师质量评价体系，以此促进州内教师质量的持续改进。

表 2-3　华盛顿州教师培养和发展政策的历史演进①

年代	教师质量保障及问责举措
1960 年之前	州教育委员会规定了教师培养项目的学分数量和课程类型。
1960—1969 年	州教育委员会实施了州范围内的教师培养项目批准程序，重点强调了综合能力。
1970—1979 年	州教育委员会界定了州范围内教师候选人必须掌握的一般能力最低标准。州教育委员会建立了地方监管委员会（现在被称为专业教育咨询委员会）。立法机构通过了教师评价标准，这些标准成为校长评估教师工作表现的工具之一。

①　Harding Edie，McLain Barbara & Anderson Sue，"Teacher Preparation and Development，" http：//files. eric. ed. gov/fulltext/ED434096. pdf，2015-07-15.

年代	教师质量保障及问责举措
1980—1989 年	立法机构在全州范围内对教师工资实施控制，并开始基于教师的受教育水平和从教时间确定并支付工资。 州教育委员会提出了一系列学科领域的推荐标准，并对推荐领域之外的学科的教师工作实施控制。 立法机构确立了对教师基本能力的最低录取要求，为特定类型的教师候选人提供奖学金，提出了硕士学位要求（随后取消）。 州教育委员会开始了一项初任教师支持项目。
1990—1999 年	在多次立法会议上，立法机构讨论了州范围内的教师表现评估议题，但是没有对州教育委员会进行任何正式授权。 立法机构增加了对教师认证申请人确保儿童安全的要求，在教育服务学区建立了学生教学中心，创建了一个招募潜在教师的授权项目，并提供经费对在职教师进行培训，帮助立法机构进行教育改革。 州教育委员会提出了新的项目批准标准，要求所有 22 个教师培养项目自 2000 年 8 月 31 日起必须遵照执行。该标准强调教师候选人的表现及其与教育改革的一致性。 州教育委员会改变了专业认证的要求，开始关注候选人的表现，并资助试点项目检验专业认证的考试。 州教育委员会减少了学科领域的审批数量，并使其与教育改革的目标和要求相一致。 州教育委员会将未获得认证的教师的工作交还给地方学区，以强化他们参与教育改革的灵活性。 立法机构支持教师获得硕士学位（特别是数学教师），并为帮助教师获得美国专业教学标准委员会的认证进行经费激励。

第四节　国家取向的教师质量问责机制的基本特点

正如劳拉·汉密尔顿（Laura Hamilton）等人所提出的，国家取向的教师质量问责机制要达到改进学生学业表现的目标，就必须抓住以下几个关键的要素或环节：第一，为学生学业的预期表现设定清晰的目标，即建立标准；第二，按照这些标准对学生学业成绩进行测评，即实施评估；第三，将学生表现与不断提高的学业目标进行比较，看是否达到了既定的年度进步目标；第四，根据达标情况进行奖励和惩罚，以期改变行为并促进改进，即落实奖罚。① 通过理论与实践两个层面的分析，本书认为国家取向的教师质量问责具有如下几个特点。

一、把学生学业标准作为问责的基本工具

学生学业标准是国家取向的教师质量问责的基本依据，是贯穿教师质量问责及改进全过程的一条主线。其一，学生学业标准界定了学生应该知道什么、会做什么以及应该达到什么熟练程度，这构成教师、学校和学区对教育工作的清晰而统一的期待，不仅是教师开展课堂教学的重要目标指向，也是评价教师质量的基本指标。其二，促进学生的学业成绩达到相应的标准，需要一个具有整合性的教师支持环境，特别是教师培养与专业发展、课程与教学及其评估都需要与学生的学业标准保持一致，进而将学生学业标准的问责功效延伸至教师职前培养、入职许可、职后专业发展的整个链条之中，对教师教育构成较为深刻的影响。其三，在这种问责体系之中，教师、学校的成功都基于对学生学业结果的评估，进而塑造了一种结果导向的教育改革文化，要求各方就"学生和学校达到这些标准的程度如何"这一关键的、基本的问题做出回应。基于此，教育体系必须设计、聚焦并报告在达到既定标准方面所取得的进步，对结果做出解释和回应，以更好地支持所有学生学业表现的改进。

二、国家宏观指导与地方灵活实施相结合

教育并不是一项由美国宪法赋予联邦政府的权力，相反，州被授予制订标准的自主权。尽管《高等教育法案》规定，各州有责任通过适当的程序，确认并援助低表现的教师教育机构以及那些处于被认证为低表现危险之中的教师教育机构，并将名单提交给联邦教育部部长。但是，教师教育机构质量评价标准完全由州决定。也就是说，哪些机构被确认为低表现机构，完全由其所在的州说了算，而联邦教育部没有干预权。因此，州在具体的认定上有充

---

① Laura Hamilton & Brian Stecher, "Responding Effectively to Test-Based Accountability," *Phi Delta Kappan*，2004，85(8)，pp. 578-583.

分的自主权和灵活性，不过这也在某种程度消解了问责的力度。最近几年的数据显示，几乎没有州为其项目设定有意义的质量标准。NCLB法案虽然把学生学业的适当年度进步作为问责的依据，但在"如何达到这一目标"上却给予州、学区和学校很大的自主性和灵活性。

三、以财政拨款与中止为问责的有效杠杆

财政拨款与有力的问责相结合，以问责条款撬动教师质量改进的相关改革，这是美国政府教师质量法律问责的鲜明特征。NCLB法案与《高等教育法案》，都明确规定了限制或中止拨款的问责条款。NCLB法案规定，如果地方教育部门连续三年没有达到年度可测目标和取得适当年度进步，州教育部门就应当与该地方教育部门就相关经费的使用进行协商和制裁，包括减少或撤销联邦经费。《高等教育法案》也规定，任何高等教育机构的教师教育项目如果因其在州的评估中的低表现而被撤回了州的认证或者被中止了州的财政资助，那么该机构将没有资格获得联邦教育部为教师专业发展活动提供的任何经费，并且该机构的教师教育项目也不能接受或者录取任何接受该法案第五款经费资助的学生；该机构只有在表现提升后，才能由州决定恢复其授权和财政资助。在这些经费问责条款的压力下，地方教育部门为持续获得相应的财政拨款，会尽力达成预期的进步目标。

四、问责体系内部呈现较复杂的等级结构

政府层面的教师质量政策，必须回应政策制定者、家长、公众及教育者的不同利益诉求。同时，基于美国分权制的教育体制特征，各个层级的政府均对教师质量的改进承担着相应的责任。因此，国家取向的教师质量问责体系内部必然呈现出州、学区、学校等多层级的问责机制，而它们必须形成一种相互协调、有机配合的模式。例如，州的问责体系应该监控学区和学校，并使它们对学生达到高标准负责。学区层面的问责不仅要遵循州的标准，而且要体现学区本身的目标和标准，并使学校对表现目标负责。学校层面则要遵循州、学区以及学校本身的目标，并对改进学生学习和学校表现负责。这种较为复杂的内部问责结构，旨在强调州、学区、学校乃至课堂等不同层面的不同目标诉求并将其进行有效的整合，形成一种相互协调的多结构问责体系，这是国家取向的教师质量问责的一个显著特征。

五、标准问责的积极效应与消极效应共存

对于政府而言，强调基于标准的问责似乎是确保教师表现的一种逻辑路径，但是研究领域对这种基于标准的问责褒贬不一。在积极方面，学校、教师和学生似乎会对问责体系所创设的激励机制产生积极的反应，因为在实施相关的问责举措之后，州的考试分数一般会呈现上升态势。而且有证据表明，当州引进并实施问责制度之后，学生在某些诸如美国教育进展评估等具有外部问责性的考试中的分数会上升。① 在消极方面，学生考试分数的提高并不一定真实地反映了学生对内容标准的掌握程度，可能是因为学生学会了特定的考试内容或适应了某种考试的形式。此外，基于标准的问责在一些情况下会导致教师"为考试而教学"的现象的出现，从而引发一些非预期中的课程和教学变化②，使学生学业考试成绩并不能准确地反映教师质量的真实水准。但是，不管研究的结论如何，学区、学校和教师都必须学会对这种政府问责做出积极的回应，并为其学生提供最好的教学服务。

本章小结

国家取向的教师质量问责机制，本质上就是一种政府主导型的问责机制，体现着政府的意志，其关注的焦点在于通过问责机制保证教师质量的持续改进，以此帮助学生达到既定的学业标准，进而保证国家竞争力。它突出的优点如下：一是以学生学业标准为基础，既关注卓越性目标，也关注公平性目标，特别是关注处境不利儿童的教师质量问题，以此缩小不同学生群体之间的学业差距；二是确立了教师质量年度报告机制，形成了自下而上的教师质量数据汇总和公开报告机制，这是联邦教育部、州、教师教育机构对教师质量进行说明、解释的重要问责机制；三是确立了高质量教师标准，并为每个学区和学校确定了年度可测量的教师质量改进目标，对未达到年度改进目标的学区和学校给予相应的处罚，引导学区和学校持续关注教师质量问题，支

---

① Martin Carnoy & Susanna Loeb, "Does External Accountability Affect Student Outcomes? A Cross-State Analysis," *Educational Evaluation and Policy Analysis*，2002，4 (24)，pp. 305-331.

② Hamilton, L. S. , Stecher, B. M. & Klein, S. P. ，*Making Sense of Test-Based Accountability in Education*，Santa Monica，CA，RAND Corporation，2002，pp. 79-100.

持教师专业发展；四是确定了州层面的教师教育低表现项目援助机制和经费资格中止机制，对教师教育机构和项目形成问责压力；五是把教师教育项目的问责从准入阶段延伸至 K-12 课堂，把 K-12 学生的学业成绩作为教师所毕业的教师教育项目质量的问责指标。上述机制，对美国教师质量的改进具有深远的影响。它的问责对象涵盖了地方政府、教师教育院校、中小学校等多个利益相关者。它的问责举措包括公开报告、专业援助、绩效拨款等多种方式，值得我们学习和借鉴。

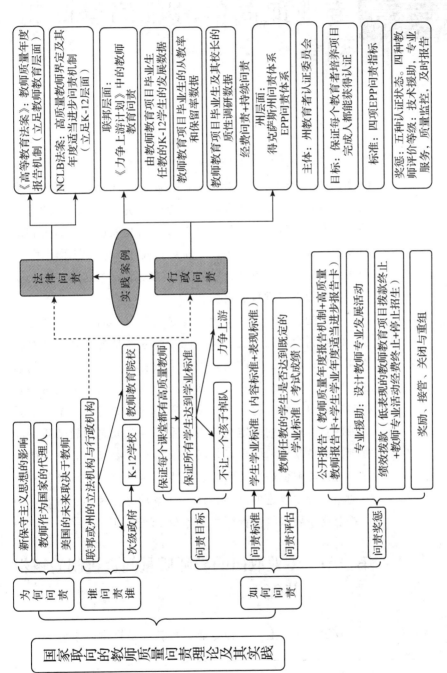

图 2-2　国家取向的教师质量问责机制框架图

第三章 专业取向的教师质量问责机制

　　专业取向的教师质量问责，是由政府授权或认可的专业团体，基于教学的本质及专业性，设计系统的专业评价标准和工具对教师教育机构及项目实施的问责。这种问责的核心是通过严格的认证程序对教师教育机构及项目是否满足相应的专业标准进行同行审查，进而对其教师培养的资质给予"是否认证"及"何种认证"的决定，并将结果向公众公布，达到切实改进教师培养质量的目标。

　　问责的目标是促进学生有意义的学习；问责的主体是专业的教师教育评估认证机构；问责的客体是各类教师教育机构和项目；问责的基础是各类教师教育专业标准；问责的途径是同行评审及机构和项目认证。专业取向的教师质量问责机制的代表人物是达林-哈蒙德、阿瑟·怀斯等人，他们既是教师教育专业化的坚定支持者，也是专业取向的教师质量问责理论的奠基者和倡导者。正如达林-哈蒙德所言，真正的问责，应该能够促进成功实践、减少不良实践，并且具备支持教师质量持续改进的反馈、评估、激励等自我校正机制，而最符合这一要求的问责模式就是专业问责。①

第一节　专业取向的教师质量问责机制的逻辑基础

　　教学在本质上是一种专业，且教师是提供教学服务的专

---

　　① Linda Darling-Hammond，"America's Commitment to Equity Will Determine Our Future," *The Phi Delta Kappan*，2010，4(91)，pp. 8-14.

业人士，这是专业取向的教师质量问责机制的逻辑起点。达林-哈蒙德等美国学者认为，专业问责从根本上反映了教学的本质及专业复杂性，提供了科学合理的教师能力评价体系及工具，能够切实帮助教师实现专业改进，促进学生有意义的学习，是教师质量问责的最佳形式。

一、逻辑起点：教学在本质上是一种专业

教师质量问责在很大程度上依赖于评价者对教师教学工作的界定与评价。对教学工作的界定与评价，取决于不同的教学观。不同的教学观，往往意味着不同的教师功能定位和评价取向，进而直接影响着教师质量问责的价值判断取向和信息收集方式。达林-哈蒙德认为，教师质量的评价与问责体系必须基于对教学工作的界定，并据此建立起教师质量的评判机制。具体而言，她提出了作为劳动的教学、作为技艺的教学、作为专业的教学和作为艺术的教学四种教学观，提供了一种分析教师质量评价与问责的理论框架。

(一)作为劳动的教学观(teaching as labor)

这种教学观认为，教学活动是由管理者"合理计划、系统组织，并按照标准运作程序的形式安排的"①。教师负责按照规定的方式实施教学计划，并遵守既定的程序和惯例。这种教学观的评价体系，要求对教师的工作进行直接监管，对教师的课程计划、课堂表现、绩效结果进行直接监控，这也构成了教师质量问责的基本工具。在这种教学观中，学校的管理者被视为教师的监督者(supervisor)。这种教学观的假设是，有效的教学实践是能够具体地被识别和规定的，并且只要教师遵守这些实践要求，就能产出预期的结果。这种教学观下的教师质量问责，以教师对标准与规则的遵守情况为主要内容，主张实施一种自上而下的单向度问责模式，教师的参与度非常低。

(二)作为技艺的教学观(teaching as craft)

这种教学观认为，教学需要一系列专门的技能以及关于应用这些技能的

---

① Mitchell, D. E. & Kerchner, C. T. , "Collective Bargaining and Teacher Policy," In L. S. Shulman & G. Sykes (Eds.), *Handbook of Teaching and Policy*, NewYork, Longman, 1983, p. 35.

规则知识。在教学任务确定之后，这种教学观要求教师在没有详细指导和严格监督之下完成相应的任务。在这种情况下，有关主体对教师的评价是间接的，主要看教师是否掌握了必要的技能。学校管理者被视为经理（manager），其职责是保证教师遵守一般的表现标准。这种教学观假设教师教学实践技能具备一般的应用规则，恰当地使用这些规则及相应的技能知识将产出预期的结果。这种教学观下的教师质量问责，重点就教师技能的掌握情况进行评估，而对结果的关注度比较低。

（三）作为专业的教学观（teaching as profession）

这种教学观认为，教学不仅需要一系列专门的技能，而且需要就如何使用这些技能做出准确的判断。[1] 为做出合理的专业判断，教师必须掌握大量的理论知识以及一系列技能。布劳迪（Broudy, H. S.）曾以这样的方式区分技艺和专业，即"我们要求专业人员分析困难、评估解决方案并从中进行选择，为专业实践中的战略选择和战术行为承担全部的责任。相反，对于工匠（craftsman）而言，我们仅要求其进行标准的分析和正确的履职，别无其他"[2]。基于此，这种教学观认为，评估专业人士的标准应该由同行提出，且评估的重点是看教师恰当地解决专业问题的程度。校长被视为管理者（administrator），其职责是确保教师拥有履行职责的必要资源。这种教学观假设专业知识和实践的标准能够被研制和评估，它们的实施能够带来合格的教学。这种教学观下的教师质量问责，以专业的知识和标准为依据，以改进专业实践为目标，由同行实施，教师的参与度较高。

（四）作为艺术的教学观（teaching as art）

这种教学观认为，教学技能及其应用可能是不依惯例的、不可预知的，同时教学的实践形式是个人化的，而不是标准化的。正如盖奇（Gage, N. L.）所解释的，教学艺术的"过程，需要直觉、创意、即兴发挥、善于表达，这个

---

① Shavelson, R. & Stern, P., "Research on Teachers' Pedagogical Thoughts, Judgments, Decisions and Behavior," *Review of Educational Research*, 1981, 51(4), pp. 455-498.

② Broudy, H. S., "Teaching-Craft or Profession?" *Educational Forum*, 1956(20), pp. 175-184.

过程为规则、公式、法则之外的世界留下了空间"①。他认为，教学虽然要基于科学并应用科学，但其本身不是一门科学，因为教学环境是不可预期的。在这种观点下，教师不仅需要大量的专业知识和能力，而且需要诸多个人资源，这些个人资源是由教师的独特个性及其与学生的个体和集体互动所界定和表现的。由于作为艺术的教学观包括个人检视的要素，作为艺术家的教师在履职过程中具有充分的自治权利。这种评价需要"整体素质的研究，而不是分析导出量，需要使用内部的而不是外部的观测点"②。学校管理者被视为领导者(leader)，鼓励教师做出持续的改进努力。这种观点假设良好的教学模式通过对照内部和外部的有效的参照对象，是能够被确认和评估的。这种教学观下的教师质量问责是一种教师的自主问责与内部问责，主要依据教师在不可预期的课堂教学实践中的恰当表现，本能地抗拒外部问责力量的干预和介入。

很明显，达林-哈蒙德所阐释的这四种教学观并不以纯粹的形式存在于现实世界中，这样的区分只是为了让人们从理论上更为直观地把握教学的本质。但是，这些教学观的确揭示了不同的教师质量概念、不同的教师评价体系以及不同的教师质量问责取向，是对教师质量问责理论及实践进行研究的有益切入点。在对四种教学观进行分析的基础上，达林-哈蒙德提出作为专业的教学观最符合教学的本质。在专业教学观中，教师要计划、实施和评价同行的工作，要分析所教学生的需求、评估可利用的资源、考虑学区的目标并就其教学策略做出决策，要通过教学的实施确保满足学生的学习需求。基于这种专业教学观，教师是具备专业知识和能力的专业人士，且教师质量的评价与问责只能由本专业的同行实施。这种教学观强调专业问责才是符合教学本质的问责形式。相反，作为劳动的教学观主张由非专业人士作为监督者实施教师质量的评估与问责，且教师自身并没有相应的话语权。由此可见，作为专业的教学观，是专业取向的教师质量问责理论的逻辑起点。

二、概念界定：基于专业原则的内涵建构

达林-哈蒙德认为，专业问责最有希望改进教师专业实践并促进学生学业

---

① Gage，N. L.，*The Scientific Basis of the Art of Teaching*，New York，Teachers College Press，1978，p. 15.

② Gage，N. L.，*The Scientific Basis of the Art of Teaching*，New York，Teachers College Press，1978，p. 15.

发展。正如她一直强调的,"在保护消费者选择权、服务公共利益方面,专业机制是最重要的"①。因为专业问责从根本上反映了教学的本质及专业复杂性,提供了科学合理的教师能力评价体系及工具,能够切实帮助教师实现专业改进,促进学生有意义的学习。而且专业问责在本质上承认教师的工作是复杂的、需要专业判断的,因而有益于提升教师的职业声望,强化教师的专业地位。

那么,如何界定专业问责呢?达林-哈蒙德首先将专业管理中的三个原则引入她对专业问责的界定。这三个原则如下:第一,专业问责是专业实践的准入基础,是专业决策的基础,这种决策是基于顾客的独特需求而做出的;第二,从业者保证其首要关注的是顾客的福祉;第三,专业承担着实践和伦理的专业标准的界定、传承和实施的集体责任。② 基于此,达林-哈蒙德从三个方面对教师质量的专业问责进行了界定:"一是设定在教育上有意义且合理的标准,这种标准反映了家长和一般公众对教师的恰当的期望和要求;二是确立合理且可行的方法和工具,使这些标准能够获得支持并被实施;三是当这些标准未被达到时,要为实践中的调整或纠正提供途径,最终使学生获得优质的服务。"③通过这一概念界定,我们不难看出,一个自我规范的教学专业承担着集体责任,核心是服务于学生的学习,为此相关部门要确保所有被允许进入教学的教师都是准备好的,确保他们拥有并能够使用足够的知识来进行专业实践,确保他们能维持对顾客(学生和公众)的首要承诺。因此,专业问责在本质上是顾客导向的、基于知识的,倡导的是一种基于实践者的能力和效能的问责路径。

专业取向的教师质量问责旨在通过严格的培养、认证、选拔、实践者评价、持续的专业学习以及同行实践评审,确保教师的专业能力不断改进,使教师基于最为有效的专业知识做出决策,并致力于服务顾客的福祉。因此,专业问责试图创造顾客导向的、基于知识的实践,而不鼓励程序导向的、基于规则的教学;试图确保所有的教师有机会获取和使用关于最佳实践的专业

---

① Linda Darling-Hammond, "Accountability for Professional Practice," *Teachers College Record*, 1989, 91(1), pp. 59-80.

② Linda Darling-Hammond, "Teacher Professionalism and Accountability," *The Education Digest*, 1989, 55(1), pp. 15-19.

③ Linda Darling-Hammond, "Accountability for Professional Practice," *Teachers College Record*, 1989, 91(1), pp. 59-80.

知识，而不仅是他们自己在工作中学会的知识；确保他们做出道德承诺，使用专业知识服务学生的最佳利益；确保他们不断地寻求新的知识和更为有效的实践，既促进教师自身的专业发展，也助力于共同体中其他同行的专业发展。

为了达到这一目标，达林-哈蒙德认为，当前教师的招募、培养、许可、聘用及其持续的专业发展都需要重塑和改造，进而使所有的学生都由专业的教师任教。这不仅需要对教师培养和许可标准进行严格检查，以使这些标准能够反映教学的关键知识和能力，而且需要通过高质量的表现评估证明教师候选人实际教学的有效性。这要求有关部门对教师教育项目进行重点投入，并进行更大力度的问责，要求建立更为有效的评价和专业学习体系，保证教师基于自身可证明的能力、持续的实践评估获得教职。

那么，如何进行专业问责呢？达林-哈蒙德认为表现评估是一个有效的路径，并提出了教师质量评估的四个原则：

①对教师在教学和学习环境中所使用的真实的知识、技能和情意进行抽样检查和评估，而不是依赖于课堂之外的其他中介指标；

②评估要求教师在实践中整合所使用的多种知识和技能；

③要长时间收集多种环境中的多种来源的证据；

④对证据的评价应由具备相关专业知识的人进行，而不是基于该领域的表现标准。

因此，教师教育专业共同体需要继续加强对于教学、学习以及学习如何教学的研究，以支持并规范这样的过程；必须进一步发展和界定教学的知识基础，包括我们对于教师如何专业发展以及他们如何在不同的环境中使用他们对知识的理解，而且必须考虑评估者的选择，即评估者必须是专业的成员，并受过良好的培训。总之，达林-哈蒙德认为，基于同行审查的专业问责，是界定和实施教学专业领域实践标准的核心机制，是促进教师专业化的重要步骤。

三、专业问责：教师质量问责的最佳形式

达林-哈蒙德是美国最早对教师质量问责的总体框架进行研究的学者之一。早在1989年，她就按照不同的问责主体，提出了五种旨在保护并促进教师质量的问责模式①，即政治问责（political accountability）、法律问责（legal

---

① Linda Darling-Hammond，"Accountability for Professional Practice，" *Teachers College Record*，1989，91(1)，pp. 59-80.

accountability)、官僚问责（bureaucratic accountability）、专业问责（profe-
ssional accountability）和市场问责（market accountability），并分别做出了
界定。

政治问责是指当选的官员必须为一定时期后寻求连任做出说明，以便公民能够对他们的代表性观点以及他们决策的响应力做出判断。例如，立法者和学校委员会（董事会）成员，必须定期竞选，并对其做出的教师政策领域的决策负责。法律问责是指法院必须受理对于违背法律以及侵害宪法赋予的公民权利的投诉。例如，学校必须在法律的框架下运行，同时公民能要求法院听取他们对公立学校违法的投诉。官僚问责是指政府机构颁布法律法规，旨在向公民保证公共职能将用于追求通过民主或法定程序表达出来的公共目标。例如，联邦、州和学区发布规章制度，旨在确保学校教育按照设定的程序开展。专业问责是指政府可以设立专业团体和机构，以确保服务公众的职业领域内的胜任力和正当的实践，并委托这些机构做出关于职业的成员资格、标准和组织实践的相关决策。就教师而言，他们需要获得专业知识，满足专业标准，并在工作中遵循专业的实践标准。市场问责是指政府允许顾客或消费者选择最能满足其需求的服务。为保证这种形式的问责的有效性，政府必须禁止垄断，保护自由选择，且服务提供者要提供真实的信息。例如，家长和学生在很多情况下可以选择他们认为最合适的课程或学校。

达林-哈蒙德认为，上述五种问责模式，都各有优点和不足，且每种问责机制或多或少都适用于特定的目标，服务于特定的实践。例如，政治问责有益于确定联邦或州的整体政策方向，但是不可能允许公民就选举产生的官员的每一项决策做出判断，而且政府所做的决策也不一定会去保护少数族裔的权利。法律问责在确定并维护个人合法权利上是有效的，但是并不是任何事情都受法律行动的支配。官僚问责可以通过标准程序达成预期目标，但是往往不能照顾到消费者的独特需求，不能针对顾客的独特需求做出不同的回应。专业问责在那些强调专业知识的实践领域以及要求针对不同顾客的需求做出专业决策等方面是有效的，但是专业问责并不总是将具有竞争性的公共目标（例如控制成本）考虑在内。当消费者偏好存在很大不同，而且州对于控制选择没有直接兴趣的时候市场问责就能发挥作用，但是市场问责不能确保所有的公民都能接受规定质量的服务。正因为如此，"在现实中，没有任何单一形式的问责模式在公共生活的主要领域中单独运行，而混合的问责模式通常能

起到制约和平衡的作用"①。而且问责工具的选择以及不同形式问责之间的平衡，要随着问题的出现、社会目标的改变、新情况的产生而处于持续动态转化之中。

就教师教育领域而言，这五种模式各有所长，都曾或正在美国教师质量问责中发挥着重要作用，形成了交叉型、互补式的问责模式。对此，达林-哈蒙德认为，在大多数州的公立学校系统中，法律问责和官僚问责在20世纪90年代之前一直占据支配地位，处于教师生活的中心。这两种问责以监管程序为基本形式，以奖励和惩罚为基本导向，主要通过标准化的教育程序、指定的课程和考试、基于测试的问责等策略来管理学校教育。但是，总体而言，作为一种专业的教学人士，教师的质量的法律问责和官僚问责固然有其存在的价值，但长远来看，专业问责才是教师质量问责的最佳形式。因为官僚问责所提倡的标准化考试虽然可以为教师质量问责体系提供某些必要的信息，但是考试并不能作为问责体系本身。在一个真正对学生负责的体系内，教师质量问责应该聚焦对教师的专业能力、教学质量以及持续改进的激励。为此，教师质量问责不仅需要确定学生的学习标准，也需要建立学校、学区、州等各个层面的实践标准，指导和服务于教师的专业培训、专业发展。教师质量的专业问责应该贯穿于教师工作的方方面面，包括一个学校如何聘用、评价、支持教师，如何确保教师持续获得并使用最佳的知识，如何评价教师自身的教学实践及教学效能，如何为学生的福祉提供最佳的保护，等等。而且专业问责可以保证教师和其他教育者拥有按照新的标准开展有效教学的知识和能力，进而实现更高程度、更深层次的学生学习，并帮助学校评价和重塑教师的实践，保护在失败学校中上学的学生。

第二节　专业取向的教师质量问责机制的核心内容②

随着美国各州普遍采用新的更加严格的大学和职业准备标准（College-and

---

① Linda Darling-Hammond, "Accountability for Professional Practice," *Teachers College Record*, 1989, 91(1), pp. 59-80.

② 赵英：《达琳-哈蒙德专业取向教师质量问责思想探析》，载《外国教育研究》，2016(9)。

Career-Ready Standards，CCRS)①，许多州都在采纳并创建专业取向的教师质量问责机制。达林-哈蒙德等人认为，这种专业问责机制"应该在该体系的各个层面培育一种探究和持续改进的文化；必须促进协作型的改革，促进学校从过去的工业模式向未来的创新性学习系统转变"②，进而改进学生学习的高度和深度，更好地支持学生应对这个变化迅疾的世界的各种挑战。

达林-哈蒙德认为，真正的专业取向的教师质量问责要做到三个"必须"：第一，必须既要提高对学生学习的要求，又能改革相应的策略、增加相应的投入以保证这些要求能够得到满足；第二，必须发挥共同体的力量，与专业的教育者和政府机构共同确定目标并履行他们的职责；第三，必须回应家长的期待和学生的权利，保证教会学生关于未来成功的相关技能。③ 基于此，达林-哈蒙德提出了专业取向的教师质量问责的核心要素，即以有意义的学习为中心目标，以具备专业能力和奉献精神的教育者为本质要求，以同行审查评估为基本方式，以充足和适切的资源为保障，并且通过持续的评估和改进过程使问责体系保持活力，真正激发起体系内各个层面的利益相关者的责任动机和行为。

达林-哈蒙德所提出的"三个必须"与"五大要素"都是专业取向的教师质量

---

① 奥巴马政府认为美国教育体系的目标在于让每个从高中毕业的学生都做好进入大学和职业的准备，为此呼吁各州采用新的标准、评估和问责体系。各州的主要选择有：提高其现有的标准；与四年制的公立大学系统一起证明并确保达到标准的学生在进入大专院校之后不需要学习另外的补救课程；与其他州一起创设州制定的共同标准。在这种情况下，许多州都采用了各州共同核心标准，该标准与以往标准的不同之处有五个：一是该标准更加严格；二是该标准更加强调学生学科知识的深度；三是该标准基于证据，确保所有学生都在学习他们成功所需的东西，规定了学生在每个年级水平必须知道什么和能做什么；四是该标准还为家庭和社区评估学生的进步、教师的质量、学校的效能提供了相应的信息依据；五是与该标准配套，各州还要建立相应的评估和问责体系，对进步和成功的学校和学区给予奖励，对低表现的学校和学区采取严格的干预措施，并允许地方灵活决定改进和支持策略。详见：U. S. Department of Education，"A Blueprint for Reform：The Reauthorization of the Elementary and Secondary Education Act," http：//www2. ed. gov/policy/elsec/leg/blueprint/faq/college-career. pdf，2015-08-09.

② Linda Darling-Hammond，Wilhoit，G. & Pittenger，L.，"Accountability for College and Career Readiness：Developing a New Paradigm," *Education Policy Analysis Archives*，2014，22(86)，pp. 1-38.

③ Linda Darling-Hammond，Wilhoit，G. & Pittenger，L.，"Accountability for College and Career Readiness：Developing a New Paradigm," *Education Policy Analysis Archives*，2014，22(86)，pp. 1-38.

问责机制的核心内容。第一，教师的职责就是促进学生的有意义的学习，保证学生掌握进入大学和职业的基本能力，这是专业取向的教师质量问责的出发点和落脚点，也是总体目标。第二，教师专业能力是形成教师质量的核心要素，且教师专业能力标准是教师质量专业问责的基本依据，保障教师专业能力及其专业实践质量需要多主体、多领域的协同努力，这是强化专业取向的教师质量问责的本质要求。第三，同行的审查、评估、认证，是教师质量专业问责的基本方式，应该贯穿于职前培养、入职培训、职后专业发展的各个阶段。第四，地方要通过适切的资源分配标准，为所有学生提供高质量的、很好地回应其学习需求的教师，以使所有的学生都能够达到规定的学习目标，这是专业取向的教师质量问责的重要领域。

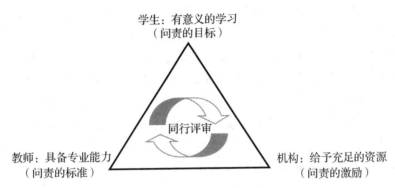

图 3-1　教师质量专业问责的要素构成

一、问责的总体目标：促进学生有意义的学习

专业问责机制认为，教师质量问责的根本目的就是促进每个学生有意义的学习，因此，问责体系必须能激励各个层面的利益相关者深入研究和反思教师质量对学生学习的影响，并基于相关证据做出改进努力，保证所有学生获得高质量学习的机会，并掌握进入大学和职业的知识和能力。这意味着要根据有意义的学习的要求，重新设计标准与评估体系，不仅要对学生的学习进行更合理的评估，而且要对教育者、学校、学区和州的表现进行有针对性的多重评估，进而强化各个层面的问责和质量改进。对此，达林-哈蒙德提出，一要明确有意义的学习的目标是什么，二要明确适应这一目标需要什么样的评估体系。

关于有意义的学习的目标，达林-哈蒙德等人认为就是让学生掌握进入大学和职业的基本能力。这些能力不仅包括新的学习标准所规定的学科知识的应用和实践能力，还包括能使学生的学习更具策略性和有效性的"软技能"(soft skills)。[1] 达林-哈蒙德列举了戴维·康利(David Conley)的研究成果，认为学生做好大学和职业准备所需的能力包括以下四个方面：一是关键的认知策略，例如问题的形成、研究、解释、交流等方面的能力；二是关键的学科知识，包括知识的结构、难度等级、重要价值，等等；三是关键的学习技能和技巧，使学生意识到他们是如何学习的，帮助他们了解如何能全身心地投入学习；四是关键的知识转化能力，使年轻人能理解和处理进入大学和职业过程中的环境、文化和个人等因素，进而做出合理的决策。[2] 那么，要想促进学生有意义的学习，州就要关注这些能力的培养和发展，并以此作为学生评价、教师评价的目标指向。也就是说，能够适应并促进这些目标达成的教师就是高质量的教师。

为了促进学生有意义的学习，州需要设计新的高质量的评估体系。达林-哈蒙德主张，无论是州还是地方层面的问责体系，都应该包括真实的表现性评价任务(authentic performance tasks)，评估并鼓励学生更高阶技能的全面发展。这种评估既是学生学习评价的一部分，也是教师评价和学校审查的多方面证据收集的一部分。这种评估体系应该具备下述特点：一要摈弃以往把终结性评价作为所有重要决策唯一依据的做法，更多地关注形成性评价，把焦点从过分强调外部的终结性考试转移到更强调能够塑造和指导学习的形成性评估上来；二要在建立统一的州评价标准的同时，允许地方根据自身实际增加他们认为重要的其他评价指标，实现统一性与灵活性的结合；三要提高信息的透明度，全面及时地向家长、公众、教育者和政策制定者报告系列信息，这是新问责体系的一个关键方面和基本要素。因此，在以有意义的学习为目标指向的问责体系中，标准化考试分数不能作为任何重要决策的唯一依据，而要由专家基于多种证据，在对相关数据进行全面解释和权衡之后再做出决策。这种新的评估体系将减轻过度考试的负担，并将时间和精力从外部的终结性事件转移到形成性发展上来，进而能更为有效地指导教学，为学生和教师提

---

[1]　Linda Darling-Hammond, Wilhoit, G. & Pittenger, L., "Accountability for College and Career Readiness: Developing a New Paradigm," *Education Policy Analysis Archives*, 2014, 22(86), pp. 1-38.

[2]　David Conley, *Getting Ready for College, Careers, and the Common Core: What Every Educator Needs to Know*, San Francisco, Jossey-Bass, 2013, p. 8.

供反馈信息，并提供学生学习的证据和各层面决策分析的基础。为此，评估需要更多依赖地方层面的判断，给予专业人士更多信任。

目前，美国越来越多的州已经开始将更为宽泛的评估指标纳入其教师质量问责体系，特别是将学生成功进入大学和职业为代表的远期成效（long-term outcomes）作为真正的问责指标，并在评价教师、评估学校的时候，综合考虑多种学生学习指标和其他重要的教育成果指标，包括学生的情绪、责任感、公民意识，教师对专业团队和学校的专业贡献，学生毕业率，校风，课程机会以及学生进入大学和职业的情况。[①] 因此，专业问责的评估更加注重学生学习过程，更加注重远期成效，更加注重多方协同，更加注重综合研判，这是教师质量专业问责范式的重要特征。

为了实施以有意义的学习为基本取向的问责，州需要从如下三个举措着手：第一，建立大学和职业准备标准，这些标准要基于核心的学科知识和能力，且这些能力被高等教育、企业雇主和家长认为是学生未来成功所需的关键能力；第二，支持高质量课程材料的研制、分配以及教师和学生评估工具的设计与改进；第三，鼓励地方学区选择并研制有深度的、课程嵌入式的学生知识和能力的评估，进而持续提供信息以支持学生的学习；第四，证明学区和学校的成效，并对表现不佳的学校和学区进行干预，提供矫正措施帮助其改进。

二、问责的基本标准：教师专业能力标准

专业问责机制认为，教师质量问责在很大程度上而言就是对教师专业实践的质量问责，而教师专业实践的质量又取决于教师专业能力。因此，在教师质量专业问责理论中，教师应该具备的专业能力标准及其开展专业教学实践的标准都非常关键，因为这些标准体现了应该如何培养教师以及教师如何开展教学和支持学生发展的基本要求，是对相关主体进行质量问责的基本指南。达林-哈蒙德等人认为，对专业实践实施情况的问责，不仅要落实到个体教师，还要落实到负责招募、培训、聘用、分配、支持和评价教师的学校、学区和州教育部门。无论是教师个体，还是相关机构，都应该对自身专业实

---

① Linda Darling-Hammond，Wilhoit，G. & Pittenger，L.，"Accountability for College and Career Readiness：Developing a New Paradigm," *Education Policy Analysis Archives*，2014，22(86)，pp. 1-38.

践的能力建设负责，对评价教学实践和学生进步负责，并基于评估结果参与到持续的教师质量改进过程之中。①

(一)教师专业能力标准的核心模块

教师专业能力不仅仅是个体教师的专业能力，还包括支持体系的能力，后者是教师专业能力形成和改进的基本要件。达林-哈蒙德认为，在一个州的教师质量问责体系中，专业能力标准的核心模块主要包括以下三个方面。

一是教育者能力(educator capacity)标准。教育者能力包括教师和管理者两个方面的能力，即教师要能够通过教学促进学生进行深度的学习，同时学校和学区层面的管理者则要理解并支持教师的工作。确保教育者具备上述能力需要多方面的支持：高质量的教师和管理者的培养、入职和专业发展；基于教师和管理者表现证据的认证和许可政策，保证教师能够满足学生多元化的学习需求及具有挑战性的标准；基于多重实践指标的教师质量评估，包括对学生学习的贡献、对同事持续学习的贡献，等等。

二是学校能力(school capacity)标准。达林-哈蒙德认为，满足学生需求的学校能力要基于学校、学区和州的共同行动，其重点在于教师资源和课程资源两个方面：一要确保高质量的教师和管理人员恰当地组合、适当地分配，并获得充分的专业发展支持；二要有精心设计的、与研究结论相一致的课程和教育项目。这是学校能力形成的两个重要基点。

三是体系能力(system capacity)标准。这种能力旨在促进教师专业实践，获得这种能力必须得到下列支持：一要有研究意识；二要具备评价政策、项目、实践和成果的学校质量评审过程；三要对需要改进的领域进行分析；四要对低表现者或项目进行恰当的干预和指导。

教师专业能力的强弱，需要一种专业判断。只有将专业判断作为评价教师教学实践的一种关键工具，教师的专业能力和问责才能得到加强。这是因为专业判断不仅能为教师的专业实践做出更站得住脚的决策，而且能促进教学的专业化；与此同时，专业判断本身就是促进教师专业发展的一种形式，

---

① Linda Darling-Hammond, Wilhoit, G. & Pittenger, L., "Accountability for College and Career Readiness: Developing a New Paradigm," *Education Policy Analysis Archives*, 2014, 22(86), pp. 1-38.

能让教师切身感受到支持学生学业发展的责任感，并能让教师亲身参与到对自身的问责之中，而不仅仅是应对外部强加的问责。特别是教师身处一个可以与教师同行、学生家长互动交流的专业社群之中时，会产生一种"关联式问责"（relational accountability），这种问责比不关注教师主体的制度问责更为有效。①

（二）教师专业能力标准的形成路径

教师专业能力标准是一个综合的体系，包括教师专业能力形成的诸多领域，其形成的基本路径包括以下四个方面。

1. 强化初次进入教学专业的标准

这是教师质量专业问责的重要依据，具体的举措应该包括如下几点。第一，提高对教师教育项目的要求，培养教师候选人按照各州"共同核心标准"从事教学的能力以及与多样化的学习者一起工作的能力。这些能力包括他们对学生学习和发展的深度理解，对所教学科领域的课程、教学、评估的深度理解，对课堂管理以及如何与同事及家长协同工作的深刻理解。第二，要共享关于成功项目模式的信息。第三，要通过实习和专业发展学校，加大对更有效的临床培训模式的投入。第四，要通过教师许可的表现评估对候选人的教学准备状态进行评估，并将结果反馈给候选人的所在项目以促进培养项目的改进。第五，要通过基于表现的认证促进更高质量的培养，这种认证将检查项目结果作为一种更为严格的认证程序的一部分的作用。第六，要支持高质量教师的入职培训以及高级教师与初任教师的紧密合作。

2. 建立专业的学习系统

具体的举措有：第一，为教师提供高质量的课程资源；第二，为教师提供持续的、高质量的专业学习机会，特别是帮助教师通过集体探究、行动研究解决复杂的实践问题，在行动研究中实现专业发展；第三，激励学校在教学日安排灵活的日程，为教师参与学习提供时间；第四，为学校提供持续的培训，以形成有效的专业学习共同体，使教师能够学会分析学生的学习和学校的进步，并使教师参与到持续的改进之中。

---

① Linda Darling-Hammond，Wilhoit，G. & Pittenger，L.，"Accountability for College and Career Readiness：Developing a New Paradigm," *Education Policy Analysis Archives*，2014，22(86)，pp. 1-38.

3. 帮助地方学区建立更有力的评价体系

第一，这种评价体系要基于专业标准，这些标准用以评估教师从职前培养、入职培训到职后发展的整个过程的实践。第二，这种评价体系要综合多种来源的证据，包括基于标准的教师实践评估、学生学习的有效证据以及对学校改进的专业贡献的证据。第三，这种评价体系要把形成性评价和终结性评价相结合，为改进实践和个人决策提供信息。第四，这种评价体系要将评价与有益的反馈、专业的学习机会相联系，满足教师发展的目标和需求。第五，这种评价体系要妥善安排时间，组织课程资源和专业学习，使教师学会如何满足更为复杂的标准，如"共同核心标准"。第六，这种评价体系要根据教育者的经验水平和个体需求给予不同的支持。第七，这种评价体系要建立成功的同行评价和互助模式，帮助需要改进的教育者，为其提供及时有效的专业支持。第八，这种评价体系要重视并促进合作，推进整个学校的改进。第九，这种评价体系要为评估者以及那些为"需要帮助的教育者"提供辅导的高级教师提供专门的培训。

4. 公平地为学生提供高质量的专业教师

一要推进学区资源的均衡化，鼓励学区为所有的学校提供高质量的、有效的教师。二要为高需求学校招募更多有经验的、合格的、有效的领域内教师，主要渠道有两种：第一种是通过颁发服务奖学金（service scholarships）招募各种类型的高质量教育者到有高需求的领域和地方，以免除培养经费的形式换取他们至少在该州的学校服务四年；第二种是通过教师实习项目（teacher residency programs）招募、培养和辅导教师候选人学会在高需求学区从教。三要提升专业能力，由州创设一个全州范围的学习系统，并成立一个专门负责构建专业能力的州教育机构。该机构通过网站和宣传活动分享研究成果和最佳实践；通过案例研究、现场考察等多种方式记录和宣传该州学校的先进经验，进而支持地方的政策和实践；建立学习网络，促进学区、学校和教育者之间的相互学习。

三、问责的评估工具：同行评审

同行评审是专业主义的核心原则，这是达林-哈蒙德专业取向的教师质量问责机制的基本主张。她认为，专业取向的教师质量问责，尽管有诸多实现路径，但是同行评审是其中最为关键的一条路径，也是教师质量专业问责实施的基本方式。正如她所说，"如果没有持续的同行评审以及同行对'生产过程'和专业资格的实质性控制，实践标准和专业问责就不能持久"①。达林-哈蒙德对同行评审的界定是广义的，包括了一系列要素，从确定教学工作的内容和结构，到获得本专业成员资格的个体必须具备的限定条件，再到同行对可接受的实践标准及其质量评价的控制，涵盖了从新进入教学专业者的培养、许可、聘用、入职培训到职后专业发展的整个质量保证过程。同行评审，是专业取向的教师质量问责的重要实现形式。

(一)基于同行评审的专业问责的必要性

第一，基于同行评审的专业问责，是由教学专业所具备的知识基础所决定的。作为一种专业，教学的核心特征之一就是专业成员必须界定和实施本专业的实践标准，而这种实践标准必须基于本专业独特的知识基础。正如巴伯(Barber, B.)所说，专业的本质属性之一就是自治和自我控制，而且专业成员必须是本专业领域知识发展和应用的专家。② 因此，对专业实践及其实践者的评价、问责和控制，必须由具备相应知识基础的专业同行进行，同时专业成员也将同行评审视为维持和发展专业知识、实践标准的基础。基于此，达林-哈蒙德认为，在教学专业中，"那些有能力实施专业评估并对专业实践质量做出适切判断的人，自身必须掌握特定专业领域的渊博知识，必须是该专业领域经验丰富的实践者，必须熟悉该专业领域的发展现状"③。因此，专业问责必须由同行实施，同行评审是实施专业取向的教师质量问责的最佳路径。

第二，基于同行评审的专业问责，是由教学专业对服务对象的伦理责任所决定的。在大多数专业中，同行评审被视为维持专业人士与其服务对象之间特定关系的一种关键要素。因为专业人士的首要责任是最大限度地增进服务对象的福祉、满足服务对象的需求，而不是遵循行政指令、实施标准程序。人们期待专业人士应用专业知识分析有关情况，并在多种可供选择的解决策略中选择最有益于服务对象的策略。正如赛克斯(Sykes, G.)所说，"专业人士与服务对象之间的关系的显著特征就是高度的信任……我们向内科医生、律师、牧师咨

---

① Linda Darling-Hammond, "A Proposal for Evaluation in the Teaching Profession," *The Elementary School Journal*, 1986, 86(4), pp. 530-551.

② Barber, B., "Some Problems in the Sociology of Professions," In K. S. Lynn (Ed.), *The Professions in America*, Boston, Houghton Mifflin, 1965, p. 18.

③ Linda Darling-Hammond, "A Proposal for Evaluation in the Teaching Profession," *The Elementary School Journal*, 1986, 86(4), pp. 530-551.

询专业的事情，并相信他们的判断。反过来，专业人士的责任不是去取悦服务对象，而是做对服务对象最好的事情。他们的权威不仅仅依赖于他们可证明的效能，而且也依赖于他们对这种'最佳判断'的坚持"。因此，同行评审是专业人员对服务对象及其专业的一种伦理责任。专业人士必须愿意评估其他专业成员，善于指出他们行为的不当之处，并通过组建专业共同体的方式，确定本专业的准入标准、实践标准，阻止不合格者的进入，以此维护和发展本专业领域的实践标准，使服务对象保持对本专业及专业人士较高的期待和信赖。

第三，基于同行评审的专业问责，是克服自上而下的政府问责的不足所要求的。达林-哈蒙德认为，目前在美国，各州的行政式评估在很大程度上不能对教师能力和教学实践的适切性做出判断，这是由行政式评估的特点所决定的。其一，行政式评估主要由行政管理者设计和实施，而他们一般不具备评估所有教师所需的学科知识和教育学知识。其二，这种评估仅基于有限的课堂活动观察，因而只能揭示教师是否在特定的时间内做了特定的事情，但是无法揭示一名教师是否有充分的知识、能力以保证其持续做出合理的教学决策。其三，对所有教师的评估，均安排同样的日程，使用同样的工具，遵循统一的程序，采用统一的标准，所以评估的针对性、有效性不足。同时，这种行政式评估把教师本身排除在外，由管理者负责设定课程，而教师只负责执行和实施这些为他们设定的课程，不负责计划或检查自身的工作，不承担评估、问责的责任。在这种情况下，教师的工作受到非专业的管理者的监督。后者的工作就是保证教师实施学区规定的课程，所以教师的专业责任被严重挤压。因此，作为一种反对非专业人士控制专业实践的机制，同行评审已经在大多数现代专业中出现，并成为教学专业评估和问责的必然选择。

第四，基于同行评审的专业问责，是促进教学专业化的必然选择。达林·哈蒙德认为，如果没有塑造实践的责任，就没有对恰当实践的问责，而仅有对运作程序标准的遵守。也就是说，对教师质量进行问责的前提是，教师切实承担起塑造教学实践的责任。虽然在某些学区，教师参与了关于教科书选择、课程设计、员工发展以及其他重要的教学事项的决策，但是在更多的学区，这些决策主要由管理者或学校委员会成员做出，而教师并未在教学决策中发出有效的声音、承担起相应的责任，这都导致行政控制的不断增强和教学的去专业化。相反，同行评审鼓励教师参与教学决策，是教学专业化的重要起步。使用同行评审的问责模式，不仅能够拓展教师对于教学条件、教学质量的控制，而且能够提升实践标准和专业地位。从长远看，基于同行评审的专业问责，能够把教师作为全面的伙伴与参与者，能够巩固并增强教师对于其专业本质和行为的权威控制。

基于上述考虑，达林-哈蒙德认为，同行评审是专业问责的核心。基于同行评审的教师质量问责，是由教学专业人士依据专业知识和专业标准实施的，能够改进教师质量评估的准确性、公平性，提高教师质量评估与专业发展活动的关联度，并使管理者、教师特别是学生从中受益。

(二)基于同行评审的专业问责的基本原则

达林-哈蒙德认为，专业取向的教师质量问责很大程度上是通过严格的教育和许可要求、同行监督下的实习、持续的实践评估来实现的。虽然改进教师质量，实施专业问责，不是只有一个"正确答案"，但是同行评审是一个重要的途径。具体而言，达林-哈蒙德提出同行评审的五个基本原则①。

第一，教师的选拔和入职应该是严格的、同行主导的。同行通过建立并执行相关的专业实践标准，向公众保证教师是胜任教学的。

第二，个体教师表现的定期评审，应当由专家同行与管理者共同实施，要使用关涉教学本质及教学过程的诸多指标，且评估结果应该用于指导教师的专业发展。

第三，对于行为不当、不能胜任教学或非专业的表现，要通过专题讨论和支持体系予以矫正。

第四，教学实践的同行评审，应当是持续的，而且应该涵盖所有教师，进而使实践标准能够持续发展和改进。

第五，教师应该对工作的结构、形式和内容的技术决策实施集体控制。

根据这五个基本原则，达林-哈蒙德认为，基于同行评审的教师质量问责，应该贯穿招聘、入职、职后等各个阶段。②

一是教师招聘阶段的同行评审。达林-哈蒙德认为，严格的培训和选拔是专业自治的基础，这一环节的同行评审可以强化在职教师对准教师专业能力的把握，维持专业共同体确定的教师实践标准，并使在职教师对获准入职的

---

① 　Linda Darling-Hammond，"A Proposal for Evaluation in the Teaching Profession，" *The Elementary School Journal*，1986，86(4)，pp. 530-551.

② 　Linda Darling-Hammond，"A Proposal for Evaluation in the Teaching Profession，" *The Elementary School Journal*，1986，86(4)，pp. 530-551.

新教师的专业发展承担起责任。达林-哈蒙德详细考察了纽约州东威利斯顿市(East Williston)的教师选拔实践，认为该地严格的、教师主导的选拔实践非常典型。其主要做法是当某个教学空位需要填补的时候，学校校长就任命一个主要由教师组成的团队起草一份招聘启事并广而告之。该团队对申请人进行筛选，对入围者进行深度面试，访问入围者的学校、观摩入围者的教学并收集另外的信息，或者组织示范课。然后，团队向校长提出推荐意见，校长将对最后的入围者进行个人面试。基于这种程序选拔的新教师不仅被视为能高度胜任教学，而且被在职教师自身视为共同体的成员。而且由于参与了这样的选拔过程，在职教师感受到他们对于新同事后续表现的专业责任，进而强化了在职教师与新入职教师之间的专业合作，为发展和维持共享的教学标准提供了基础。

二是教师入职阶段的同行评审。达林-哈蒙德认为，专业教育的一个主要机制就是让新入职的教师在监督下实习。正是在这些最初的经验中，年轻的专业人士学习如何将理论转化为实践，并根据复杂的情况做出适切的判断。也是在这个时期，即获得认证之前，学校需要对候选人进行最密集的表现评价。如果候选人不能在这一阶段证明其专业能力，他们就不应该继续留在该专业之内。达林-哈蒙德认为，俄亥俄州的托莱多市拥有最为细致的新教师实习项目。该实习项目启动于 1981 年，将入职第一年的新聘用的毫无经验的教师置于专家教师的监督之下。这些专家教师从课堂教学中解放出来，对本年级专业领域的实习者进行指导，且指导的实习教师不超过 10 名。他们要负责监督、帮助、评价实习教师各方面的教学能力，并就实习教师的聘用决定向实习教师评审小组提出建议。评审委员会将认真审查指导教师的评估建议，详细讨论实习教师取得的进步，投票做出接受或拒绝指导教师评估建议的决定，并将决定提交负责人做出最终决定。基于上述同行评审，该市的新教师认为自己取得了显著的进步，掌握了教学的艺术，而其他教师和管理者相信，那些被留下来的教师是胜任教学的。由此我们可以看出，实习是教学专业化的一个重要步骤，而且由专家教师所实施的同行评审在评估程序中居于核心地位。

三是职后发展阶段的同行评审。此阶段的评估活动，应该以持续的专业发展为目的。达林-哈蒙德认为，如果评估活动的目的是促进个体教师的专业发展，那么自我评估就是最合适的评估策略。基于此，巴伯提出一种"同行介入的自我评估"路径，其目的就是个体教师的改进。在这一模式下，成熟教师应该具有专业上的义务去接受自我评估，并定期使用同行评审。作为自我评估的一部分，教师应该使用多种来源的数据，包括学生学业成绩、个人的实践反思、家长或管理者的观察报告，等等，通过这些数据对自身的教学做出判断，并为下一年的实践设定目标。具体的实施过程为个体教师每年都要设定符合自身专业发展实际的目标，并制订达到目标的计划、确定用来评估目标完成度的工具和手段。整个评估过程由个体教师与一名评估者共同完成。这名评估者可以是校长，也可以是教师领导者。到年底时，教师和评估者都要写一份关于既定目标的进展评估报告，对目标达成度做出判断，并根据情况继续完成该目标或者确定新的目标。由此我们可以看出，同行评审将给予所有教师评估自己以及他人的机会，因而有助于形成共同体关于教师实践标准的共识，并将这种评估与专业发展活动联系起来。

四、问责的结果奖惩：教育资源合理分配

教师质量问责的一个重要方面就是建立与质量相匹配的资源保障机制，对优者进行奖励和激励，对差者进行支持和干预，进而强化资源分配的针对性、提高资源使用的有效性，而这种资源的分配权主要掌握在学校之外的政府手中。对此，达林-哈蒙德认为，问责工具必须扫除阻碍优质教育发展的障碍，这些障碍不仅存在于学校和课堂之中，也存在于学区、州和国家层面。学校固然是教育改革的基本单位，但是学校之外的政府机构却是确定经费资助方式、资源分配机制和其他教育政策的地方，对资源分配结构及教育机会公平具有很大的影响。因此，如果要很好地支持和服务学生发展，那么问责必须是交互的。也就是说，在学校的教育者、学生满足特定的实践和学习标准的同时，联邦、州、地方教育机构自身也必须满足相应的标准，这种标准的核心就是资源分配标准。[①]

特别是随着更具挑战性和可信度的学生表现评价指标的出现，负责任的学校和教育体系必须确保学生拥有公平的学习机会，尤其要确保学生都能获

---

① Linda Darling-Hammond, Wilhoit, G. & Pittenger, L. , "Accountability for College and Career Readiness: Developing a New Paradigm," *Education Policy Analysis Archives* , 2014, 22(86), pp. 1-38.

得高质量的教师，以保证所有的学生能够达到规定的学习目标。这意味着，地方关于人事、经费、时间如何分配的决策，不应该与学校在促进学生学习方面的表现评估相分离，而是应该通过适切的经费政策来解决教育资源尤其是教师资源的平等性和充足性的问题。

因此，达林-哈蒙德认为，一个完整的问责，必须重视通过体系对资源进行更合理的分配，包括州和学区在支持地方学校中的适当的角色，以更为有效地管理资源以支持地方学校达到标准：根据学生的学习需求分配充足的学校资源；确保学生平等获得高质量的课程和教学材料，支持学生达到学习标准；为所有学生提供良好的教师和其他专业人士，使教师能有效关照和回应学生需求。

基于此，达林-哈蒙德认为，实施资源问责，州需要改革资源分配方式：一是基于学生需求分配经费，二是侧重于对贫困学生、英语学习者、寄养家庭学生的支持。与此同时，在有效公平地使用经费方面，学区要对州负责，要求地方社区参与预算和项目的决策，并对所有学区和学校的关键输入和输出结果进行追踪。州则要提高保障能力：一是培训并安排一支杰出的教育者骨干队伍，包括高级教师、校长和管理者，他们应受过严格的培训，能和学校、学区一起工作，并参与相关的改进或改革举措的制定；二是支持学校之间"结对子"和互助网建设，分享学校改进的专业经验；三是对学校领导者和相关团队进行实施新的课程标准、使用新的评估模式、研制学校改进方案等方面的专业培训；四是对新任教师和管理者的入职导师进行培训。

五、问责的实施特征：一体连续、多方协同

阿瑟·怀斯是美国教师专业化的积极倡导者，是达林-哈蒙德在教师教育研究上的亲密伙伴。正是基于教师专业化的立场以及为所有美国学生提供高质量教师的目标，阿瑟·怀斯提出专业取向的教师质量问责的两个核心主张：第一，必须秉持教师成长和发展一体化的理念，对教师质量问责进行一体化的系统建构；第二，教师质量的改进是一种责任共担、协同合作的实践，必须发挥教师教育机构（高等院校）、教师认证机构（全国性的专业认证机构）、教师许可机构（州教育部门）以及教师在职发展机构（中小学校）等各方利益相关者在教师质量问责中的独特功能。这就要求专业取向的教师质量问责应该坚持一体连续、多方协同的基本原则，提供一种新的教师质量问责理论视角。

(一)改革问责：阿瑟·怀斯教师专业化的六步骤之一

教师专业化思想是阿瑟·怀斯教师质量问责理论的基础。他认为，教师从职业走向专业必须做出六个方面的必要改变。[①]

第一步，改革教师教育，即教师教育应该由四年的本科教育、一年的研究生学院教育、一年的教育实习构成。其中，四年的本科教育主要进行自由教育；候选人在一年的研究生学院教育中主要学习教育学和教学的专业基础知识以及认知科学、教育史、教育哲学、教育经济学和教育财政学等领域的知识；初任教师必须进行一年的教育实习，为候选人参与和反思教学提供机会，全程由高级教师进行评估和指导。

第二步，改革教师许可和认证。阿瑟·怀斯认为，教学中的部分问题是公众不信任教师。要培养公众对教师有像对其他专业一样的信心，像医生、律师、工程师等，那么教师需要一种与这些专业相类似的认证结构。这种结构将向公众保证，被授予教师资格的人都是合格的教师。具体而言，候选人要满足四个要求：毕业于教育学院；通过教育学和专业知识的考试；在通过最后的考试成为教师之前，很好地完成一年的实习；成功地完成一项评估某种复杂的教学知识和技能的实践能力测验。这是教师获得专业地位的起点。

第三步，重建学校。必须重建学校以促进教师参与决策。高级教师要参与新教师的选聘过程，承担起帮助初任教师的责任，参与课程计划制订、教科书选择以及学生评价体系的组织和实施，并参与不合格教师的解雇。

第四步，改革教师协会。要使传统意义上协会对教师协会成员的责任与新的被认可的对专业、教学、儿童的责任需求之间达成一种新的平衡，因为教师的长期福祉依赖于协会与专业责任之间的一种更好的平衡。

第五步，改革问责，发挥考试的问责功能。真正的、可靠的考试能促进问责而不掉入标准化考试的陷阱。考试体系必须鼓励好的教育实践，而不能扭曲教育实践。

第六步，改革激励。通过改革工作条件和工资待遇，激励人们成为教师，特别是激励优秀的人成为教师。这也是重构学校和实现教学专业化的部分目

[①]　Arthur E. Wise, "Six Steps to Teacher Professionalism," *Educational Leadership*, 1990，47(7)，pp. 57-60.

标。如果企业以两万美元一年的工资找不到足够的工人，它们就会提供2.5万美元。它们不会勉强接受未经教育的工人。而一些州，一旦遇到教师短缺或预期教师短缺，就说任何人都能当教师，进而实施紧急认证项目、替代性认证项目等。为此，州必须重新让公众愿意为吸引高质量的人进入教学领域而支付必要的市场工资，而且要通过一个严格的教师认证过程，使公众对于谁有资格进行教学有清晰的界定。那么，如果公众认识到没有足够聪明的人在学校出现时，他们就会自觉支付必要的工资以吸引充足数量的优秀人才进入教学领域。这都是教学专业化的必由之路，需要许多行为者的协调合作。如果我们越不推进教学专业化，就会有大量的非专业人士进入教学领域，那么教师就越不受公众的信任。

在阿瑟·怀斯提出的教师专业化六步骤中，无论是改革教师的许可和认证，还是改革教师激励政策，都与教师质量问责有密切的关系，也是教师质量问责的应有之义。

(二)教师质量问责的一体连续、多方协同

一个教师的教学生涯包括三个阶段，即职前培养阶段、入职许可阶段、职后专业发展阶段。这三个阶段构成教师质量形成和发展的连续体，且每个阶段都有独特的质量要求和问责模式。基于此，阿瑟·怀斯提出了教师质量连续体(teacher quality continuum)的概念，并将教师质量问责划分为职前培养阶段的质量问责、作为新入职实践者阶段的质量问责、作为经验丰富或熟练实践者阶段的质量问责[1]，旨在把教师的职前培养、入职许可和职后专业发展的体系整合为一个连贯的整体，通过一系列评估和激励，使每个阶段的质量标准与下一阶段都紧密衔接，使每个阶段的问责设计与其他两个阶段都相联系、相配套。

首先，建立一体化的教师专业发展标准，使各阶段的教师质量标准实现有机衔接。阿瑟·怀斯认为，为了保证教师质量，教学专业应该制定并采纳一种其他专业已经广泛使用的质量保证体系。这种质量保证体系由系列标准构成，主要涉及三个相互联系的系统：一是教师培养机构的认证标准，二是基于表现的初次许可标准，三是高级教师的认证标准。它们分别就教师职前

---

① Cochran-Smith, M. & Fries, M., "Sticks, Stones, and Ideology: The Discourse of Reform in Teacher Education," *Educational Researcher*, 2001, 30(8), pp. 3-15.

培养阶段、临床实践与入职阶段、持续专业发展阶段做出相应的质量规定。基于上述三个阶段的标准，建立贯穿教师职业生涯的质量保障体系，是提升和改进教师质量的重要基础。在当时的情况下，阿瑟·怀斯提出把全美教师教育认证委员会、美国州立首席教育官理事会、美国专业教学标准委员会等组织的标准和评估进行有效衔接和融合，使教师的职前培养标准反映州认证考试所需要的知识和能力标准。同时，认证标准和许可标准又能帮助候选人和教师获得成功通过委员会认证评估的能力，进而建立起教师培养和持续发展的连续标准体与质量保证的完整体系。

其次，建立协作型的专业发展支持共同体，使所有利益相关者各负其责，紧密协同。教师质量形成与发展的每个阶段，都有不同的利益相关者采取不同的路径来确保教师质量并对其负责。职前培养阶段主要通过建立教育系（学院、学部）的质量保证机制来确保培养质量合格的教师。例如，全美教师教育认证委员会、美国州立首席教育官理事会、美国专业教学标准委员会、教师教育认证委员会等全国性的专业协会都研制了相关标准，实施了质量评估。认证本身就是一种质量保障机制。上述专业组织都是这一阶段的利益相关者，它们通过颁布学科领域的标准、机构评估的标准，共同影响着职前培养阶段的质量。第二阶段主要是由州所授权的机构，如州际新教师评估和支持联盟为初任教师制订基于表现的标准并进行评估，把住新入职教师的质量关。第三阶段主要关注成熟教师的专业发展质量，如美国专业教学标准委员会的相关标准和评估。可以说，教师质量连续体的三个阶段，都有不断增多的组织作为新的利益相关者出现，诸如教育领导者委员会、全美杰出教师认证委员会等专业组织相继成立，并通过相应的问责要求介入教师教育改革。明确教师质量问责的不同阶段及其利益相关者，是系统分析美国教师质量理论和实践的重要基础。这是阿瑟·怀斯对美国教师质量问责的一个基本观点。

与此同时，达林-哈蒙德等人也认为教师质量的专业问责应该是一个问责共享体系，且不同层次的教育机构在问责中承担着不同的角色。① 美国联邦政府的主要职责是保障公民权利；确保各州及其学区和学校的结果透明度，特别是贫困、少数族裔和特殊需求学生的学业成绩的透明度；对高质量的纵

---

① Linda Darling-Hammond & Paul T. Hill, "Accountability and the Federal Role: A Third Way on ESEA," http://files.eric.ed.gov/fulltext/ED556473.pdf, 2015-07-12.

向数据收集系统给予支持经费；通过联邦资助项目提供的杠杆，迫使各州让学区负责并培育创新力。

州层面的主要职责是让学区负责改进地方学校的整体绩效，为处于危险中的学生设计更多有效的选择；负责提供充足的资源，对教师专业能力建设进行投资，并帮助学区寻找自身及其困境学校实现改进所需要的资源，确保教师达到的基本标准，并建立和实施学生学习标准。

学区层面的主要职责是负责平等地分配学校资源，聘用并支持合格教师（解雇不胜任的教师），鼓励那些促进高质量教与学的实践；让学校对评估表现负责，揭示学校在做什么以及学生是如何回应的；帮助学校寻找所需的资源并支持他们的改进工作（在某些情况下，包括由健康和社会机构提供的补充性服务）；对学校是否遵循旨在实现改进的行动方案的情况做出判断；对一所学生不学习的学校，做出是否维持、援助、重新设计或接管的决定。

学校层面的主要职责是负责创设一个良好的学习环境，评估教师实践的效能，帮助教师与家长之间互动交流和学习；负责教育学生；管理经费支出、人事聘用，实现工资和其他支出之间的平衡，做出教学决策；安排资源和教育者以改进教学和学生学习成效。学校领导必须有足够的自主权领导学校，并负责实施教学改进策略，并根据这些策略的要求做出人事和经费的改革。教师要负责确认并满足个体学生的需求，同时满足专业的实践标准。

这种责任分配显示，高层级的政府不能跳过低层级的政府。州和联邦政府不仅能提供数据，而且能提供支持体系，使用它们提供的经费激励并支持学区与学校的改进。但是，它们不能就如何评价个体教师、管理某所学校做出决定，不能就那些不学习的学生的教师和学校做出回应，这些都是学区和学校的责任。

综上，一体连续、多方协同的教师质量问责具有如下特点：一是突出交互性，即体系内各个层面的利益相关者都要对体系的有效运行负责，即联邦、州、学区、学校及教师个体均要承担起自身的责任，按照相应的标准严格履责，共同促进教师质量不断改进；二是突出系统性，即问责体系覆盖教师质量的输入、过程和结果，涵盖内部与外部各类因素，综合多类指标进行评估，进而系统改进教师质量；三是突出改进性，就是通过对系列证据的分析和研判，解决问题并矫正行动，形成循环的政策链条，并基于教师质量不断改进，最终实现学生的优质发展。

表3-1 教师培养和发展的多主体责任一览表①

问责阶段 问责主体	实习认证（职前）	初任教师支持（第一年）	任用考评：临时状态（从教1~2年）	专业证书（从教3~5年）	持续专业发展（贯穿职业生涯）	任用考评（专业成长选择）（4次成功评价）
立法机构	法规中的最低要求人；给予州教育委员会认证的权威	法规中关于"教师支持项目"的规定；为"教师支持项目"提供经费	法规中的最低评价标准	给予州教育委员会认证的权威	为各类项目提供工经费；教育激励计划；法规中关于工资于工资计划的学分标准	法规中的选择要求
州教育委员会	制定批准项目标准和教师候选人表现的标准	—		制定项目批准标准和教师候选人表现的	制定持续认证的学分标准	—
州教育部部长办公室(OSPI)	OSPI员工对州教育委员会的支持	管理"教师支持项目"的经费	华盛顿教师教育学院协会评价标准的扩展	OSPI员工对州教育委员会的支持	管理各类项目经费并对工资计划的合规情况进行监控	华盛顿教师教育学院协会评价标准的扩展
教师培养项目的机构	设计项目并评估候选人的表现	在为数不多的地方项目中扮演非正式角色		设计项目并评估候选人的表现	提供课程和学位	—
地方学区	通过专业教育咨询委员会(PEAB)对教育学院提出建议	设计并管理项目	通过集体协商提出补充标准；做出聘出决定	与教育学院合作；提供认证项目；为评估团队服务	提供课程，并规划教师的专业发展；批准工资计划和认证的学分	通过集体协商提出补充标准；规划教师的专业发展

① Edie Harding, Barbara McLain & Sue Anderson, "Teacher Preparation and Development," http://www.wsipp.wa.gov/Report-File/1323/Wsipp_Teacher-Preparation-and-Development_Full-Report.pdf, 2019-01-25.

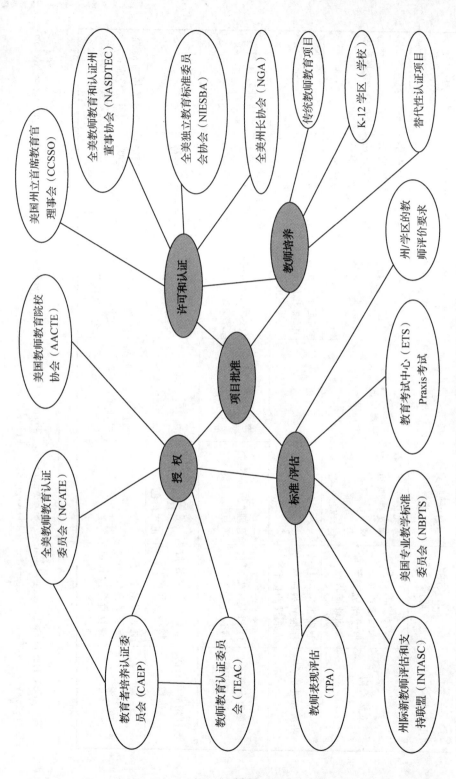

图 3-2 教师质量利益相关者结构示意图

第三节 专业取向的教师质量问责机制的实践案例

专业取向的教师质量问责机制，是基于教学的专业本质，以促进学生有意义的学习为主要目标，主张通过设计系统的专业评价标准和工具对教师质量实施同行审查的一种问责机制。在美国，最具代表性的专业取向的教师质量问责机制，就是全美教师教育认证委员会（NCATE）所实施的教师教育机构问责机制与教师教育认证委员会（TEAC）所实施的教师教育项目问责机制，二者共同构建起美国教师教育机构和项目问责的专业机制。①

一、NCATE 的教师教育机构问责机制

教师教育机构问责机制，顾名思义就是针对教师教育机构的专业水准进行评审和认证，以向公众保证获得认证的机构的教师培养质量是值得信赖的。美国最典型的教师教育机构问责机制，就是由全美教师教育认证委员会建立的。该组织成立于 1952 年，是被美国联邦教育部和高等教育认证委员会认可的教师教育机构认证组织，其核心使命是促进教师教育领域的问责和改进，并为教师教育领域的改革提供领导力。NCATE 通过其设定的标准以及基于现场的同行评议程序，既对美国大专院校中的教育学院、教育系等教师教育机构进行认证，也对培养教育者的非大学实体（non-university entities）进行认证，确保被认可的机构能够培养出具有胜任力和同情心的合格教师以及从事学校其他工作的专业人士。目前，美国大多数州的教师教育标准与 NCATE 标准非常一致。其中，39 个州直接采用 NCATE 的机构认证标准或对其进行适当改编，作为对本州所有教师教育机构认证的标准；28 个州直接委托 NCATE 实施项目评审，以决定教师教育机构是否能获得 NCATE 的认证和州的认可。

（一）NCATE 问责的基础：教师教育机构认证标准体系

当前，NCATE 已经构建起以机构认证标准为主体，项目认证标准与专业发展学校标准有机结合的教师教育标准体系，这些标准既是 NCATE 对教

---

① 2013 年 7 月，NCATE 与 TEAC 已合并组建为美国教育者培养认证委员会（CAEP），该委员会的认证标准于 2016 年实施，此后 NCATE 与 TEAC 的标准不再用于认证。

师教育质量做出专业判断和效能评价的基础，也是 NCATE 对教师教育机构实施专业问责的基础。

NCATE 的机构认证标准由六项构成，且每项标准都包括三部分：一是标准本身的语言；二是评估准则，规定了每条标准的基本要素以及"不可接受"(unacceptable)、"可以接受"(acceptable)和"达标"(target)三个等级水平；三是对标准的描述性解释。六项标准不仅确认了教育专业人士所应具备的知识、能力和专业品性，而且也确认了教师教育机构所应具备的组织结构、政策程序及其对教师候选人达到标准应提供的支持。

现将六项标准及其"可以接受"的条件分述如下。

1. 教师候选人的知识、能力和专业品性标准

准备到学校做教师或其他专业人士的候选人（包括准备从教的人、继续其专业发展的教师、准备当校长的人、准备当心理咨询教师以及学校图书馆媒体专家等的人）要知道并证明其具备的学科知识、学科教学法的知识和能力、教育学专业知识和能力以及专业品性，进而帮助所有学生有效学习。评估要证明教师候选人满足专业标准、院校标准和州的标准。该标准有七项二级指标。

(1)教师候选人的学科知识标准

可以接受的条件是，教师候选人要了解他们即将任教的学科，并能解释该学科的重要原则和概念。教师教育机构 80％或以上的项目完成者要通过所在州认证所要求的学科知识考试。高级项目中的教师候选人要对任教学科有深入了解。

(2)教师候选人的学科教学法知识和能力标准

可以接受的条件是，教师候选人要理解学科知识与特定学科教学法之间的关系，拥有广泛的教学策略知识。他们能够以清晰而有意义的方式通过技术的整合来展示学科知识，进而促进学生对学科知识的学习。高级项目中的教师候选人要展示出其对学科知识、相关教学法和学习理论的深入理解。他们能选择和应用广泛的教学策略和技术促进学生的学习，并能清晰地解释他们在教学实践中所做出的选择。

(3)教师候选人的教育学专业知识和能力标准

可以接受的条件是，教师候选人能应用专业的教育学知识和能力促进学生学习。他们能够考虑其工作所在的学校、家庭和社区环境以及学生的先前经验，以设计有意义的学习体验课程。他们要反思教学实践，了解有关学校教育、教学和学习的主要思想流派。他们能分析教育研究成果并视情况吸纳新的信息进入教学实践。高级项目中的教师候选人要反思实践并能确认自身的强项及需要改进的领域。他们参与专业活动，对他们工作所在的学校、家庭和社区环境有深入的理解，并能与专业社团合作，共同为所有学生创造有意义的学习体验。他们知道与学校教育、教学、学习相关的当前的研究、政策和最佳实践，能分析教育研究和政策，并能对他们自身的实践和专业进行解释。

（4）教师候选人促进学生学习的标准

可以接受的条件是，教师候选人关注学生学习，评估并分析学生学习，做出适当的教学调整，并指导学生的发展。他们能基于学生的发展水平和先前经验，设计和实施有意义的学习体验课程。高级项目中的教师候选人对有关学生学习评估的主要概念和理论有深入理解，并能定期将它们应用到实践中。他们能分析学生、课堂和学校的表现数据，并做出数据驱动的教学和学习策略的决策。他们理解并应用学校和社区资源来支持学生学习。

（5）学校其他专业人士的知识和能力标准

可以接受的条件是，对于其他在学校工作的专业人士而言，他们要对自身工作领域的知识有充分的理解，要达到专业标准、院校标准和州的标准。他们了解他们的学生、家庭和社区，运用数据和最新的研究来指导自身的实践，并在实践中使用技术，从而通过他们专业的服务支持学生学习。教师教育机构80％或更多的项目完成者要通过所在州教师认证所要求的学科知识考试。

（6）学校其他专业人士促进学生学习的标准

可以接受的条件是，对于其他在学校工作的专业人士而言，他们要能为学生的学习创设积极的环境。他们要理解他们工作所服务的学生的发展水平，理解学生、家庭和社区的多样性，理解他们工作所处的政策环境。

（7）教师候选人的专业品性标准

可以接受的条件是，教师候选人要熟悉专业品性，达到专业标准、院校标准和州的标准。教师候选人展示出的课堂行为要与公平的理念相一致，与所有学生都会学习的信念相一致。他们与学生、家庭、同事和社区的工作要反映出这些专业品性。

2. 评估体系和单位评价标准

教师教育机构要有一套收集和分析申请人资格、候选人和毕业生表现、单位运行状况等方面数据的评估体系，以评价和改进候选人、单位及其项目的表现。该标准有三项二级指标。

（1）评估体系的标准

可以接受的条件是，教师教育机构拥有一套反映概念框架以及专业标准和州的标准的评估体系，并定期接受专业共同体的评估。教师教育机构建立起综合的评估举措，监督候选人的表现，管理和改进单位的运行和项目。关于教师候选人表现的评估决策，要基于他们的入学时间、适当的过渡点、项目毕业时间等时间段进行的多重评价。教师教育机构已经采取了有效的举措以消除评估中的偏见，正在致力于确立公平、精确和连贯的评估程序和运行机制。

（2）数据收集、分析和评价的标准

可以接受的条件是，教师教育机构拥有一套评估体系，能定期提供关于申请者资格、候选人熟练程度、毕业生能力以及单位运行和项目质量的综合性信息。通过对内外部资源的多重评估，该单位收集申请者、候选人、近期毕业生、大学教师和专业共同体的其他成员的信息。教师教育机构要定期系统地收集、整理、汇总、分析候选人评估的数据，以改进候选人表现、项目质量和单位运行状况。教师教育机构要保存正式的候选人投诉及其解决的记录，要通过信息技术的使用来维护评估系统，且信息技术的使用要与单位和院校的规模相适应。

（3）使用数据改进教师教育项目的标准

可以接受的条件是，教师教育机构要定期系统地使用包括候选人和毕业生表现信息在内的相关数据，评价课程、项目和教学实习的效能。教师教育机构要对项目评价和绩效评估的数据进行分析，进而启动项目及单位运行的变革。大学教师要能使用候选人的评估数据以及/或者数据系统。候选人的评估数据要定期与候选人和大学教师分享，以帮助他们反思和改进他们的表现和项目。

3. 教学实习和临床经验标准

教师教育机构及其中小学伙伴学校要共同设计、实施和评价教师候选人的教学实习和临床实践，使教师候选人养成并展示帮助所有学生学习所必需的知识、能力和专业品性。该标准有三项二级指标。

（1）教师教育机构与中小学之间的合作标准

可以接受的条件是，教师教育机构、中小学以及专业共同体中的其他成员一起设计、实施和评估教学实习和教学实践，进而帮助候选人发展他们的知识、能力和专业品性。教师教育机构及其中小学伙伴学校共同决定师范生的具体安排，并为实习生体验其他专业角色提供合适的机会。中小学和教师教育机构分享专业知识，支持候选人在教学实习和教学实践中的学习。

（2）教学实习和教学实践的设计、实施和评价标准

可以接受的条件是，候选人要达到教学实践的"入口"和"出口"标准。教学实习通过为候选人提供机会，让候选人在学校或其他机构观察和辅导学生，参加与教育相关的社区实践，与学生家长互动，参加学校委员会会议，协助教师或学校其他专业人士的工作，促进候选人作为专业教育者的发展。教学实习和教学实践都反映了教师教育机构的概念框架并帮助候选人继续发展标准所规定的学科和教学法的知识、能力和专业品性。他们允许候选人以教师、其他专业教育者或者学校环境中的学习者等多种身份来参加实践实习。

教学实践允许候选人使用信息技术支持教与学。候选人的教学实践要非常广泛而深入，以培养和展示他们对于正在准备的专业角色的熟练程度。

关于中小学教师的标准应是清晰的，并为所有相关方所了解。中小学教师是杰出的专业人士，已经为作为指导者的角色做好准备。

教学实践指导教师，既包括高等院校的教师，也包括 K-12 学校的教师，他们要使用多重措施和评估来评价候选人的能力、知识和专业品性。教学实践指导教师要通过观察、召开会议、小组讨论、发送电子邮件和使用其他技术等过程，为师范生提供定期的、持续的支持。

高级项目中的教师候选人参加教学实践，要在课堂环境中开展课程教学，分析 K-12 的学生学习，在教学理论的背景下反思实践。对于在学校工作的其他专业人士而言，教学实习和教学实践要求他们参加与他们正在准备的与角色相关的结构化的活动。这些活动涉及与学生、家庭和社区相关的数据分析、技术应用、现状研究以及知识应用。[①]

（3）教师候选人培养并展示其帮助所有学生学习的知识、能力和专业品性标准

可以接受的条件是，在进入教学实践之前，候选人要证明其掌握了学科知识、教学法知识和专业知识。教学实践评估，可以证明候选人达到了专业标准、院校标准和州的标准。相关部门要使用多种评估策略评估候选人的表

---

① 赵英、黄娟：《美国教师教育临床实践标准的基本框架及其启示——基于 CAEP 教师教育临床实践标准的案例研究》，载《外国教育研究》，2017(7)。

现及其对学生学习的影响。候选人和实践教学指导教师共同实施对候选人表现的评估。教学实习和教学实践都要为候选人留出时间反思,包括接受同行和实践教学指导教师的反馈。候选人收集和分析学生学习的数据,反思自身的工作,并发展改进学习的策略。

教学实习和教学实践为候选人提供了培养和证明其具有帮助所有学生学习的知识、能力和专业品性的机会。所有参加实地实习和教学实践的候选人,都要与特殊儿童以及来自多元种族、语言、社会经济背景和不同性别的学生一起工作。

4. 多样性标准

教师教育机构要开设并评价课程,为候选人提供经验,以使其获得并证明掌握了帮助所有学生学习所必需的知识、能力和专业品性。这些经验包括与高等教育机构和 K-12 学校的教师、学生等多元的人群一起工作。该标准有四项二级标准。

(1)课程和实习的设计、实施和评价标准

可以接受的条件是,教师教育机构要清晰地表述与多样性有关的能力,这种能力在教师教育机构的概念框架中得到确认,并期望候选人在专业项目中培养它们。课程和实习经验提供了一个多元的基础框架,包括英语学习者和特殊学生。候选人要意识到不同的学习方式,并根据不同的学生适当地调整教学或服务。候选人要将课程、教学或服务与学生的经验和文化相联系。他们与学生和家庭交流时,要关注到文化敏感性和性别差异。候选人要在学科教学或服务中采用多维视角。他们要设计一种重视多样性的课堂和学校文化。候选人所展示的课堂行为要与公平的理念相一致,要与所有学生都能学习的信念一致。相关主体要评估候选人处理多样性的相关能力,且相关数据要反馈给候选人,以便于他们改进他们帮助来自多元人群的学生学习的知识、能力和专业品性。

(2)与多样性教师一起工作的经验标准

可以接受的条件是,传统项目和远程学习项目中的候选人,要与专业教育的教师、其他单位的教师以及/或者中小学教师互动交流。这些教师既有男性也有女性,至少要来自两个不同的种族。候选人在专业教育课程和教学实践中一起工作的教师,要具备关于培养候选人与多样化的学生群体一起工作的知识和经验,如英语学习者、特殊学生。教师教育机构要通过扎实的努力来提高和维持教师的多样性,进而表明对多样性价值的确认。

（3）与多样性教师候选人一起工作的经验标准

可以接受的条件是，传统项目和远程学习项目中的教师候选人，要与来自不同经济社会、至少涉及两种民族/种族的男女候选人一起参与专业教育实践。他们一起从事委员会的工作以及与学科领域相关的项目研究。教师教育机构要通过扎实的努力，增强或维持教师候选人的多样性，以表明对多样性价值的确认。

（4）与 K-12 学校中的多样性学生一起工作的经验标准

可以接受的条件是，教学实习或临床实践为传统项目和远程学习项目的师范生提供了与来自 K-12 学校不同社会经济背景的男女学生相处的经验，至少涉及两个种族/民族的学生。在教学实习或教学实践中，师范生也要与英语学习者和有身心障碍的学生一起工作，以培养和锻炼他们与所有学生一起工作时应具备的知识、能力和专业品性。同行和指导者的反馈，帮助师范生反思他们帮助所有学生学习的能力。

5. 教师资质、表现和发展标准

教师教育机构的教师应是合格的，并能成为最佳专业实践的典范。教师教育机构要系统地评估教师的绩效，并促进教师的专业发展。该标准有六项二级标准。

（1）合格教师的标准

可以接受的条件是，教师教育机构的教师要获得博士学位或拥有突出的教学专长，从而获得工作资格。中小学教师在所教或所指导的领域要获得认证，但一般不持有博士学位。来自高等教育机构的临床教师要拥有同时期在学校背景下的专业经验。

（2）作为教学领域最佳专业实践典范的标准

可以接受的条件是，专业教育教师对其所教的学科有深入的理解。专业教育教师的教学，能够帮助师范生提高专业标准、州的标准所列的能力，指导师范生在实践中应用理论。他们重视师范生的学习并评估师范生的表现。他们的教学促进师范生反思能力、批判思维、解决问题能力和专业情意的发展。他们使用一系列的教学策略，这些教学策略反映了他们对于不同学习方式的理解。他们将多样性和技术整合进教学的全过程。他们评估自身作为教师的效能，包括他们对师范生学习和表现的积极影响。

（3）作为学术领域最佳专业实践典范的标准

可以接受的条件是，大多数专业教育教师都擅长其专业领域的学术工作。

他们参与不同类型的学术工作，其中部分是基于单位和大学的使命。

（4）作为服务领域最佳专业实践典范的标准

可以接受的条件是，大多数专业教育教师能以与机构和单位使命相一致的方式，为学院或大学、中小学校以及更广泛的团体提供服务。他们与 K-12 学校的专业实践者、大专院校的教师合作，以改进自身的教学、师范生的学习和教育者的培养。他们能积极参与专业协会。他们提供地方、州、国家或国际层面的教育服务。

（5）专业教育教师绩效的单位评估标准

可以接受的条件是，教师教育机构对教师教学表现实施系统化、综合化的评估，以提高专业教育教师的能力和智力。专业教育教师的评估，被用于改进教师的教学、学术和服务。

（6）教师专业发展促进标准

可以接受的条件是，基于教师评估确认的需求，该单位能为教师提供机会去学习和发展新的知识和能力，特别是与概念框架、绩效评估、多样性、技术和其他新兴实践相关的知识和能力。

6. 单位治理和资源标准

教师教育机构要拥有领导力、权威、预算、人事、设施设备和资源，包括信息技术资源，使候选人的培养达到专业标准、院校的标准以及州的标准。该标准有五项二级标准。

（1）单位领导力和权威标准

可以接受的条件是，教师教育机构拥有领导力和权威去设计、实施和操作连贯的研究项目，能有效地管理或协调所有的项目。该单位的人员招募和入学标准描述清楚，且校历、校情、评级政策是准确的、最新的。该单位确保师范生能获得建议和咨询等学生服务。参与教师培养的大学教师、K-12 学校实践者、其他专业团体中的成员，要参与项目的设计、实施以及单位及其项目的评估。该单位提供一种机制，促进本单位教师与其他参与师范生培养的单位教师之间的合作。

（2）单位预算标准

可以接受的条件是，教师教育机构接受充足的预算分配，培养达标的教师候选人。预算足以为培养专业的教育者提供基本的校园及临床工作支持。

（3）单位人事标准

可以接受的条件是，教师教育机构的工作量政策允许大学教师有效地参与教学、学术研究、评估和在 K-12 学校中的合作工作和服务。每个学期或等量时间内，教师的校内和在线的教学工作量一般不超过本科教学 12 小时和研究生教学 9 小时。每学期或等量时间内，每位全职教师所指导的教学实习的候选人一般不超过 18 名。该单位能合理使用全职教师、兼职教师、临床教师及研究生助教等各类人员，以保证项目的连续性和完整性。该单位能提供充足的辅助人员以保证项目能培养达标的候选人。该单位能为包括技术使用培训在内的教师专业发展提供充足的资源和机会。

(4)单位设施设备标准

可以接受的条件是，教师教育机构有足够的校园和伙伴学校设施设备，支持教师候选人满足标准。这些设备支持教师和教师候选人在教学中使用信息技术。

(5)包括技术在内的单位资源标准

可以接受的条件是，教师教育机构在各类项目中分配资源，培养教师候选人达到所在领域的标准。该单位提供充足的资源，发展和实施单位的评估计划。该单位有充足的信息技术资源，支持教师和教师候选人。专业教育的教师和教师候选人可以使用充足且最新的图书资源、课程资源和电子信息资源。远程学习项目的资源充足，能在传输系统中提供可靠的、快速的、私密的链接。

(二)NCATE 问责的形式：作为过程与结果的认证

认证，既是一个专业问责过程，也是一种专业问责结果，是 NCATE 专业问责实施的基本形式。作为问责过程的认证，是指 NCATE 基于各项标准对教师教育机构进行评审并对培养质量做出专业判断的过程。教师教育机构在这一过程中要对其教师教育情况做出系统的说明、解释。作为问责结果的认证，是指 NCATE 基于评审过程对教师教育机构做出的认证决定，包括授予、继续、否定或撤销教师教育机构举办教师教育的资格，并向社会公布，进而形成教师教育机构持续改进的压力。获得认证就意味着该机构的"毕业生能掌握帮助所有学生学习的知识、能力和专业情意"①，反之，则表明该机构不具备提供合格项目的能力，不能满足培养合格教师候选人的要求。NCATE 对

---

① National Council for Accreditation of Teacher Education, "Professional Standards for the Accreditation of Teacher Preparation Institutions," http：//www.ncate.org, 2015-06-20.

教师教育机构的认证有两类，一类是初次认证，另一类是持续认证。

1. 成为正式的认证候选机构

成为正式的认证候选机构，是 NCATE 启动机构认证程序的先决条件，否则不能开展实地考察。要成为正式的认证候选机构，教师教育机构必须满足 NCATE 规定的六项前提条件，在审查委员会实地考察预定期的三个学期之前提交《前提条件报告》(The Preconditions Report)，并在预定期的一个学期之前成为正式的认证候选机构。一旦教师教育机构通过审查，NCATE 将把机构认证委员会同意接受某个教师教育机构作为认证候选机构的决定及其预定认证审查的年度和学期，向联邦教育部、相应的州的机构、地方认证机构及公众通报。成为 NCATE 正式的认证候选机构，要满足的六项前提条件如下。

第一，该机构的所属院校要承认它是一个专业教育机构，承认它拥有培养教师和其他学校专业人士的责任和权力，并确定一名机构负责人，如院长、主任或主席。

第二，具备指导该机构运行的书面政策和程序，并公布所有初任教师教育项目及高级教师教育项目的入学和毕业标准。

第三，如果该机构位于一个非伙伴关系州或者一个要求通过 NCATE 提交项目报告供国家审查的伙伴关系州，那么该单位要承诺按照 NCATE 的项目标准要求，至少在实地考察前一年提交每个项目的报告。

第四，该机构要有一个成熟的概念框架，为教师教育工作确立共同愿景，并为项目、课程、教学、候选人表现、学术、服务和单位问责提供方向。

第五，该机构的项目已经被相应的州的机构所批准，而且在实施教师资格考试的州中，该机构的总体通过率要达到或超过州所要求的通过率。

第六，符合区域认证要求的机构将被美国联邦教育部认可的认证机构予以非暂缓或其他同等形式的认证。不符合认证要求的机构必须向认证机构提交清晰的审查报告和工作计划。

2. 开展实地考察

一旦教师教育机构满足了上述六项前提条件，NCATE 就能在两年之内启动认证程序。该教师教育机构首先要准备一份报告，就其满足 NCATE 机构认证六个标准的情况进行阐述。然后，3～8 名 NCATE 评审委员会的成员将对该机构进行实地考察。在实地考察期间，评审委员会的主要目的就是要寻找证据，证明该机构及其项目满足标准并保持着一种与专业认证相配的质量水准。为达到这一目标，评审委员会首先要对该机构候选人和毕业生"帮助所有学生学习的能力"进行测评，并对候选人和毕业生质量做出评估决定。为此，评审委员会将花费大量时间检查和评估该机构自身评价系统的质量及其生成的数据。同时，评审委员会将系统收集和评估其他证据，开展个人和小组访谈，亲自考察中小学校，观察一些专业教育课程。随着实地考察的持续推进，评审委员会将对该机构满足每条标准的情况做出初步判断，并综合分析不同意见，做出专业判断。实地考察结束之后，评审委员会最重要的工作就是编辑并最终确定小组报告，此外还要完成评价表并提交给 NCATE。这些工作都要在实地考察结束之后的 52 天之内完成。被认证的教师教育机构可以就小组报告予以回应。所有的材料将提交给 NCATE 的机构认证委员会，该委员会将审查所有数据并做出最终的认证决定。

3. 做出认证决定

自 2010 年春季开始，NCATE 的机构认证委员会不再使用"有条件认证""暂缓认证"等术语，而做出予以一定时间段的认证、推迟认证、否决认证、撤销认证等七种认证决定。这一变化旨在减少认证中的惩罚意味，并加强对教师教育机构持续改进的支持。其中，否决认证和撤销认证是 NCATE 做出的两种不利决策，也只有这两种决策可以向认证委员会提出申诉。目前，NCATE 做出的七种认证决定如下。

七年期认证。教师教育机构满足所有标准，且没有严重问题。

五年期认证。教师教育机构满足所有标准，且没有严重问题。只是该机构所在的州要求对教师教育机构实行五年一轮的周期性认证。

两年期认证（接受一次问题聚焦式考察）。教师教育机构至少有一个标准没有达到，而且问题集中在未达到的标准上，需要在两年内接受一次聚焦专门问题的实地考察。如果该标准在实地考察结束之后仍未达到，认证将被撤销。

两年期认证（接受一次全面的实地考察）。教师教育机构有一个或多个标准没有达到，且多个标准存在严重问题，需要在两年内接受一次全面的实地考察。如果这些标准在全面的实地考察之后仍未达到，认证将被撤销。

推迟认证。如果评审委员会认为某一或某些标准达到了，但认证委员会认为这一或这些标准没有达到，那么认证委员会就可以决定推迟认证。在下一次认证委员会的会议上，教师教育机构要提交一份关于未达标情况的补充应答材料。如果补充的应答材料仍未满足标准，该机构将被予以 18 个月的认证，并要接受一次专门或全面的实地考察。

否决认证。寻求首次认证的教师教育机构，有一项或更多的标准没有达到，且大多数证据显示其在多类标准上存在问题。

撤销认证。寻求继续认证的教师教育机构，有一个或更多的标准没有达到，且大多数证据显示其在多类标准上存在问题。

NCATE 要将否决认证和撤销认证的决定以书面的形式送交相关院校，阐明这种决定的基础并通知院校有权提出申诉。NCATE 申诉委员会组织一个五人审查小组受理申诉。

综上，NCATE 的标准创设了一种"问责基础"①，并通过严密的认证过程使教师教育机构的专业问责落到了实处。这是当前美国专业取向的教师质量问责的重要机制之一。

二、TEAC 的教师教育项目问责机制

教师教育项目是确保教师培养质量的基本单元。与机构问责不同，项目问责的对象仅是教师教育项目，以 TEAC 的项目问责机制为代表。该机构成立于 1997 年，2001 年获得高等教育认证委员会的承认，2003 年获得美国联邦教育部的认可，致力于改进 K-12 学校专业教育者的学术水平和认证项目，并向公众保证项目的质量。TEAC 认为，向公众保证高等院校教师教育项目质量的最合理的方式就是基于证据对项目进行认证。这里的证据主要包括两个方面：一是该项目培养胜任的、具有同情心的合格教师的证据，二是该项目监控并改进项目质量的能力的证据。TEAC 的认证项目既包括本科生项目，也包括研究生项目；既包括传统项目，也包括替代性路径项目，但是不对教育学院(系、部)或其他机构进行认证。TEAC 以独特的认证方式，帮助教师教育项目改进质量并对该项目质量负责，是与 NCATE 并驾齐驱的美国专业取向的教师质量问责机制。

(一)三个质量原则：教师教育项目质量问责的基石

要想获得 TEAC 的项目认证，教师教育项目必须保证满足下列三个质量原则，这也是 TEAC 对教师教育项目质量进行问责的标准和依据。项目质量原则的主要内容如下。

---

① Arthur E. Wise & Jane A. Leibbrand, "Standards and Teacher Quality: Entering the New Millennium," *Phi Delta Kappan*, 2000, 81(8), pp. 612-616.

1. 候选人学习的证据

教师教育项目必须提供充分的证据，证明候选人已经学会并理解所学的教师教育课程。该原则之下的每个要素，都必须能助益于培养胜任的、具有同情心的合格教师。具体而言，教师教育项目要提供以下五个要素的证据。第一个要素是学科知识，即必须证明项目候选人理解他们即将任教的学科知识。第二个要素是教育学知识，即必须证明候选人能够将学科知识转化为激发学生兴趣的课程，满足不同学生的需求。第三个要素是关怀和有效教学的能力，即要求证明候选人能以关怀的方式进行有效教学，并作为知识渊博的专业人士开展工作。第四个要素包括了三个跨领域的主题要素：一是学会如何学习，即候选人必须证明他们已经学会如何自主学习，能将他们所学到的知识应用于新的情况，并形成批判性反思的习惯和能力，这将支持他们在他们的领域内进行终身学习；二是多元文化的视角与准确性，即候选人必须证明他们对种族、性别、个体差异、民族和文化视角的信息有准确而充分的理解；三是技术，即候选人必须能够使用恰当的技术履行他们的专业责任。第五个要素是有效评估的证据，即项目必须提供证据，证明其采用的评估方法所获得的证据的信度和效度。

2. 教师学习和调研的证据

TEAC要求，教师教育项目必须具备系统的调研、评审和质量控制体系。通过这一体系，教师能获取证据并了解项目的运行情况及各方的意见和建议，进而明确质量改进的方向和举措。教师教育项目的教师应该进行以改进教与学为指向的调研，并及时将他们在调研中获得的知识用于修正项目及其实践。具体而言，一要具备评估的基本依据。教师教育项目必须为其评估方法提供合理依据，解释为什么他们要选择和使用这种评估方法，为什么他们对评估结论的解释是合理的，为什么他们设定的成功规范和标准是合适的。二要具备基于证据的项目决策和计划。在任何适当的情况下，教师教育项目都必须基于候选人学习的证据，才能对评估体系、教学方法、课程和项目要求进行修订。三要具备强有力的项目质量控制系统。基于一种由项目人员实施的内部审查，教师教育项目必须提供证据证明其质量控制系统正按原先设计的状态发挥作用，促进项目候选人和教师的持续发展，并产生如下具体的结果：一是课程要满足州授予专业执照的项目或课程设置的要求；二是教师同意和接受的调研简报要证明教师对与项目相关的学科的准确理解；三是教师教育项目的录取和辅导政策要鼓励招募和保留多元化的、被证明有潜力成为专业的教育者的教师候选人，必须对国家需求做出回应，引导合格的教师候选人到高需求领域和区域就职，总之必须对给予候选人的支持服务质量进行监控，以确保学生支持服务有助于候选人在学习中取得成功；四是项目人员必须监控并寻求改进项目设施设备、物资的适用性，确保项目拥有充足的经费和管理资源。

3. 资源支持和保障的证据

项目员工必须阐明他们拥有提供一个合格项目的能力。

在评估某个项目是否具有充足合适的设施设备时，审计人员、认证小组及认证委员会要考虑一系列的因素，但最重要的因素是该项目的设施设备等条件是否与该机构的整体资源成比例，以及该项目的经费和管理资源是否与该机构的整体资源成比例。TEAC要求教师教育项目在下列六个领域实现对等或均衡：一是教师教育项目的课程不能偏离该机构授予学术学位的整体标准和要求，而要与其对等；二是教师教育项目的教师资质必须等同或优于该机构教师的整体资质情况；三是分配给教师教育项目的设施设备必须与该机构的整体资源相称，且教师教育项目的候选人、教师和员工必须有权同等地、充分地使用该机构的设施设备；四是分配给教师教育项目的经费和管理资源必须与该机构其他项目比例相称；五是对于教师教育项目候选人的学生支持服务必须与该机构作为一个整体所提供的支持服务水平对等；六是候选人对项目质量的投诉在比例上不能高于该机构其他项目候选人对项目的投诉。

第二个要素是充分的质量保障能力。项目的质量取决于其满足候选人需求的能力。评价候选人需求是否被满足的一个有效的方式就是鼓励候选人进行项目评价，表达他们对项目的关切、抱怨和意见。为此，项目员工要提供证据证明候选人能自由表达对项目的意见，并对候选人的反馈和抱怨做出回应。第一，课程必须体现合适数量的学分和学时要求，已达到原则一所规定的目标。因此，候选人在学科知识方面要主修完一个专业，在教育学知识和教学技能方面至少要辅修完一个专业。第二，教师必须胜任项目所安排的课程教学，并通过自身拥有的高级学位、高级进修经历、领域贡献、专业经历等证据证明。TEAC要求，大多数教师必须有硕士或博士层次的学位。不过项目可以基于其他因素来证明没有持有这类学位的教师也能够胜任他们的角色。第三，项目必须证明自身有适当的、充足的预算和其他资源，保障项目的空间、设施设备，以促进候选人学习的成功。第四，机构必须对教师教育项目给予充分的经费支持，使项目可资利用的资源足以支持项目的运行。项目必须证明，机构的投资规模是恰当的，并致力于教师发展、研究和奖学金、国家和区域服务。教师的工作量必须与晋升、任期等教师期待以及其他项目的教师工作量相匹配。第五，候选人可资利用的学生服务，必须足以支持他们成功完成项目。如果项目不能直接提供学生支持服务，那么必须说明候选人有同等的权利获得机构提供的学生支持服务。第六，在政策和实践上，项目必须向候选人公布校历。校历必须列出学期开始和结束的日期、假期和考试时间。如果该项目的校历与机构的一致，该项目可以向候选人公布机构的校历。

第三个要素是州的标准。在合适的情况下，通常是因为 TEAC 与州之间签订了协议，所以 TEAC 能力标准的第三个要素就是要符合州的特定的附加要求。

(二)认证的过程和基本原则：教师教育项目质量问责的实施途径

为了获得认证，合格的项目①应该提交一份研究报告，即调研简报(Inquiry Brief)②，提供证据证明其满足 TEAC 的三个质量原则。在调研简报中，项目成员要整理系列证据，包括毕业生学习成效的证据、对学生学习评估的解释的有效证据、项目成员做出改进项目决策的依据的证据，等等。然后，TEAC 将通过学术审查，对调研简报中的证据进行验证。③ 学术审查采取现场调研的方式，为期 2～4 天，由 2～4 名受过培训的评审员验证调研简报中的证据，由评审小组评估这些证据是否支持项目所承诺的培养能胜任的、具有

---

① 合格的项目必须满足 TEAC 的合格要求。TEAC 要求项目的管理者必须通过信函证实如下五项要素：第一，实施该项目的机构获得区域认证机构或类似机构的认证；第二，项目的毕业生满足获得教育专业执照的学术要求；第三，项目承诺遵守 TEAC 的标准和要求；第四，项目公开任何关于项目认证状态的行动；第五，项目有与 TEAC 合作并为 TEAC 提供所需信息的意愿。

② 在 TEAC 的认证程序中，项目要提交调研简报或调研简报建议(Inquiry Brief Proposal)，后者用于寻求初次认证。TEAC 的认证基于两项证据：一是项目能够把毕业生培养为具有胜任力、同情心的合格教师的证据，二是项目能够提供自身是一个合格项目的证据。这两项证据就是简报的核心内容。TEAC 认证的关键，就是验证项目在简报中的承诺是否属实。因此，简报在本质上就是一份研究报告。

③ TEAC 对简报的审评要经过五个连续的步骤。第一步是进行形成性评价，主要解决三个问题，即项目是否为自己做出有说服力的说明，简报是否包括了所有需要的要素，语言是否清晰和准确。第二步是主审做出可审查的决定，取决于简报是否完整并是否做好了接受审查的准备。第三步是进行现场考察并由审查团队做出审查报告，主要验证简报中的证据是否可信。第四步是进行总结性评价并由评审小组给出评审建议，主要验证简报中的绝大多数证据是否与项目的承诺相一致，证据是否可靠、有效并足以支持项目的承诺。第五步是由认证委员会做出认证决定，认证小组的建议是否可以接受以及 TEAC 提出小组建议的程序是否恰当。

同情心的合格教师的质量要求。最后，认证委员会将审查整个材料，并做出最后的认证决定。委员会一旦做出认证决定，就要将结果通知寻求认证的项目。如果决定是予以认证，且项目接受这一决定，那么 TEAC 宣布决定并安排年度报告。如果决定是不予认证而且项目提出申诉，那么 TEAC 将启动申诉程序。

在整个认证过程中，TEAC 要遵循以下四个原则。

第一，促进质量的持续改进。TEAC 认为教师教育项目没有唯一的模式或样板，而是有多种不同的卓越项目路径。TEAC 的认证路径体现出下列理念：创设持续的改进目标；在短期与长期结果、知识与行动之间寻找平衡；将项目改进与学生学习相联系；改进项目中的每一个系统以强化教、学、研究、服务活动和成果的质量。

第二，研究驱动的认证。TEAC 认为，专业教育者培养项目的认证，应该基于严格的学术研究。驱动研究的问题应该对项目本身有意义，应该着眼于改善教师教学与学生学习之间的关系，而这两点都是教师教育项目质量的重要指标。教师教育项目不应该简单地遵循认证机构和州的机构的外部要求，而应该体现项目的独特使命和培养能胜任的、有同情心的合格教师的目标。

第三，通过审查确保质量。严格的审查程序，是对项目的内部质量保证机制及其产生的证据进行的一种外部验证。TEAC 对项目进行的学术审查，是对专业的教育项目促进学生学习的方式的调查，是对教学结果的评估，审查证据的可信度和充分度，审查体系控制和监管项目质量的效能。学术审查不评价质量本身，而是验证旨在产出质量的程序。TEAC 的审查路径强调的是质量过程以及学生学习和成绩的证据。

第四，节俭原则。TEAC 认为，认证过程应当作为项目正常的质量控制机制的一部分，而不应该单纯为满足外部的认证要求而进行。认证程序旨在保证效率，即使用最少的资源及时完成认证。

完成认证之后，认证委员会要做出认证决定。自 2011 年 12 月之后，所有满足 TEAC 质量原则的项目都被予以七年期认证。部分满足 TEAC 要求的项目将被予以两年期认证。七年期认证将被予以第一次获得认证的项目，也被予以成功获得持续认证的项目。具体而言，认证决定有下列三种。

七年期认证(含初始认证)。认证委员会在没有发现任何与评审小组建议相违背的决定性证据的情况下，可以予以项目七年期认证。

两年期认证(含初始认证)。一种情况是，认证委员会接受评审小组予以某项目两年期认证的建议；另一种情况是，当认证委员会发现决定性证据表明有任何一个评审小组认为达标的项目要素处于标准之下的情况时，认证委员会可以将七年期认证降级为两年期认证。

否决认证。认证委员会未能找到支持项目承诺的决定性证据的时候，可以否决评审小组的认证建议。另一种情况是，评审小组建议予以认证，但是认证委员会发现决定性证据表明有任何两个评审小组认为达标的项目要素处于标准之下的情况时，可以否决项目的认证。

(三)TEAC 与州认证的关系：基于专业问责实现政府问责

在美国，教师教育认证的法定权力为州所有。州决定了采用何种标准对教师教育机构或项目进行质量评估。因此，与各州加强在教师教育认证领域的合作与共享，是 TEAC 的必然选择。这种合作实现了政府问责与专业问责的有机统一，或者说借助专业问责的力量实现了州的政府问责。截至 2012 年，TEAC 已经与 13 个州达成协议，将 TEAC 的项目认证与州的项目评审协调进行。当前，TEAC 与州的合作形式主要有以下四种。

1. 强制认证

一些州要求该州所有的教师教育项目都必须获得全国公认的认证机构(如 NCATE、TEAC)的认证。因此，这些州的教师教育项目别无选择，必须满足 NCATE 或 TEAC 等认证机构的标准，并按照认证要求遵循认证程序。这就是强制认证。为了增强认证的针对性，使认证更加符合州的实际，TEAC 会应州的要求在认证程序中增加州所关注和提出的特定要求。

2. 州依赖 TEAC 进行项目审批

如果毕业生想获得专业执照，那么项目必须获得许可，这在所有的州都一样。大多数州都支持教师教育项目的认证，而且几乎所有的州都发现，NCATE 和 TEAC 所采用的标准与各州自身的项目质量观是一致的。在这种情况下，一些州已经选择依靠 TEAC 的认证进行持续的项目评审。TEAC 与州的协议和前述的强制认证协议基本类似，只不过在这些州，认证是自愿而非强制的。

3. TEAC 作为州的项目审批程序的顾问

在这种形式的协议中，州完全保留了对项目审批的决策权威和独立性，但是在做出认证决策的过程中要使用 TEAC 的审查报告、情况分析、认证报告予以佐证。在这些情况下，项目为 TEAC 准备的材料也服务于州的项目评审需要，因此 TEAC 的认证程序不仅协助州完成自己的项目审批工作，而且简化了州的认证工作。

4. 联合开展现场考察

这是 TEAC 与州的另一种协议形式。这种协议的理念很简单，就是为了减轻项目的压力。州和 TEAC 将尽力在同一时间安排 TEAC 审查和项目评审的考察，并使用同样的材料。

综上，TEAC 认证过程的一个显著特征就是学术审查，而审查的核心问题就是"简报中的陈述是否精确"。这表明 TEAC 认证的一个基本理念就是卓越的教师教育项目有多种路径、多种模式，不能将单一的外部标准强加给教师教育项目，并且认证的目的就在于激发项目内在的、持续的质量改进动机，保证项目承诺的质量目标能够获得有力的支持。这在本质上就是一种内部质量问责机制。

表 3-2　TEAC 认证程序一览表①

步骤	项目学院的行为	TEAC 的行为
1. 申请	项目学院准备并提交在线申请； 交纳会费。	TEAC 员工与申请机构及项目学院进行协商； 根据合格要求，接受或拒绝申请，并相应地接收或返还会费。
2. 形成性评价	项目学院加入 TEAC 关于调研简报或调研简报建议（可选）起草的工作坊； 按照清单提交调研简报的草稿。	TEAC 员工审查简报草稿，将草稿返回修改，并按需要重新提交； 如果合适，TEAC 请求进行外部审查。
3. 形成调研简报或调研简报建议	项目学院对 TEAC 员工和评审者的意见做出回应； 按照清单提交调研简报最终稿。	TEAC 宣布可审查的调研摘要，并要求项目提交调研简报的最终版本； TEAC 接受供审查的调研简报，并将其提交给审查负责人。
4. 征求意见	项目学院将征求意见信发给所有规定对象。	TEAC 将该项目置于 TEAC 网页的"征求意见"页。
5. 调查	项目学院为教员、学生和合作教师发送电子邮件地址。	教员、学生和合作教师接受电子调研，并通过第三方平台匿名发来了反馈意见。

---

① Teacher Education Accreditation Council，"Guide to Accreditation，" http：//www.teac. org/wp-content/uploads/2012/01/GuideToAccred-for-2012-V1. 12. pdf，2015-07-24.

续表

步骤	项目学院的行为	TEAC 的行为
6. 审核	项目学院按照要求提交审核的数据； 根据需要对任何问题进行回应； 在来访期间(2～4 天)接待审核人员； 对审核报告做出回应。	TEAC 安排审核日程，并发送审核指南； 审核人员核实数据，并列出审核的问题； 审核人员完成校园参观访问； 审核人员准备审核报告并发送给对方； TEAC 员工回应项目员工对审核报告草稿的意见； 审核人员准备最终版审核报告，并发送给对方，必要的时候复印一份给州的代表。
7. 案例分析	项目学院对案例分析的精确性做出回应(可选)。	TEAC 将调研简报、审核报告及员工反馈发送给小组成员； TEAC 完成案例分析并将其发送给项目及小组成员。
8. 认证小组报告	项目代表参加会议(可选)； 项目学院回应(两周之内)。	小组会议提出认证建议； TEAC 将认证小组报告发送给项目学院； TEAC 员工按照需要对项目学院做出回应； TEAC 通过邮件和网络广而告之，征求意见。
9. 认证委员会决定		TEAC 将调研简报、审核报告、案例分析、认证小组报告发送给认证委员会； 认证委员会召开会议，接受或修改认证小组的建议； TEAC 将认证委员会决定发送给项目。
10. 接受或申诉	项目学院接受或对 TEAC 的处理提出申诉(30 天之内)。	如果决定是给予认证，且项目接受这一决定，那么 TEAC 就宣布结果并安排年度报告的日程； 如果决定是不予认证，且项目提出申诉，那么 TEAC 将启动申诉程序。
11. 年度报告	项目学院向 TEAC 提交年度报告和会费。	TEAC 按照项目的认证状态的年度要求审查年度报告。

第四节　专业取向的教师质量问责机制的基本特点

教师教育机构和项目认证是州教育机构在决定基于大学的教师教育项目的毕业生是否有资格获得州的教师认证时所使用的一种质量机制。因此，这种问责机制被认为是一种内在能力的评估，是一种内部质量问责机制。目前，NCATE 的机构问责机制和 TEAC 的项目问责机制经过多年的发展都已经较为成熟，并经过了不断融合。2013 年 7 月，上述两个组织正式合并组建新的美国教育者培养认证委员会（Council for the Accreditation of Educator Preparation，CAEP），成为美国对教育者培训提供者进行认证的唯一机构。通过对专业取向的教师质量问责理论的逻辑基础、主要内容以及实践案例的分析，我们发现美国专业取向的教师质量问责具有如下特点。

一、以基于研究的专业标准为基础

这是专业问责的一个核心特征，即专业取向的教师质量问责以专业组织制定的专业标准为基础，而专业标准又以专业研究为依据。正如斯特克（Stecher，B. M.）与柯比（Kirby，S. N.）等研究者所指出的，专业问责基于这样的假设，即"教师是专业人士，拥有充分的专业知识以决定满足其学生个体需求的最佳方式。因此，专业实践的专业能力和标准就变得很重要"①。因此，教师培养项目和专业组织在建立和维持这些标准方面有极大的影响。NCATE 机构认证标准形成和修订的基础是教育专业领域关于教师帮助 K-12 阶段的学生学习所需要的专业知识、专业能力、专业情意所取得的最新研究成果。这是 NCATE 系列标准和专业问责的重要特性。NCATE 每七年对其机构认证标准进行一次修订，以保证标准反映教学专业领域最新的研究成果以及最高水准的教学实践。很多研究直接受到美国教育研究院、美国科学研究院、美国教育研究协会、美国儿童和健康发展研究院的资助。TEAC 虽然没有制定具体的专业标准，但是提出了教师教育项目的三个质量原则，而且其项目问责过程的一个核心特征就是"研究驱动"，它要求寻求认证的项目所

---

① Stecher，B. M. & Kirby，S. N.，*Organizational Improvement and Accountability：Lessons for Education from Other Sectors*，Santa Monica，CA，Rand Corporation，2004，p. 6.

提交的调研简报本身就是一份专题研究报告，是项目员工对项目质量的系统研究。而且 TEAC 的每一个评审步骤都由若干研究问题构成，旨在对两项关键证据进行验证：一是把毕业生培养为具有胜任力、同情心的合格教师的证据，二是能够提供一个合格项目的证据。

此外，在长期的发展过程中，NCATE、TEAC 及其他一些全国性教师教育专业组织越来越重视标准建设的互恰性、互补性。不少组织承认或直接吸取其他组织的相关标准服务自身的功能。2008 年，NCATE 发布的《教师教育机构认证专业标准》，详细规定了 23 个学科①的专业标准，进而形成了机构标准与项目标准相配套的 NCATE 教师教育标准体系，进一步扩大了 NCATE 的认证领域。这些项目标准均由特定的专业协会研究制定，并由协会负责相应项目的评审，并且评审结果将作为机构认证评审的一部分。同时，达到标准的项目将被 NCATE 认定为全国认可的项目。由此可以看出，NCATE 注重与其他教育组织之间的协同，以确保许可、认证、高级认证等标准的兼容性，并与这些标准一起构成教育专业的质量保障体系。

二、突出促进学生的学习这个中心

学生的学习是教师教学的目标。专业取向的教师质量问责的核心就是对机构或项目是否能培养出有效促进学生学习的教师的质量证据进行验证。正如达林-哈蒙德所说，我们应该理解，在何种情况下，问责机制将最大化地促进有效的专业发展。那么有效的问责体系应该是什么样的？对我们而言，一个有效的问责体系，不仅能揭示哪所学校做得更好（或更差），而且能揭示为什么他们做得更好（或更差），以及教师应该做什么以改进学生的学习。②

在实践领域，美国专业取向的教师质量问责也突出了促进学生的学习这个中心。以 NCATE 为例，认证标准的一个基本理念就是"每个学生都能够而

---

① 这 23 个学科是计算机科学、幼儿教育、教育领导学、教育技术领导学、小学教育、英语语言学（中学）、环境教育、教育技术促进学、外国语言学、学校图书馆媒体、英才教育、学校媒体和教育技术、健康教育、学校心理学、数学教育、科学教育、中学教育、社会研究、特殊教育、体育教育、作为第二语言的英语教学、专业阅读、技术教育。

② Linda Darling-Hammond & Snyder, J., "Reframing Accountability: Creating Learner-Centered Schools," In Ann Lieberman (Ed.), *The Changing Context of Teaching*, *Ninety-First Yearbook of the National Society for the Study of Education*, Chicago, University of Chicago Press, 1992, pp. 11-36.

且应该学习"。所有标准制定和实施的出发点和落脚点都是使教师候选人成为教学的专业人士，促进所有学生的学习。为了达到这一目标，NCATE 认为，被认证的机构应该：确保新教师获得必要的学科和教学法的专业知识和能力，既能独立又能合作开展教学；确保所有新的管理者和其他专业人士获得知识和能力，为学生学习创设一种支持性环境；实施多种形式的多重评估，并将结果用于决定教师候选人是否达到专业标准，以及毕业生都能够教会学生学习。NCATE 认为，教师教育机构承担着为多元化的学生群体培养教师的责任；培养能够将技术整合进教学以强化学生学习的教师候选人；鼓励协同合作、反思实践以及教育者、学习者和家庭之间的持续改进和合作；将教师的教育与发展视为一个整体，实现从职前培养、入职培训到职后发展的一体化，全面而有效地促进学生的学习。

三、强调教师教育质量的持续改进

认证是问责的一种手段，而不是目的。专业问责的目的不在于简单的认证，而是通过认证过程发现问题并为机构或项目提供改进支持，促进教师教育质量的持续改进，保证毕业生具备促进学生学习的专业知识和能力。NCATE 通过一系列聚焦教师候选人学习的系统评估标准，鼓励获得认证的机构参与持续性改进，而且这种改进基于精确的、持续性的证据，进而使获得认证的机构始终处于教师教育的前沿，并保证这些机构的毕业生能够对 K-12 学生的学习产生积极的影响。TEAC 认证过程的第一个原则就是促进质量的持续改进。TEAC 认为教师教育项目没有唯一的模式或样板，只要坚持持续改进就能形成多种不同的卓越项目路径。TEAC 认证过程对项目质量体系中的每个要素进行评估，并在评审过程中保持与项目员工之间的公开的、全面的、深入的沟通，就项目质量改进情况进行探讨和研究，进而改进项目中的每一个系统以强化教学、学习、研究、服务活动和成果的质量。专业问责确实也达到了促进教师教育质量持续改进的目的。例如，巴尼特·贝里（Barnett Berry）等学者的研究也发现，这些专业问责机制正在帮助教师关注学术标准，使他们更加明确了需要教什么以及如何教。①

---

① Barnett Berry, Laura Turchi, Dylan Johnson, Dwight Hare & Deborah Duncan Owens, "The Impact of High-Stakes Accountability on Teachers' Professional Development: Evidence from the South," http://files.eric.ed.gov/fulltext/ED499079.pdf, 2015-07-13.

四、以专业人士为主体的多元参与

专业问责一般由以教育专业人士为主的多类代表共同实施，目的是在强调专业性的同时，强化与多种利益相关者的沟通，以获得更为广泛的支持。NCATE是一个由教师、教师教育者、学科专家、地方和州的政策制定者等各类成员组成的联盟。NCATE认证标准、程序和政策的制订由其单位认证委员会(Unit Accreditation Board)负责。该委员会由32名成员构成，吸收了各方利益相关者。其中，三分之一是教师教育者，三分之一是中小学教师，六分之一是州和地方的政策制定者，六分之一是中小学校的其他专业人士。此外，该委员会还有一名来自学生组织的成员和一名民意代表。与此类似，TEAC评审小组的人员构成也体现了这种多元化的特征，一般为一名主审(一般由TEAC职员担任)、一名或多名咨询评审(一般由高校职员或管理者担任)、由寻求认证的项目所挑选的一名当地的实际工作者(如一名教师或者顾问)，在某些情况下还包括州教育部门的代表。

五、与政府问责的相互结合和支持

专业问责与政府问责的结合是美国教师质量问责的一个比较鲜明的特征。许多州将教师教育机构和专业的审批过程与专业认证机构的认证过程结合进行，并基于专业认证来支持、确认或实现政府问责的目的。因为在美国，教师教育认证的法定权力为州所有，州决定了采用何种标准对教师教育机构或项目进行质量评估。因此，与各州加强在教师教育认证领域的合作与共享，是NCATE和TEAC等认证组织的必然选择。无论是NCATE，还是TEAC，都是获得美国联邦教育部认可的专业认证组织，二者都与许多州达成了多种形式的合作协议。有的州直接要求该州所有的教师教育项目都必须获得NCATE、TEAC等全国公认的认证机构的认证；有的州直接依赖NCATE、TEAC对教师教育机构和项目进行审批；有的州把NCATE或TEAC的审查报告、情况分析、认证报告作为州的项目审批程序的支持要素。通过这些形式，州通过专业问责实现了政府问责的目的。

因此，NCATE、TEAC等专业组织不仅仅是教师教育认证机构，还是美国教师教育改革的重要推动力量，是美国专业取向的教师质量问责的主要推动者和实施者。NCATE、TEAC等专业问责机制的优势在于有助于使美国的教师教育改革制度化。因为它们关注的焦点是教师候选人能够充分地掌握促进 K-12 学生有效学习的专业知识、专业能力、专业情意，能够真实地将理论与实践相联系，进而成为课堂中的有效教师。① 这是促进教师教育机构和项目开展内部问责、实现质量改进的重要途径。

本章小结

专业取向的教师质量问责机制，从本质上讲是一种基于同行评审的内部问责机制，在美国已经有较长的发展历史，现已十分成熟。专业问责是强化教师的专业地位与职业声望的内在要求，是专业共同体维护自身实践标准、坚守专业伦理的必然选择。无论是 NCATE、TEAC，还是它们合并组建的美国教育者培养认证委员会，它们所坚持的都是以促进学生有意义的学习为目标、以专业标准为基础、以评估认证为手段的问责机制。在教学专业化程度日益提升的背景下，专业问责必将被赋予更大的权重，并逐渐与政府问责相结合，共同支持教师质量的改进。相比而言，我国的教师质量专业问责机制，尚有很大的发展空间，无论是专业的认证机构，还是专业标准、专业评估都需要积极的政策引导和支持。

---

① Arthur E. Wise，"Performance-Based Accreditation：Reform in Action," *Quality Teaching*，2000，9(2)，p. 1.

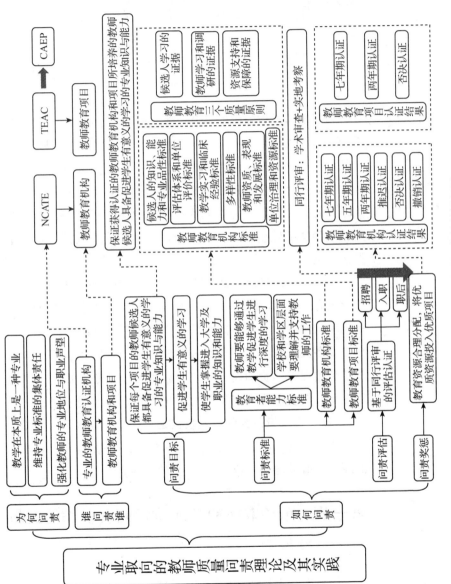

图 3-3 专业取向的教师质量问责机制框架图

第四章 市场取向的教师质量问责机制

　　市场取向的教师质量问责机制，基于人力资本的视角，以教师质量的成本输入与经济效益为关注点，代表人物是美国著名教育经济学家汉纳谢克、统计学家桑德斯和瑞弗金等。基本内容是通过对教师质量的成果输出即学生学业成绩增值情况进行检视和问责，并以此为标准调整教师的薪酬政策，提高教育经费的使用效率，使教师质量的成本输入产生最大的经济价值。

　　市场问责的目标是提高经费的使用效益，保证对高质量教师形成有效激励，使教师质量的经济价值最大化；问责的主体是纳税人与社会公众；问责的客体是教师教育项目、K-12 学校以及各类经费使用主体和相关政策；问责的依据是学生学业增值情况；问责的途径是建立教师绩效薪酬制度与低效教师退出、解雇制度。该机制的提出与建构，改变了过去美国"大多数教育政策研究的焦点仅仅是某种学校输入是否对学生的成绩有显著的积极影响，而对这种输入的成本或者其产生的经济收益关注甚少或不予关注"的局面。①

第一节　市场取向的教师质量问责机制的逻辑基础

　　在美国，市场取向的教师质量问责机制主要基于以下思

---

① Eric A. Hanushek，"The Economic Value of Higher Teacher Quality," http：//files. eric. ed. gov/fulltext/ED517170. pdf，2015-07-29.

想和研究基础。其中，新自由主义思想对市场力量的推崇及其在教育领域的渗透，奠定了市场取向的教师质量问责机制产生的思想基础。汉纳谢克等研究者对教师质量经济价值的分析与研究，构成了市场取向的教师质量问责机制的逻辑起点。现实中广泛存在的教师认证政策、薪酬政策的悖论，则是市场取向的教师质量问责机制旨在回应的实践问题。

一、思想基础：新自由主义思想盛行

美国盛行的新自由主义（Neo-liberalism）思想是市场取向的教师质量问责机制的思想渊源。新自由主义思想是美国的主流意识形态之一，源于18世纪英国古典经济学家亚当·斯密的政治经济学思想，当代的主要代表人物是奥地利经济学家哈耶克（Hayek）。哈耶克的核心主张是崇尚经济理性，反对国家干预，倡导"小政府""弱政府"，认为"市场机制"优于所有的"计划机制"，且效率、成本—收益的考量是指导政府机构及人们行为的基本准则，是美国诸多政治政策、经济政策的思想基础。

受这一主流意识形态的影响，在美国的教育理论与实践领域，市场力量的影响几乎随处可见。教师教育及教师政策领域也不例外。有学者曾指出，新自由主义思想所倡导的自由竞争理论在经济领域的盛行是该思想向教师教育领域渗透的背景。[①] 受这种思想的影响，"顾客""消费者""选择""竞争"和"市场"等新自由主义思想的核心概念进入教育领域。该思想认为教育不过是和面包、汽车和电视机一样的产品，所以谁的知识应该被教、学校应该由谁控制乃至学校的经费状况如何，如此种种都应该交由市场来决定。[②]

关于教师培养，新自由主义思想赞同解制取向，倾向于从市场化的角度来解决教师质量的问题，即希望依靠市场的力量、竞争机制来打破教师教育学院的垄断地位，通过市场化的薪酬改革吸引更多的优秀人才进入教学领域并为高质量教师的保留提供有力的支持，通过自由竞争建立不合格教师的退出机制，形成"优者进、劣者出"的教师队伍流动机制，进而实现资源的重新配置，在尽可能少增加投入的情况下获得更大的收益，而且要把学生的学习

---

① 鞠玉翠：《论争与建构——西方教师教育变革关键词及启示》，58页，济南，山东教育出版社，2011。

② 迈克尔·阿普尔，罗燕：《谁改变了我们的常识？——美国教育保守主义运动与教育不平等》，载《清华大学教育研究》，2006(4)。

成绩收益作为教师质量评价和问责的最重要指标。由此看来，新自由主义思想以及自由市场竞争理论是美国市场取向的教师质量问责机制的思想基础，强调了市场选择对于教师质量改进的作用。

二、逻辑起点：教师质量的经济价值

美国教育研究者和政策制定者普遍认为，高质量教师是学校最重要的"资产"，与学生学业成绩呈强正相关，被认为是学生学业成绩最重要的决定因素，而且人们对高质量教师的需求是从对其产品——受过教育的学生——的需求中衍生出来的。同时，越来越多的证据显示，由标准化考试成绩所反映的学生认知能力与学生未来在劳动力市场中的个体收入、劳动生产率及国家整体经济增长直接相关。据此，汉纳谢克将"教师质量与学生认知能力""学生的认知能力与经济收入"两方面的证据相结合，来计算和评价教师质量对学生预期收入的影响，进而评估和决定教师质量的经济价值。

(一)教师质量与学生认知能力之间的正相关性

大量的研究文献已经关注到教师质量对于学生学业成绩的重要性。其中，研究者达成的一个普遍共识就是，教师质量至关重要，学校中没有任何因素在决定学生成绩上有类似的重要性。[①] 这一共识主要来自这样的事实，即班级之间甚至是同一学校的班级之间在学业成绩上的平均增益是非常不同的，且某些教师每年在学生学习上产出的收益比其他教师要高。这种由教师质量所带来的学生学业收益的差值确实很大。例如，某些教师在一个学年中在成绩上产出 1.5 个学年的收益；而拥有同样学生的其他教师却只产出了 0.5 个学年的收益。换句话说，有同样初始成绩水平的两名学生，在一个学年结束时，他们的学业收益是有很大差异的，而这在很大程度上是因为他们的任教教师不一样。因此，汉纳谢克将优秀教师界定为"能够大幅提升所教班级学生学业成绩的教师"[②]。教师质量与学生学业成绩之间的关系可以通过下面的公式进行界定：

$$A_{it} = (1-\theta)A_{it-1} + \delta_j + \beta X_i + V_{it}$$

---

① Eric A. Hanushek, "The Economic Value of Higher Teacher Quality," http://files.eric.ed.gov/fulltext/ED517170.pdf, 2015-07-29.

② Eric A. Hanushek, "The Economic Value of Higher Teacher Quality," http://files.eric.ed.gov/fulltext/ED517170.pdf, 2015-07-29.

其中，A_{it} 是学生 i 在 t 时间点的学业成绩，A_{it-1} 是学生 i 在上一时间点 $(t-1)$ 的学业成绩，δ_j 是教师的固定效应，X 是影响学生学业成绩的其他因素。θ 是一个关键的附加参数，代表着先前学习的折旧率，通过 δ_j 的变异来估计教师质量的标准差。汉纳谢克及其同事就 2004—2010 年美国学者对教师质量的标准差(δ_w)研究进行了文献综述，并对几项研究结果进行了简单平均，发现校内阅读科目的教师质量差异为 0.13 个标准差，数学科目的教师质量差异为 0.17 个标准差。

(二)学生认知能力与经济收入之间的正相关性

人力资本理论认为，个体劳动者在能力上的投资将会使其在经济上获得与该能力相关的后续收益。一个被普遍接受的假设是，正规的学校教育是个体能力和人力资本形成的重要环节之一。当前，美国人力资本实证研究的焦点已经从学校入学率的研究转移到对学校教育质量的关注。尽管关于学校教育质量的评价标准依然存在持续争论，但是大部分家长和政策制定者均认为评价学校质量的关键维度是学生认知能力的发展程度，主要评价指标是学生在标准化考试中的成绩。诸多研究者认为，在标准化考试中取得较高成绩的学生在收入方面的优势是非常显著的。尽管这些研究强调了个体收入的不同方面，但是研究者普遍发现，考试成绩对个体收入有明显的影响。

在此基础上，汉纳谢克在标准的明瑟收入模型中增加了一个衡量认知能力的变量 CS(cognitive skills)，并用学业成绩作为认知能力的代理变量，来计算学生认知能力对其收入的影响。即

$$\ln Y_i = a_0 + rS_i + a_1 Exper_i + a_2 Exper_i^2 + \Phi CS_i + \varepsilon_i$$

其中，Y_i 是个体劳动者 i 的收入；S 是教育素养(受教育年限)；$Exper$ 是潜在的劳动力市场经验；ε 是一个随机误差项；CS 是认知能力，常用学业成绩作为代理变量；a 为截距项；r 为每增加一年教育的个人明瑟收益率，又称为教育的边际收益率。如果我们对学业成绩做平均数为 0、标准差为 1 的标准转换后，Φ 表示的就是学业成绩每提高一个标准差对工资收入的百分比影响。汉纳谢克认为这一模型低估了学生学业成绩的影响，因为更高的学业成绩将带来更高的教育层次和更长的受教育年限。

此外，马利根（Mulligan，C. B.）①、默南②与拉齐尔（Lazear，E. P.）③等一大批研究者，就学生学业成绩对个体劳动者的收入影响进行了评估，获得了非常一致的结论。他们的研究表明，认知能力每提高一个标准差，将为个体劳动者带来 10%～15% 的年度收入增长，而且这些增量将贯穿工作者的整个职业生涯。以 2010 年为例，一位全职工作者 25～70 岁的平均收入价值为 116 万美元。因此，当学业成绩每提高一个标准差，即使其收入增长率仅为 13%，其总量也将超过 15 万美元。

基于上述因果链的分析我们可以看出，教师质量通过提升以学生学业成绩为指标的认知能力而对个人经济收益及国家竞争力产生重要影响，是国家人力资本形成和发展的关键要素。而且美国哈佛大学经济学家霍克斯比（Hoxby，C. M.）的一篇研究综述指出，2000 年以来，美国教育经济学研究的重点之一就是教师的作用，而未来研究的重点则是问责政策。④ 因此，基于人力资本的视角对教师质量的经济价值分析，是美国市场取向的教师质量问责理论的逻辑起点。

三、现实反思：教师政策领域的悖论

市场取向的教师质量问责机制的一个基本前提是学者在承认教师具有"中心重要性"的同时，认为高质量教师的具体特征尚不明确。在美国，数以百计的研究文献已经关注到教师对于学生学业成绩的重要性。系统梳理这些文献之后，本书形成两点重要共识：一是教师的作用非常重要，且学校中没有任何其他要素在决定学生学业成绩上有类似的重要性；二是与学生学业成绩确实相关的教师的具体特性尚未得到确认。这两点重要共识，对于在经济学视角下研究和讨论教师质量是极为重要的。具体而言，市场取向的教师质量问

---

① Mulligan, C. B., "Galton Versus the Human Capital Approach to Inheritance," *Journal of Political Economy*, 1999, 107(62), pp. 184-224.

② Murnane, R. J., Willett, J. B., Yves Duhaldeborde & Tyler, J. H., "How Important Are the Cognitive Skills of Teenagers in Predicting Subsequent Earnings?" *Journal of Policy Analysis and Management*, 2000, 19(4), pp. 547-568.

③ Lazear, E. P., "Teacher Incentives," *Swedish Economic Policy Review*, 2003, 10 (3), pp. 179-214.

④ Hoxby, C. M., *NBER Economics of Education Program Report 2006*, Cambridge, MA, National Bureau of Economic Research, 2006, pp. 43-44.

责要重点考查教师认证政策与薪酬政策中存在的悖论，并力求做出符合经济学规律的改进。

一是从经济学视角审视并改进教师认证政策。资格认证是国家教师政策的起点，其潜在理念是设定一个质量底线或门槛，以确保没有"不合格教师"进入教师职业。目前，一个普遍的趋势是教师资格认证标准不断提高，如增加课程要求，提高学位层级，提高认证分数，等等。上述每一项要求都使进入教师职业的成本变得更大，并将在其他情况一样的条件下，造成潜在教师的供给减少。需要注意的是，由于当前的研究对于高质量教师的特征或背景尚未确认，上述的认证要求与教师的质量或效能没有必然联系。例如，某些组织（如美国教学与美国未来委员会）或人士建议确保所有认证教师拥有硕士学位。但是，后来的证据显示，拥有硕士学位的教师在普遍意义上并不比没有硕士学位的教师更为有效。因此，这些资格认证政策在事实上将增加个体成为教师的成本，但并没有实现理想中的质量改进，却形成了资源浪费。这也使人们开始怀疑基于目前的认证要求来改进教师质量的途径。

二是从经济学视角审视并改进教师薪酬政策。从经济学视角来看，在一个竞争充分的经济体中，劳动者个体的工资将总是与劳动生产率和价值产出相匹配的。如果工资过低，劳动者将重新选择雇主；反之，如果工资过高，雇主将面临破产风险。然而，教师的工资决定机制则不一样。在美国，教师工资是通过教师工会与其雇佣学区之间的集体谈判来决定的。作为一项公共活动，教育总是受到政治力量的约束，而且学校的质量目标很大程度上取决于政府关于质量的期待和界定。因此，对学校及其教师的质量要求，是经过政治程序过滤的，很难精确地反映教师质量的真正的利益和成本；教师的工资决定机制仅是部分地受经济力量所驱动，同时雇主也不存在破产的风险。这样的工资决定机制是"严重落后"的。这种"落后"具体表现为美国绝大多数教师的薪酬是由教师所具备的高级学位、从教的时间长短等资历因素所决定的。但是，诸多实证研究表明，上述因素均与教师质量的直接输出指标——学生学业成绩——没有相关性。而最能反映教师效能的学生学业成绩增值情况，却没有作为教师薪酬决策的主要依据。与此同时，还有研究表明，目前美国的教师工资，并不足以吸引顶尖的大学毕业生进入教师职业。

因此，从经济学视角来看，当前部分关键的教师政策不符合经济规律，没有遵循市场原则，对成本与效率的考虑不足，是教师质量难以有效改进的重要原因。这是市场取向的教师质量问责机制重点要研究和回应的问题。

第二节 市场取向的教师质量问责机制的核心内容

作为学校中最大的单项预算要素,教师历来是教育经济学家关注的重点,而且家长、社会公众等教育"顾客"都承认并强调教师在学校质量中的决定性作用。市场取向的教师质量问责,旨在从经济学视角研究教师质量的相关问题,以教师薪酬政策的反思与改进为总体目标,以学生学业成绩增值这一产出结果为标准,通过多种增值问责模型,建立结果导向的教师质量评价与薪酬确定机制,并通过教师劳动力市场的改革,重建教师劳动力市场的供求关系,真正通过竞争来提高教师质量,实现教师质量经济价值的最大化。

一、问责的总体目标:增强薪酬政策的有效性

一个国家的经济水平与其人口素质直接相关。高质量的教师是一所学校成功改进学生学业成绩的关键因素。然而,美国当前的教师薪酬政策并不能确保招募并保留高质量的教师。市场取向的教师质量问责关注的领域是教师薪酬政策的适切性、有效性,换句话说,重点考查教师薪酬的投入方向与方式是否能够有效提升教师质量,进而改进学生学业成绩,即对"经费的使用效益"进行问责。市场取向的教师质量问责的一个基本假设是,教师质量必须用学生的实际学习成效来界定,通过教师对学生学业成绩增值的贡献度来评估,一般表现为考试分数,而不是根据教师的高级学位、从教时间或资格考试分数等特征来界定。此外,按照经济学的基本理论,在一个具有竞争性的劳动力市场中,人们将根据自身的能力、工作的薪酬等因素考虑职业的选择。只要工作条件大致相当,更高的工资将吸引更有才华的人。

(一)对教师招聘政策有效性的问责:提升总体薪酬水平是否值得

汉纳谢克通过对许多研究结果的综述,得出一个基本结论,即对进入教师职业的资格要求进行"条条框框"的限制未必能改进教师质量;教师的认证状态与其所任教学生的学业收益也没有明显的相关性。[①] 而且美国目前

---

① Goldhaber, D. D. & Brewer, D. J., "Does Teacher Certification Matter? High School Teacher Certification Status and Student Achievement," *Educational Evaluation and Policy Analysis*, 2000(22), pp. 129-145.

普遍存在的教师许可、认证要求，实际上减少了潜在教师的供给，影响了教师劳动力市场的供需状况，特别是对那些教师缺口比较大的州而言，更是一种"损害"。

综合来看，美国目前的教师招聘政策呈现出两种截然不同的取向。第一种是收紧门槛、提高要求，这种政策主张在美国占主导地位，一般要求教师必须接受相应的正规教育，具有一个学科领域的本科学位、一个教育学或心理学的硕士学位，此外还有教育实习、修读课程、所获学分等方面的要求。这种"烦琐"的要求既增加了教师认证的难度，也增加了教师人力资本的投入，将导致教师整体薪酬水平的上浮。因为按照人力资本和市场经济的相关理论，这既是对教师接受正规教育的成本的承认，也减少了潜在教师的供给。而且将教师的薪酬提高至与会计、律师以及其他专业人士一样的水平，有益于提高教师的地位和尊严，进而增强教师职业对优秀人才的吸引力，最终使教师招聘更加容易。这是这种政策取向的基本逻辑，即提高教师薪酬的总体水平是有益的。第二种政策取向与其相反，主张通过取消门槛、放宽要求来改进教师质量，一般要求开放更多的替代性路径，允许人们通过非传统的教育学院培养路径进入教学领域。但是，这种政策取向一般对薪酬政策持沉默的态度。因为这种路径将取消某些现存的进入限制，使教师候选人的供给增加。此外，在对教师招聘政策的讨论中，还有一个特别需要关注的主题就是包括数学、科学、特殊教育以及语言教育在内的部分学科领域长期存在的教师短缺问题。数据显示，这些学科领域的许多教师并不是"科班出身"[1]，也就是说，这些领域长期存在供不应求的状态，然而这些领域的教师并没有按照市场规律获得更高的、更具吸引力的薪酬待遇。

(二)对教师保留政策有效性的问责：确保保留下来的教师是高质量的

当前，美国教师队伍存在的一个较为严重的问题就是教师流失率较高。据统计，在全国层面，从教不足三年的教师中每年约有超过 7% 的人放弃这一

---

① Ingersoll，R. M.，*Out-of-Field Teaching and the Limits of Teacher Policy*，Philadelphia，PA，University of Pennsylvania，Consortium for Policy Research in Education，2003，pp. 57-64.

职业，而且还有 13％的人更换学校。① 即使在拥有 4～9 年教龄的教师中，每年的离职率也达到 5％，转校率达到 10％。总体而言，超过三分之一的新教师在从教 5 年后便离开了教师职业。这些统计数据经常被解释为最好的教师——那些拥有其他更好发展机会的教师——都离开了教师职业。基于此，诸多人士提出了提高薪酬水平的必要性，认为这是限制大规模的教师流失、保留高质量教师的有效途径。

此外，在关于教师保留政策的讨论中，还有一个特别需要关注的领域，那就是如何确保低收入、少数族裔学生获得高质量的教师。因为不同族裔学生群体之间的学业差距依然很大，他们甚至对一些针对性政策努力"无动于衷"②。从学生学业决定因素的研究证据来看，缩小学业差距的有效政策就是提高处境不利儿童的教师质量，并对这些教师进行薪酬激励，使他们持续在这些更具挑战性的学校中任教，如增加"风险工资"（combat pay）、额外津贴以及住房补贴等，使这些学校的薪酬待遇能够比其他工作和学校更有竞争力。

（三）教师薪酬政策问责的抓手：教师的平均薪酬水平

改进教师质量的传统路径并没有直接聚焦教师所任教学生的学习成效，而是依赖一系列的教师质量指标，其中最常用的一个指标就是教师的平均薪酬水平。但是，从政策视角来看，没有研究表明简单地提高所有教师的薪酬水平将有效地提升学生的学业成绩。尽管提高教师的平均薪酬水平将有可能扩大教师候选人的来源，但是这对学生学业成绩的影响还取决于两个因素：第一，取决于学区在大量候选人中识别高质量教师的能力，但是，过去的证据显示，做到这一点非常难；第二，取决于实际聘用的新的更高质量的教师的数量。提高所有教师的薪酬水平，不仅激励高质量教师进入和保留在教师职业，同时也对低质量教师进行了相应激励，而不是将他们淘汰出去。更为重要的是，传统的教师薪酬政策一般基于高级学位、从教时间，但是研究表明这二者都与学生学业表现没有相关性。也正是因为这种薪酬政策所聚焦的

---

① Luekens, M. T., Lyter, D. M., Fox, E. E. & Chandler, K., *Teacher Attrition and Mobility: Results from the Teacher Follow-up Survey*, *2000-01*, Washington, DC, National Center for Education Statistics, 2004, p. 301.

② Neal, D., "Why Has Black-White Skill Convergence Stopped?" In E. A. Hanushek & F. Welch (Eds.), *Handbook of the Economics of Education*, Amsterdam, Elsevier, 2006, pp. 511-576.

特征与学生学业表现没有密切的相关性，所以这些政策并不能改进学生学业的表现，使教师薪酬政策的有效性大打折扣。

因此，汉纳谢克认为，一个有效的教师薪酬项目的关键在于必须按照改进学生表现的程度对教师进行激励。他指出，如果我们的目标是提高学生学业成绩，那么直接与学生学习成绩相联系的政策就无可替代。① 基于此，任何基于表现的薪酬项目的有效性都取决于这两个问题的答案：第一，就教师而言，这些奖励是否足以使教师做出强烈反应；第二，这些津贴是否能带来恰当的保留与退出状况。一个更好的政策路径是在增加潜在教师供给的同时，更多地聚焦学生表现和管理者问责。只有强化对学生表现和管理者决策的问责，才能使教师薪酬政策的功效最大化。

此外，基于表现的薪酬项目还要考虑以下要素：一是既要对个体教师的课堂表现进行有效的奖励，同时也要适当考虑某些群体性奖励；二是薪酬的确定既要基于学生的考试成绩，又要考虑同行评价等因素；三是既要关注州问责体系之下的学科成绩，又要对非问责学科的成绩进行评估；四是既要奖励教师，又要奖励校长，鼓励他们挑选、保留和奖励高质量的教师；五是对处境不利儿童集中的学校的教师给予额外的经费支持；六是要对教师的职前培养和在职培训始终保持适当的投入。

二、问责的基本标准：学生学业成绩增值情况

汉纳谢克有一句名言，"如果我们的目标是改进学生的学业表现，那么学生的学业表现就应该成为我们所有政策的焦点和中心"②。他认为，教师质量问责的目的就是改进学生的学业表现，并据此对教师质量做出界定，即"高质量的教师就是能持续提升学生学业成绩的教师，而低质量的教师就是持续产出低的学习增长率的教师"。这是以汉纳谢克为代表的市场取向的教师质量问责理论的概念基础。

在这里，汉纳谢克对教师质量的界定是以"学生实际学到多少"为标准的，即教师质量应该通过教师对学生学习的贡献度来进行评估，一般表现为学生

---

① Eric A. Hanushek, "The Single Salary Schedule and Other Issues of Teacher Pay," *Peabody Journal of Education*, 2007, 82(4), pp. 574-586.

② Eric A. Hanushek, "The Single Salary Schedule and Other Issues of Teacher Pay," *Peabody Journal of Education*, 2007, 82(4), pp. 574-586.

学业成绩的增值情况。"增值"本身是一个经济学术语，指的是在原有基础上所增加的收益，后由美国著名统计学家桑德斯引入教育领域，并改造成为一种基于学生学业进步情况而对教师进行评价的方法。与以往用学生的某次学业成绩来评价教师不同，增值评价是通过对学生学业成绩的纵向评价，即通过连续追踪多年的学生学业成绩评估教师的效能，进而将学生学业问责的对象延伸至每个教师。

汉纳谢克认为，关于教师对学生学业增值评估的教育生产函数研究代表了一种研究设计的转型，从过去关注学生成就与具体的教师特征的关系转移到另一种研究框架，即使用更少参数去确认作为一个整体的教师对学生学习的贡献。通过使用大量行政数据，增值研究为证明教师效能中存在的显著差异提供了有力的支持，并绕开了具体教师特征与质量的联系。

因此，基于经济学"投入—产出"关系的研究范式，市场取向的教师质量问责理论认为，就课堂教学而言，如果教师质量是投入，那么学生学业成绩的增值就是产出。那么，评价教师质量的有效指标，就是学生学业成绩的增值情况。而且大量的实证研究发现，在某一学期或学年内，部分教师任教的班级的学生学业成绩有显著的进步，而有的教师所任教的班级的学生学业成绩却几乎没有进步或进步幅度非常小。这也从一个侧面印证了这一判断，即教师质量对学生学业成绩增值的影响是有差异的，并且学生学业成绩的增值情况是教师质量的有效指标。

三、问责的评估工具：学生学业纵向评估路径

增值(value-added)是一个来自经济学的术语，是指特定输入对输出的贡献。在教育文献中，增值是指对当前的教师和学校对学生学业成绩的影响的评估。更宽泛地说，该术语经常被用来描述那些使用纵向学生考试分数数据研究教育输入对学业影响的分析。如果使用增值来评估个体教师，这种增值模型就被称为增值问责模型(value-added modeling for accountability)。目前，增值评估已经成为美国教师质量问责讨论中的一个重要议题。研究者认为，从理论上讲，增值路径提供了个体教师对学生学习的贡献度的精确评估。随着20世纪90年代以问责为中心的教育改革的持续深入，美国联邦教育部部长阿恩·邓肯(Arne Duncan)的《力争上游计划》也试图通过学生学业成绩数据的统计分析，将这种问责进一步下移至个体教师，将其任教学生的学业表现与学生自身的薪酬相挂钩。通过对"教师增值"的计算，特定教师的效能被评估和

定级，并被赋予一个"价值"，使增值问责模型更多地进入了教师质量问责的实践领域。

当前，美国绝大多数的教师质量问责体系都指向学生的学业表现。因此，理解教师质量问责体系，就必须研究学生学业表现的决定因素以及这些决定因素是如何呈现和发挥作用的。因为教师质量并不是学生学业的唯一影响因素，还有许多其他的影响因素，如学生的能力、学生从家庭和朋友中获得的支持、学生先前的学业水平以及一些测量误差。那么，最简单的学生学业决定因素可以表达为：

学业成绩＝教师质量＋其他因素（achievement＝teacher quality＋others）

其他因素＝能力＋家庭＋同伴＋历史＋测量误差（others＝ability＋family＋peers＋history＋measurement error）

因此，有效的教师质量问责体系必须能够从诸多因素中析出教师质量的增值效果。汉纳谢克根据问责实践，提出了两种教师质量问责路径[1]。

（一）教师质量问责的横向路径（cross-sectional approaches）

该路径的特点是根据学生在某个时间点的学业成绩水平对教师质量进行问责，而不是根据特定学生在一个时间段内的学业进步情况进行问责。该路径采取的是"现状模式"以及在此模式基础上修改而成的"现状改变模式"（status change model）。

所谓"现状模式"问责方式是对既定学年的学生的累积分数进行汇总或平均，然后将其在不同学校间进行比较。目前，几乎所有的州都将学生学业的平均成绩作为公开报告的规定要素之一。这种模式简单地将参加考试的学生的平均成绩作为每所学校教师质量的测评指标，是存在较大问题的。因为学生学业的平均成绩不仅受教师质量的影响，而且还内含着学校资源、家庭背景、先前水平、随机误差等其他因素的影响。因此，简单的平均分虽然揭示了学生当年学业的表现水平，但是不能定位这种表现的来源，不足以作为教师质量问责的有效指标。尽管大多数问责体系都引入一些附加信息以进行相关的背景分析或说明教师质量对于特定学生的影响，但是这都无法确认影响当前学业成绩的家庭差异、历史背景等因素，难以析出教师质量的增值效果。

---

① Eric A. Hanushek & Margaret E. Raymond，"Lessons About the Design of State Accountability Systems，" http：//files. eric. ed. gov/fulltext/ED477342. pdf，2015-08-11.

为了改变这种困境，汉纳谢克在"现状模式"的基础上根据现有的实践，提出了问责的"现状改变模式"。该模式对某学校不同年度特定年级学生的平均学业成绩进行跟踪研究，比如，对 2001 年的 3 年级与 2000 年的 3 年级学生的数学成绩进行比较，看 2001 年的学生的数学成绩是否比 2000 年同年级的学生有所提高。由于考查的是不同群体学生在某个时间点的学业成绩，因此这种模式也属于横向路径。这一模式是美国学校评估教师质量最常见的一种方法，能够有效地提供通过率、学生学业成绩分布状况等数据要素。而且这种学业成绩的改变是教师奖惩体系中的重要因素，但是它的形式发生了多种改变，包括分数改变的绝对值、改变的比例以及相对于外部标准所发生的改变，等等。可以说，这种模式提供了一种对特定年级或学校学生学业表现的改变情况进行评估的方式。有些州根据这种评估结果，设定了与进步相关的目标或奖励。但是，它并不是对教师质量或学校进步进行评价的完美工具，因为该模式比较的是两个不同群组的学生，所以会把学校表现与学生背景差异和测量误差混在一起。

无论是"现状模式"还是"现状改变模式"，都把教师质量与其他因素混在一起，难以确定不同因素对学生学业成绩的具体贡献。在这种模式下，学校可能以两种方式进行回应：一是调整教师、课程和项目，进而实质性地改进教学；二是让纳入学校分数中的学生成绩变得更具选择性。现实中，学校更倾向于采取第二种方法，即通过对表现不佳学生进行"考试隔离"来"提高"整个年级的考试成绩。例如，有一个背景不佳的 3 年级学生，其学习基础较差而且学习进度较慢，很长时间都处在落后的位置。由于"现状模式"比较的是今年 3 年级学生的表现与去年 3 年级学生的表现，所以在今年的 3 年级考试中，学校可能通过把这名学生置于特殊教育的范畴或者建议该学生缺考，从而使所有参加考试的学生的平均成绩比实际上的要高。但是，动态来看，这样的行为会导致学校进入一个恶性循环，而且把学生隔离到问责体系之外也不是长久之计。

(二)教师质量问责的纵向路径(longitudinal approaches)

纵向路径，即以特定学生长时间的学业进步情况为关注点的问责路径。这一路径的代表性模式是"群组收益模式"(cohort gain model)。该模式追踪特定群体学生在学校期间的进步表现，例如，对一组学生 2001 年的 3 年级的成绩与其 2002 年的 4 年级的成绩进行比较。由于学生构成基本稳定，那么历史的学校和非学校因素可以剔除，群组收益分数可以反映教师质量对 4 年级学生学习的贡献。但是，家庭差异对当前学业增长率的影响将依旧存在，例如，处境不利的学生在预期中将比处境更为有利的学生有相对较低的进步率，这些差异将依旧与教师质量因素混淆在一起。但是，总体而言，与"现状模式"相比，"群组收益模式"能更有效地评估教师质量或学校输入因素的影响。

为了应对学生流动性较大而产生的评估不准确问题，一种替代性选择产生了，即"个体收益分数模式"（individual gain score model）。这一模式在群组改变模式上进行了改进，即从班级层次转变为学生个体层次。由于该模式跟踪的是个体学生在不同年级的学业情况，因此家庭因素和非学校因素的历史影响可以被剔除。个体学生的学业收益情况将能更好地反映其任教教师的质量。

这两种路径的区别在于用以评估教师质量的学生学业数据的横纵向不同。与横向路径相比，纵向路径在分析教师质量对学生学业表现的贡献度上更为有效，因为纵向路径的模式重视的是学业进步（achievement growth）而不是学业水平（achievement level），能够更好地区分个体教师的贡献，对教师质量做出更为合理的评价，进而为教师质量问责提供更为清晰的判断依据。

四、问责的结果奖惩：建立教师绩效薪酬制度

市场取向的教师质量问责机制的核心内容是高质量教师的效能必须在经济上得到证明，即教师薪酬必须与其学生学业的增长密切相关。汉纳谢克也主张，只有基于教师效能的教师薪酬提升才是有效的；不考量教师效能的教师薪酬是不合理的，也是无意义的。总之，市场取向的教师质量问责机制主张根据经济规律和市场竞争的原则，基于教师效能的实际表现，实施结果的奖惩。

（一）建立基于教师效能的教师筛选机制和绩效工资制度，解雇低效教师并为高效教师提供更高的薪酬

鉴于高效教师已经证明的巨大经济价值以及低效教师对学生学业表现及学生未来在劳动力市场上的不利影响，市场取向的教师质量问责理论主张，最好的学校体系是不允许低效教师、无效教师长期在课堂中从事教学工作的，为此必须建立低效教师与无效教师的退出和解雇机制，并为高效教师提供更具竞争性、激励性的薪酬。这不仅符合市场竞争规律中优胜劣汰的基本法则，

而且可以带来巨大的经济收益。据汉纳谢克等研究者的测算，一名比平均效能高出一个标准差的教师，对于一个当前有 20 名学生的班级的未来收入而言，每年会多产出 40 多万美元的边际收入，而且随着班额的增加，这样的经济收益还会相应增加。另据测算，用平均水平的教师替代居于最末尾的 5% ～ 8% 的教师，将使美国接近国际数学和科学排名的前列，并带来 100 万亿的经济价值。① 因此，解雇无效教师在经济学意义上是合理的。但是，设计这样的政策，会面临与教师谈判、为解雇的教师支付补偿金等一系列问题，而且会使教师职业成为一种具有被辞退"风险"职业，为此需要为在岗教师提供更高的薪酬待遇。

(二)扩大高效教师的班级规模，缩小低效教师的班级规模，使高效教师的累积效应得以最大限度地放大，同时使低效教师的累积效应得以减弱

在经济学视角下，思考教师效能与班级规模之间的互动关系十分重要，因为教师对学生个体的影响可以在整个班级中得以放大。基于这样的评估，汉纳谢克得出一个简单的结论，即在没有解雇任何教师的情况下，最有效的教师应该被安排在班额较大的课堂中，而最低效的教师应该在较小规模的班级中任教。这种方式有利于使低效教师的累积效应得以减弱，使更为有效的教师的价值得到更大限度的发挥。在现实中，情况恰恰相反，学校一般会将班级规模较小的班级分配给高效教师，作为对高效教师的一种"奖励"。但是，这种安排是不符合教师质量经济价值最大化的利益追求的。

(三)根据教师的实际效能而不是潜在可能确定教师薪酬，不能简单地提高所有教师的薪酬水平

市场取向的教师质量问责理论的一个基本观点是要实施基于学生学业增值的教师绩效工资。也就是说，学区主管、学校校长应该基于教师对学生学业的实际影响来做出教师聘用、保留、晋升及薪酬的决定，而不是基于诸如受教育水平、从教年限等教师特征。正如汉纳谢克所指出的，除非我们能对

---

① Eric A. Hanushek, "The Economic Value of Higher Teacher Quality," http：// files. eric. ed. gov/fulltext/ED517170. pdf，2015-07-29.

教师质量进行更为清晰的评价，否则提供更高的工资将不会产生太大的作用。因此，教师质量问责体系的方向是，对教师的奖励要与其学生学业成绩的增值相联系，只有指向更高效能的工资提升才是有效的。因此，简单地提高所有教师的薪酬不仅是代价巨大的，而且也是非常低效的。尽管薪酬提升可能会吸引一批新的教师进入教师职业，保留一些即将离开的教师，但是并不一定能够在短期内改进教师质量。全面提高教师薪酬的建议，对教师的课堂表现关注甚少。一种更好的路径是，更多地关注学生的表现，即放宽既定的教育和培训要求，关注教师在课堂中的实际效能，而不是潜在可能。学校应该基于教师在提升学生学业成绩和其他方面能力的实际效能做出聘用、保留、晋升的决定，并以此决定教师的薪酬。

(四)解制教师教育，激活教师劳动力市场，使教师质量的经济价值最大化

市场取向的教师质量问责理论，主张基于教师促进学生学业增值的实际效能对教师进行问责，主张降低教师准入门槛，将教师薪酬、职业发展与教师提升学生表现的能力更加紧密地联系起来。从理论上讲，放宽教师进入教学的认证要求，并更多地依赖后续的表现评估，不仅将增加教师候选人的供给，而且将使校长和学校决策者对教师的表现给予更多的关注。这种新的转变，将倒逼教师教育机构和项目重新调整其项目，使教师教育过程也更多地关注如何保证教师候选人掌握促进学生学业增值的知识和能力，从而推动教师教育质量的改进与提升。

总之，传统的教师薪酬方案关注的是教师的从教时间和高级学位，但是这二者与学生的学业表现并没有一致的相关性。因此，市场取向的教师质量问责理论，主张教师薪酬方案要基于教师任教学生的学业表现或者对特定专业教师的需求。有效的教师薪酬方案的关键是必须基于改进学生的学业表现。

第三节 市场取向的教师质量问责机制的实践案例

在市场取向的教师质量问责机制的影响下，无论是联邦层面，还是州、学区层面都陆续推出了一些基于学生学业表现的教师薪酬项目，旨在以学生学业成绩的增值为问责的依据，以薪酬的激励为问责的方式，给予学校和教师以改进的压力和动力。本节选取了联邦层面已经实施多年的教师激励基金

（Teacher Incentive Fund，TIF)项目和学区层面已经实施多年的奥斯汀独立学区 REACH 项目进行案例分析，以此了解市场取向的教师质量问责机制的实践方式与路径。

一、联邦层面：基于学生学业表现问责的教师激励基金项目案例分析

（一）教师激励基金项目的实施背景

当前，许多研究者和政策制定者都把改革教师的评价和薪酬体系作为吸引、保留高质量教师并改进教学实践的重要举措。在 2006 年，美国国会创设了教师激励基金，这是联邦层面首次直接引导州和学区把绩效评估纳入教师薪酬。① 美国之所以开始在教师薪酬中引入绩效问责的要素，主要基于以下考虑。一方面，当前，越来越多的研究证据表明，现存的教师薪酬结构没有对劳动力市场实际做出回应，而且无数卓越教师的辛苦工作没有得到应有的报酬，而一些无效教师却享受着与高质量教师一样甚至更好的待遇。另一方面，TIF 项目的支持者认为，要想吸引和保留高质量的教师，教学专业必须承认和奖励那些促进学生学习的教师以及那些愿意承担最具挑战性工作的教师，而不是将薪酬完全基于从教时间与所获学位，即必须强化教师薪酬的绩效问责。这与汉纳谢克等教育经济学家的观点是一致的。

在传统的基于经验和学历的工资制度下，教师薪酬几乎与学生学业无关。② 据统计，在美国，学区因拥有硕士学位教师的工资增长而支出的经费超过了 148 亿美元，但是没有考虑这种高学历教师及其薪酬投入对学生学习的真实影响。③ TIF 项目的设立就旨在解决这一问题。该项目支持州和学区将最大的单项教育经费支出，即教师工资与其任教学生的学业目标相挂钩。

---

① Jonathan Eckert，"Increasing Educator Effectiveness：Lessons Learned from Teacher Incentive Fund Sites," http：//files. eric. ed. gov/fulltext/ED556324. pdf，2015-07-19.

② Goldhaber, D. D. & Brewer, D. J. , "Why Don't Schools and Teachers Seem to Matter? Assessing the Impact of Unobservables on Education Productivity," *The Journal of Human Resources* , 1997(32)，pp. 505-523.

③ Miller, R. & Roza, M. , "The Sheepskin Effect and Student Achievement：De-Emphasizing the Role of Master's Degrees in Teacher Compensation," http：//edunomicslab. org/wp-content/uploads/2013/12/sheepskin. pdf，2019-01-25.

由于 TIF 项目的最终目标是促进学生的学习，因此学生学习的增值评估是对教师进行表现评价和薪酬奖励的一个重要因素。

与此同时，作为一项竞争性项目，TIF 项目重点为高需求学校运行基于表现的薪酬体系提供经费资助，以扭转这类学校高质量教师流失的状况，并创设一种吸引、发展和保留高质量教师的激励环境。美国国会设立该基金的目的主要有两个：一是改革教师薪酬体系，对成功改进学生学业成绩的教师予以奖励；二是增加高需求学校和难以招到教师的学科领域中的高表现教师的数量，最终通过改进教师效能和教师质量达到提升学生学业成绩的目的。自 2006 年至 2012 年，美国联邦教育部共拨付经费 18 亿美元，支持了 131 项 TIF 项目。[①]

(二)教师激励基金项目的问责要素

在此过程中，2010 年的 TIF 项目与先前的项目有所区别，在评价教师方面提供了更为详细的指标。2010 年的 TIF 项目要求，在学区内运行的基于表现的薪酬体系包括四个部分。

第一，教师效能评估。项目要求被授予方要应用一种综合的、多元的教师效能评估。评估指标必须包括学生学业增长情况、至少两次课堂或学校实践的观察，而且评估必须给予学生学业增长以明显的权重。学生学业增长被界定为一段时期内两个以上时间点之间个体学生的学业成绩变化情况。只有受过培训的观察者才能进行课堂观察，而且要使用客观的、基于证据的评估准则。在此基础上，被授予方可以自由选择其他评估举措。

第二，基于表现的额外津贴。项目要求有关方必须基于教师的效能评估为教师提供额外津贴。提供额外津贴的目的在于为教师在课堂中表现出来的有效性而激励教师、奖励教师。除了效能指标的表现要求之外，津贴的提供没有任何附加条件。为了为最有效的教师进行有力的激励，津贴必须有足够的吸引力(津贴达到教师平均工资的 5%)、有所区别(至少要有一些教师获得的津贴是平均津贴的 3 倍)、具有挑战性(只有那些表现显著优于平均水平的教师才能获得)，足以使教师行为发生改变，进而改进学生的学习成效。

---

① 　U. S. Department of Education，"Evaluation of the Teacher Incentive Fund：Implementation and Early Impacts of Pay-for-Performance After One Year Executive Summary," http：//ies. ed. gov/ncee/pubs/20144019/pdf/20144020. pdf，2015-09-17.

第三，其他报酬机会。基于表现的薪酬体系还必须为教师承担额外的角色或责任进行奖励。这些角色包括成为一名高级教师或指导教师，直接为其他教师提供咨询与指导，或者设计并领导教师专业发展课程。要把这些有限的额外报酬机会给予被确认为有效的教师，也可以为他们改进效能进行激励。不过，这些教师需要同意承担领导责任并接受这可能占用额外的工作时间。

第四，专业发展。被授予方要为教师效能的改进提供支持。这些支持包括提供关于教师评估的指标信息，提供更加聚焦基于教师在效能指标上的实际表现的专业发展活动。特别是项目要求学区为教师提供信息反馈和专业发展支持，指导教师按照评估的要求调整教学实践。

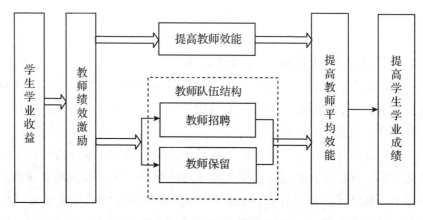

图 4-1　TIF 项目逻辑结构图

为了支持基于表现的薪酬体系，该项目要求实施过程必须坚持五个原则：一是需要教师、校长、工会以及其他人士的参与和支持；二是要有严格、透明、公正的教师评价体系；三是要有效传达基于表现的薪酬体系的组成部分和运作程序；四是确保教师充分理解教师效能评估；五是建立一个数据管理系统，将学生学业数据与教师薪酬和人力服务系统相联系。由于为教师提供绩效津贴的目的是激励教师改进教学，并奖励课堂中的有效教师，因此 TIF 项目要求津贴必须有足够的吸引力、有所区别并有一定挑战性。

尽管该项目对基于表现的薪酬体系的基本构成做出了规定，但是也在设计和实施项目上给予州和学区很大的自主权。例如，州和学区可以通过多种方式评估一名教师的效能，既可以基于任教学生的学业增长对教师进行评估，也可以结合同年级学生、整个学校学生的学业水平或者上述指标的某种组合对教师进行评估；既可以应用增值模型评价学生的学业增长，也可以通过学生的标准化考试成绩的变化进行评价。州可以自行决定使用何种评估准则观察教师、每年观察的次数以及让哪些教师担任观察者。而且，州制定的获得津贴的效能标准也可以不同，既可以要求学生的学业成绩分数高于一个限定值，也可以要求学生的学业分数达到前百分之几。最后，州还可以自行选择是否为高需求学校或那些难以招到教师的学科提供教师保留或招聘方面的激励薪酬。

TIF 项目的本质就在于基于效能评估对教师进行奖励，因此，教师是否能获得绩效津贴以及获得何种标准的津贴，都取决于其所任教的学生的学业收益。这一项目的实施，必将对教师的教学态度构成影响，激励教师根据学生需求和标准要求调整教学实践，提高课堂教学效果和学生学业成绩。此外，TIF 项目所提供的绩效薪酬还可以作为一种激励措施，不仅可以吸引有效教师继续从事教学工作或到高需求学校担任教师，还可以吸引其他行业的优秀人才进入教学领域。此外，基于学校范围内的学生学业成绩收益的绩效薪酬制度，还将鼓励教师之间的合作，从而提升教师的专业发展水平和整体效能。尽管具备以上作用，绩效薪酬是否可以发挥作用以及如何真正带来教师效能的改变、教师队伍构成的改变，还取决于多种因素。例如，教师必须首先意识到他们有资格获得津贴。其次，教师还要充分理解他们将如何被评价、如何改变教学实践才能改进绩效等问题。此外，教师还必须相信，评价体系是公平的、持续的。只有满足上述条件，基于学生学业表现的绩效薪酬制度才能发挥作用。

二、学区层面：基于学生学习目标问责的教师薪酬项目案例分析

得克萨斯州奥斯汀独立学区于 2007 年启动了一项 REACH 项目。该项目的核心目标是招募、发展和保留高质量的教师，并引导合格教师到高需求学校从教，以此改变该学区长期以来存在的教师高流失率和学生学业成绩普遍较低的状况。为了达到这一目标，该学区联合商业人士共同研究设计了一种基于表现的教师薪酬制度，对那些成功提升学生学业成绩的教师和在同行专业发展中承担相应责任和工作的教师进行薪酬奖励。截至目前，该学区已经探索出一种具有创新性的市场化教师薪酬路径，有效解决了制约高需求学校的教师质量问题，其改革经验受到美国教育界越来越多的关注。

（一）奥斯汀独立学区 REACH 项目的实施背景与研究基础

教师流失是美国教育研究者广泛关注的难题之一。美国国家教育统计中心的数据显示，在 2003—2005 两个学年的时间内，共计 17％的教师转校或离开了教师职业。各种评估显示，每年美国教师流失造成的经济损失在 50 亿到 70 亿美元之间。① 除了经济损失之外，教师流失还造成其他严重的后果，包括师生关系的破坏、专业学习共同体的重构以及教学质量和效能的潜在下滑。尽管教师流失的原因是多方面的，但是研究表明，"微薄的薪酬或福利"是教师离开教师职业的最重要原因之一。②

薪酬和福利旨在提高在职员工的生产率，然而在现实中薪酬却并不总是与特定员工的行为或表现相一致的。在教育领域，绝大部分教师的薪酬是根据从教时间、所获学位等因素确定的，但是汉纳谢克、利弗金等学者的研究表明这两个要素仅在教师从教的头几年与学生的学业成绩有一定的相关性，此后就不存在明显的相关性了。③ 然而，证据显示，只有当薪酬与个体行为直接挂钩时，工作的最大效能才能展现。④ 因此，部分州和学区已经开始实施一些替代性的教师薪酬策略，以代替或补充传统的教师薪酬方案，改变传统薪酬政策难以对教师专业发展进行有效激励的弊端。

基于激励的薪酬要发挥作用，不仅要与个体员工的表现相挂钩，而且还要与群体层次的表现相结合。德格拉等人的研究证明，基于激励的薪酬如果与群体表现相联系，就会鼓励员工之间相互监督，并能改变整个组织对工作的态度。基于此，将学校系统中的薪酬政策与教师个体、学校层面的表现挂起钩来，可以有效激励高质量教师的积极行为。而且有研究显示，有效的辅

---

① National Commission on Teaching & America's Future, "Policy Brief: The High Cost of Teacher Turnover," http://files.eric.ed.gov/fulltext/ED498001.pdf, 2015-07-11.

② Marvel, J., Lyter, D. M. & Peltola, P., et al., "Teacher Attrition and Mobility: Results from the 2004-05 Teacher Follow-up Survey," http://nces.ed.gov/pubs2007/2007307.pdf, 2015-07-13.

③ Hanushek, E. A. & Rivkin, S. G., "Pay, Working Conditions, and Teacher Quality," The Future of Children, 2007(17), pp. 69-86.

④ Lazear, E. P., "Performance Pay and Productivity," *American Economic Review*, 2000(90), pp. 1346-1361.

导项目能够对新教师的表现以及保留产生积极的影响。① 更为重要的是，基于表现的教师薪酬项目能够对学生学业成绩产生积极的影响。② 这些都成为该学区 REACH 项目设计和实施的重要研究基础。

(二)学生学习目标(student learning objective，SLO)：教师奖励的关键依据

结果评估是该项目进行薪酬奖励的前提。在评估中，该项目对达到得克萨斯州学生表现标准——得克萨斯州知识和能力评估(Texas Assessment of Knowledge and Skills，TAKS)——的学校进行奖励，且涵盖了所有参加项目的教师。然而，这种评估既不能评估学生从学年初到学年末的增长情况，也不能提供学生在非测试学科和年级水平的表现数据，因而不能对教师的贡献做出准确的评估。基于此，该项目所采用的学生评估方法不局限于得克萨斯州知识和能力评估，而是包括了更具敏感性的指标，这些指标能够捕捉到一个班级在整个学年所发生的学习行为。研究显示，清晰地界定目标，有助于教师选择合适的学习内容、学习活动和评估方法，并与数学和阅读成绩有很大的相关性。③ 因此，REACH 项目应用了学生学习目标的概念，对那些为达到学生学习目标而做出贡献的教师进行奖励。确定有效的学习目标，要求教师对学生的早期数据进行评估，并围绕学生需求确定目标。这一过程要求学校寻找合适的指标来评估学生学习目标是否已经达成，要求学校提供专业发展的机会来学习如何使用并解释学生学习目标及其评估。此外，该项目所设计的系列专业发展活动都是围绕学生学习目标展开的。

(三)奥斯汀独立学区 REACH 项目的基本要素

作为一项教师激励薪酬项目，REACH 项目旨在通过为教师提供专业发展机会和教学支持，对表现优异和做出贡献的教师提供奖励津贴。几年来，

---

① Ingersoll，R. M. & Kralik，J. M.，"The Impact of Mentoring on Teacher Retention：What the Research Says，" https：//www. gse. upenn. edu/pdf/rmi/ECS-RMI-2004. pdf，2019-01-25.

② Figlio，D. N. & Kenny，L. W.，"Individual Teacher Incentives and Student Performance，" *Journal of Public Economics*，2007(91)，pp. 901-914.

③ Schacter，J. & Thum，Y. M.，"Paying for High-and Low-Quality Teaching，" *Economics of Education Review*，2004，23(4)，pp. 411-430.

该项目的参与学校已经由区区 9 所扩展至 38 所，而且项目要素也实现了持续改进。目前，该项目由五大要素构成。

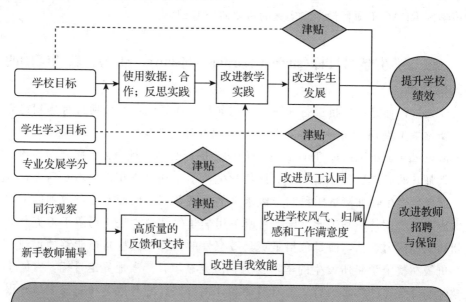

图 4-2　REACH 项目逻辑结构图

1. 基于学生学习目标的薪酬奖励

所谓学生学习目标，就是教师在学年之初为学生发展设定的目标，也是教师在学期或学年末努力要达到的教学目标。设定学生学习目标，目的在于帮助教师将教学聚焦某个特定的学生需求领域，制订和实施有针对性的教学实践计划，并对学生的进步进行跟踪和监督以适时对教学实践进行调整。教师一般既要为自己的班级确定学生学习目标，也要为一个由团队教师任教的学生制定学习目标。这些目标必须由教师所在学校的校长和 REACH 项目员工共同批准。而要获得这种批准，学生学习目标必须满足一系列的标准，包括严格的学生绩效目标标准和绩效评估标准。在设定学生学习目标之前，教师必须对学生需求进行全面的前期评估，并在学期末进行绩效结果评估，以确认是否达到了既定的目标。同时，学校根据学生学习目标达成的情况为教师支付报酬。此外，如果学校的学业成绩达到 40 所同类学校的前四分之一，该项目将对学校的所有教师进行奖励。

2. 基于专业发展单位(professional development units)的薪酬奖励

专业发展单位旨在通过改进教师的数据应用、合作、反思实践及整体教学实践来促进学生的学习。参与专业发展单位的教师组成团队，在一个学年中一起确定、研究和组织基于工作的专业发展活动。这些专业发展活动聚焦某个特定的学生群体或学科领域，如英语学习者的教学、如何改善课堂文化、如何开展技术教学，等等。这些专业发展活动有利于提高教师应对特定学生学习需求的能力，进而有效改进学生的学业成绩。专业发展单位的选题必须经过校长和 REACH 项目成员的批准。在学年末，专业发展单位团队向校长和其他评价者陈述他们的方法和结论，然后由这些评价主体根据具体的标准进行评估打分。那些通过合格评估的专业发展单位团队将获得 1500 美金的薪酬奖励。专业发展单位参与者认为，这种途径通过多种方式使其获益，包括与其他教师合作、以新的方式分析教学实践、理解学生需求。

3. 领导力路径的薪酬奖励

该项目旨在为教师担任领导力角色而进行薪酬激励。

第一种角色是 REACH 项目指导教师，只有高级教师才能申请，而且申请者要展现出改进学生学业的最佳实践，具备反思和优化自身实践的意愿以及支持同事专业发展的能力。申请获准之后，这名教师将从自身的教学任务中解放出来，直接进入新教师的课堂与其一起工作。工作内容包括观察新教师的课堂教学、与新教师合作进行教学设计、为新教师每天面临的各类挑战提供指导。

第二种角色是学生学习目标促进者。为了应对合格员工的需求，教师领导者将通过分析数据、确定目标、设定增长目标、实施过程监控等对这些促进者进行指导。促进者将与校长一起设定学校愿景并对最终的学生学习目标进行评审。

第三种角色是专业发展单位促进者。促进者通过参与整个过程对团队教师进行指导，并每月与团队举行会议讨论工作进展情况，包括讨论哪些进行顺利，遇到哪些困难，未来有哪些需求。在此基础上，促进者开展合作研究解决同行专业发展中的问题，从整体上提升教师的专业水准。

4. 基于同行观察的薪酬奖励

该项目旨在为教师提供具有建设性的、客观的课堂反馈，以改进教师的教学实践。在每个学年内，该项目对项目中的每位教师进行两次观察和反馈。观察者在课堂观察之前要与教师会面，并在观察后 48 小时内就该教师的教学实践和课堂氛围进行书面反馈。

5. 到高需求学校任教的薪酬奖励

这一项目旨在为高需求学校吸引和保留高质量教师进行薪酬激励，主要举措有两个：一是为新到校任教的教师提供新入职津贴，在第一年到第三年服务期内发放；二是为服务期超过四年的教师提供保留津贴。为了激励教师安心留在一所学校工作，上述工作年限的计算只适用于在同一所学校任教的时间，需要教师连续在同一所学校工作。

表 4-1 REACH 项目概况——教师(2014—2015 学年)①

基本要素	项目	描述	报酬（美元）
学生增长	个体层面学生学习目标	教师与学校管理者一起聚焦某个需求领域，基于学生前测确定一个增长目标，并全程监控学生的进步。教师将在学期/学年末进行测试以查看目标是否达到。完成学生学习目标的教师将有资格获得额外津贴。	1500
	团体层面学生学习目标	团队选择：某个群组的教师为学习某门课程的所有学生设计一个团队学生学习目标。骨干教师必须参与一个团队；非骨干教师可以选择参与一个核心团队，也可以组织自己的团队。团队成员与学校管理层一起聚焦某个需求领域，根据共同的前测设定增长目标，并系统监控学生的进步。团队将在学年末进行测试已查看目标是否达成。	2000
		个体选择：不用参与团队学生学习目标，而需要创设第二个个体层面的学生学习目标。这仅适用于非骨干教师、没有团队的骨干教师或者其他特殊情况。第二个个体层面的学生学习目标仅需要获得校长的批准。	1500

① "AISD REACH Program Overview—Teachers(2014-2015)," http：//www. austinisd. org/sites/default/files/dept/reach/REACH _ Overview _ 14-15 _ Teacher. pdf，2015-09-20.

续表

基本要素	项目	描述	报酬（美元）
学生增长	学校层面目标	学校满足下列 4 个指标中的 3 个就能获得基本津贴（如果 4 个都满足，还有额外津贴）。这些指标是增值指标、TAKS 或 STAAR 指标、大学准备指标、学校选择指标。	2000 3000
专业发展	专业发展单位（可选择）	一个群组的教师参与到一个需求领域的研究和反思过程中，并采取措施改进实践和学生学业。教师将在学年末报告中呈现他们的发现成果。教师既能从选择目录中创造一个新的专业发展单位，也能参与已经存在的专业发展单位。	1500
	指导	新手教师（从教未满三年）接受教学、课程设计、课堂管理等方面的支持，以应对教师每天所面临的其他挑战。	0
领导力路径	指导教师	高级教师从自身的教学任务中解放出来，直接与新教师一起工作。指导教师的合同期是 197 天。如果学校达到目标，指导教师将获得学校层面的一半奖励。	3000 2000
	同行观察者	已经从教学任务中解放出来的教师，基于教学实践和课堂规范对新教师的实践进行观察。同行观察者的工作合同期为 197 天。	0
	学生学习目标促进者	学校员工为学生学习目标完成过程提供支持。	1500
	专业发展单位促进者/团队领导	全国委员会认证的教师领导一个专业发展单位——一个通用的图形和动画项目（Take One 项目）。	1000 500
观察	同行观察	外部同事将基于教学实践规范对所有符合条件的 REACH 员工进行一年两次的评估。其他岗位的教师将由管理者按照适合该岗位的规范进行观察。	500
招聘和保留教师	效能	在 2013—2014 学年至少达到一个学生学习目标的教师；新入项目且被认定为高质量的教师。	1000
		在 2013—2014 学年达到两个学生学习目标的教师。	3000

第四节　市场取向的教师质量问责机制的基本特点

通过上述理论与实践分析，本书总结出市场取向的教师质量问责机制的几个特点。

一、以经济学视角审视教师质量问题

市场取向的教师质量问责机制，旨在基于经济学的理论和观点来审视教师政策的合理性、有效性问题，主要关注的是"钱去哪里了""产生了什么效益"的问题，即要求发挥经费的激励效能，使教师质量的经费投入能够达到奖优罚劣、优胜劣汰、自由竞争、提高质量的目的。这是市场取向的教师质量问责机制的一个重要特点。该机制基于教师质量的经济价值，通过对教师劳动力市场的考察，就教师评价、教师薪酬、教师教育改革、高质量教师的吸引与保留等多项教师质量议题，提出了有针对性的政策建议。而且这一机制将人力资本、劳动力市场、生产率、增值、效率等系列经济学概念引入教师质量的研究，拓宽了教师质量研究的理论视野，使教师质量问责奠基于经济学学科，具备了一定的科学性基础。在这个过程中，汉纳谢克等教育经济学家做出了重要的理论贡献，他们所开展的大量实证研究使教育政策制定者认识到教师质量的重要经济价值，从而反思教师评价、教师薪酬等政策的合理性问题，在理论与实践上都形成了重要的影响。

二、通过纵向学生学业增值评估教师质量

市场取向的教师质量问责机制，关注的不是教师质量的输入性要素，也不是静态的学生学业成绩数据，而是学生在一个时间段内的学业增值情况，并使用这种增值情况来评估教师。随着 20 世纪 90 年代以问责为中心的教育改革的持续深入，美国联邦教育部部长阿恩·邓肯的《力争上游计划》试图通过学生学业成绩数据的统计分析，将这种问责进一步下移至个体教师，将教师任教学生的学业表现与教师自身的薪酬挂钩。通过对"教师增值"的计算，特定教师的效能被评估和定级，并被赋予"价值"。这种"价值"就被作为教师质量的显性指标，成为对教师质量进行评估和问责的重要依据。

三、基于市场竞争取向的教师薪酬政策

市场取向的教师质量问责机制的核心观点是更高的教师薪酬必须与更高

的教师效能相联系。如果二者没有这种联系，教师的薪酬制度将落后于通常的劳动力市场，并不利于改进学校的表现。如前所述，教师薪酬是教育经费投入的最大部分，约占到整个教育经费投入的60％。如何有效使用这些经费，发挥其最大的效益，是市场取向的教师质量问责机制关注的一个重点。该机制主张，一是不能以教师学历、从教时间等输入要素确定教师薪酬，二是不能简单地提高所有教师的薪酬水平，这样做不仅花费巨大，而且是非常无效的。相反，该机制主张要基于教师的绩效，即学生学业成绩的增值来确定个体教师的薪酬，以此形成对高质量教师的激励，并建立低效教师的退出机制。

四、主张解制取向的教师教育改革路径

市场取向的教师质量问责机制，主张通过市场的手段、竞争的方式，打破教师教育学院对教师培养的垄断，对教师教育、教师认证进行充分的解制，以吸引更多优秀的人才进入教学领域，进而扩大教师劳动力市场的供给。该机制认为，提高求职者进入教师职业的门槛，会直接提高求职者进入教师职业的成本。因为当前有关部门提高入职要求一般采取如下方式，如增加本科课程要求，要求求职者在入职前要获得硕士学位，有更高的分数，等等。其中，每一项都使求职者进入教师职业的成本变得更高。在其他情况一样的条件下，这将减少潜在教师的供给。除了供求关系与成本考虑之外，还有一个关键的问题，那就是上述这些输入性要素的投入并没有显示出改进教师效能的充分证据。因此，汉纳谢克等学者主张解制教师教育，通过对教师促进学生学业增值的结果评估倒逼教师教育改革。

本章小结

市场取向的教师质量问责机制，从人力资本理论的视角对教师质量的经济价值进行了分析，并在此基础上深入探讨了教师劳动力市场的问题。核心主张是按照经济规律和市场竞争的要求，建立基于学生学业增值效能评估的教师薪酬制度，强化教师薪酬的绩效问责，以此实现教师质量的经济价值最大化。这对于我们审视我国目前的教师绩效工资改革、大规模的"国培计划"绩效评估以及免费师范生政策都有一定的启示。

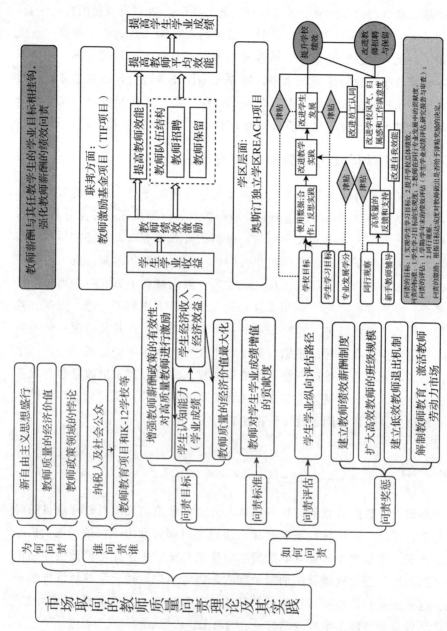

图 4-3 市场取向的教师质量问责机制框架图

第五章 美国教师质量问责机制的历史转型与现实借鉴

比较研究的目的，在于学习借鉴。美国教师质量问责机制的产生与发展，基于一定的现实土壤和思想基础，并经过了一个逐步演进和完善的过程，现在已进入一个较为成熟的发展阶段，形成了比较扎实的理论基础和实践成果。在我国深化教育领域综合改革的大背景下，教师质量问责体系的建立和完善是深化教师教育改革、强化教师队伍建设的必要之举，也是确保各个教师质量建设主体各负其责的重要机制，有较为紧迫的现实需要。因此，本章旨在对美国教师质量问责的历史转型与现实图景进行基本总结，并提出我国教师质量问责体系建设的初步建议。

第一节 美国教师质量问责机制转型及逻辑关系

自 20 世纪 80 年代以来，美国教师质量问责实现了较为清晰的历史转型，主要表现为联邦政府从问责的"后台"走向"前台"，学生学业成绩成为各方问责的焦点，专业力量推动的内部问责制度日益完善。当前，在国家力量、专业力量、市场力量的共同作用下，美国已经构建起一种混合型的教师质量问责模式。多种问责力量共同发力、互相支持，从不同角度保障着教师质量的持续改进。

一、美国教师质量问责的主体、要素及机制转型特征

美国教师质量问责机制产生的时间虽然不长，但是发生

了较为清晰的历史转型。这种转型集中体现在以下三个层面：一是联邦政府成为教师质量问责的重要主体，实现了联邦问责由边缘向中心的转型；二是学生学业成绩成为教师质量问责的首要目标，实现了问责要素由输入向输出的转型；三是专业问责成为教师质量问责的重要机制，实现了外部问责向内部问责的转型。

（一）由边缘到中心：联邦政府成为教师质量问责的重要主体

美国联邦政府对教师培养和教师发展的介入和参与始于 20 世纪 50 年代末，主要局限于为教师的在职培训和大学教育提供经费资助。随着时间的推移，联邦政府对教师教育的介入形式和范围全面拓展。特别是以《不让一个孩子掉队法案》的颁布为标志，联邦政府重新界定并实质强化了自身在教师教育中的角色，加强了国家层面对教师质量的整体控制和问责力度。在这种背景下，美国联邦政府在教师质量问责中的地位和功能实现了由边缘向中心的转型。正如戈尔兹（Goertz，M. E. ）所言，美国联邦教育部作为监督各个层面的教师质量状况的联邦机构，"是教师质量的一个重要利益相关者，其在问责中的介入日益深入"①。总的来看，联邦政府在教师质量问责中的这种转型体现出如下几个特征。

1. 由零散介入向广泛控制转变

长期以来，美国的教师教育形态主要通过州层面对教师教育机构以及对教师认证的要求来界定和塑造。联邦政府对教育及教师教育的介入和参与，在总体上呈现出零散性和有限性，甚至在一段时期内"对教师教育方向的影响是无关紧要的"②。然而，在过去 20 年里，各类专业组织和私人基金会关于教师教育高度政治化的讨论以及媒体的广泛关注，使教师教育广泛进入国会和白宫的视野，于是联邦层面关于教师教育的立法活动与日俱增。当前，教师教育总体上应该留于各州且联邦政府应保持最低限度干预的信念，已经被一个新的、更为复杂的治理规范所取代。在这一治理规范中，联邦、州、地方

---

① Goertz，M. E. ，"Redefining Government Roles in an Era of Standards-Based Reform," *Phi Delta Kappan*，2001，83(1)，pp. 62-72.

② Clark，D. L. & McNergney，R. F. ，"Governance of Teacher Education," In R. W. Houston（Ed. ），*Handbook of Research on Teacher Education*，New York，Macmillan，1990，pp. 101-118.

当局共享教师教育控制权。联邦对教师教育的介入进入一个广泛控制的新阶段。

2. 由政策工具向政策目标转变

除了联邦介入规模的拓展之外，联邦政府对教师教育的介入性质本身也实现了由政策工具向政策目标的转变。20世纪50年代到80年代，联邦政府出台的与教师教育相关的政策更多的是作为实现教育政策目标的工具而出现的，其本身尚未成为联邦的政策目标。正如厄尔利（Earley, P. M.）等人所言，"联邦对教师的招募、培养和持续的专业发展的关注是一种政策工具而不是政策目标。也就是说，尽管特殊教育、双语教育、数学和科学教育以及职业教育等项目包含了用于教师招募、培养和在职培训的适度费用，但是这些项目中的教师教育部分只是达成一个更广泛目标的工具"[①]。但是，到了20世纪90年代，联邦政府对于教师教育的干预和控制发生了很大的转变。教师质量问题已经成为联邦政府教育改革的重要议题，且提高教师教育质量和教师质量成为联邦政府的一项重要政策目标。[②]

3. 由边缘议题向中心议题转变

长期以来，联邦政府对教师教育领域中的关键问题和核心议题大多持保留和沉默态度，避免引起关于教师教育基本原则的争论，而仅仅致力于证书的解制等治理变革（governance reform）。因此，联邦对于教师教育的介入和支持"以项目拼盘为特征，这些项目规模小、为期短，而且对于学校改进的意义并不大"[③]。然而，20世纪90年代的联邦立法，如《高等教育法案修正案》、《中小学教育法案》的修正案以及《2000年目标：美国教育法案》等法案的出台，标志着联邦教师教育政策路径的改变，即联邦政府开始关注那些在较早时期处于边缘地位的教师核心议题。特别是随着《中小学教育法案》的第六次修改以及2001年《不让一个孩子掉队法案》的颁布，联邦政府在教师教育领域中的

---

① Earley, P. M. & Schneider, E., "Federal Policy and Teacher Education," In J. Sikula, T. Buttery & E. Guyton (Eds.), *Handbook of Research on Teacher Education*, New York, Simon & Schuster, 1996, 2nd ed., p. 306.

② 杨启光：《从边缘进入视域中心：美国联邦政府教师教育政策的发展》，载《江南大学学报（教育科学版）》，2008(4)。

③ Earley, P. M. & Schneider, E., "Federal Policy and Teacher Education," In J. Sikula, T. Buttery & E. Guyton (Eds.), *Handbook of Research on Teacher Education*, New York, Simon & Schuster, 1996, p. 306.

角色已经实现了根本转型，实质上开启了联邦政府教师质量问责的大门。

4. 由政策引导向政策强制转变

20世纪90年代以前，州层面一直保持着教师教育的控制权。联邦政府对教师教育的介入主要采取政策引导的方式，通常的举措是为各类教师培养项目提供经费资助，为学生提供奖学金以吸引其进入教学领域，为在职教师提供专业发展奖学金，等等。这些经费，通常以一揽子拨款的形式拨付给各个州，在既定的政治结构之内，由各州的教育部门进行自主管理和使用。20世纪90年代之后，联邦层面在继续强化经费引导的同时，通过系列法案及其修正案，形成了政策强制和经费引导相结合的综合性政策工具，推动教师教育向联邦预期的方向改革和发展。以《高等教育法案修正案》为例，该法案将原先第二款的"教师质量强化拨款项目"调整为"为各州的教师招募、教师教育、教师认证及教师支持提供经费"，同时要求各州及其教师教育机构要系统化地评估候选人的质量。到1998年再次授权的时候，联邦正式建立了一个强制性的教师质量年度报告制度。正如芭芭拉·贝尔斯（Barbara L. Bales）所言，20世纪末"美国教师教育政策最根本的转变就是控制权由州层面到联邦层面的转移。尽管高等教育机构和项目人员最终决定这些政策如何实施，但是，引导已经变为强制，不遵守国家层面政策的风险也已经增加"①。

表5-1　联邦立法中的教师教育和教师专业发展条款的目标和假设、政策工具与资助模式

相关法案	目标和假设	政策工具	资助模式
《国防教育法案》National Defense Education Act（1958年）	目标：获得全球竞争力，保护国家安全；（假设：改进科学、数学和外语的教学将促成这些目标。）	更新和升级教师的教学工具；完善教师培训机构。	基于特定目标的资助条款；直接给为特定学科和特定学生培养教师的项目以经费。
《高等教育法案》Higher Education Act（1965年）	解决教师短缺问题；雇用归国的美国和平部队志愿者进入教师队伍。	采取教学的激励措施；基于学区和学校对教师进行培训。	经费资助范围有限。

---

① Barbara L. Bales, "Teacher Education Policies in the United States: The Accountability Shift Since 1980," *Teaching and Teacher Education*, 2006(22), pp. 395-407.

续表

相关法案	目标和假设	政策工具	资助模式
《教育专业发展法案》Education Professions Development Act（1967 年）	填补教师短缺并改进教学。	奖学金；教师培训。	联邦经费继续给予分类支持。
《高等教育法案修正案》(1992 年)	促进 K-12 学校和培养教师的高等教育机构的并行改革。（假设：好学校需要好教师；好教师将在那些致力于改革教师教育以满足 K-12 学校需求的机构中被培养出来。）	K-12 学校与教育系（学院、学部）的伙伴关系；拓展的职前和专业发展服务的提供者；更容易使领域外人员进入教师职业的项目。	未资助。
《2000 年目标：美国教育法案》(1994 年)	提出一个指导联邦教育政策的框架；增加教师的培训机会，使其能获得为 21 世纪培养学生所必需的知识和技能。（假设：所有的学生都能满足高的学科和表现标准。）	改进计划；K-12 学校与教育系（学院、学部）的伙伴关系。	从以个体儿童为指向的分类途径转向聚焦贫困儿童的学校改革；每个州的份额的 90% 留给地方教育机构和学校；给那些与高等教育机构建立伙伴关系以改进职前和持续的教师教育的地方以经费补助。
《改进美国学校法案》(1994 年)	确保教师准备好开展高标准的教学。（假设：教学关乎学生学习。）	与州标准相匹配的高质量的专业发展；持续的教师职前教育和继续教育应该包括学科领域的内容和教育学。	尽管更新了举措，联邦对教师教育和专业发展的拨款并没有比 20 世纪 80 年代的水平改善多少。

相关法案	目标和假设	政策工具	资助模式
《高等教育法案修正案》(1998 年)	改进高等教育机构的教师教育项目。〔假设：教育系(学院、学部)不足以充分地培养教师；学生学业成绩是教师质量问责的合理指标。〕	拥有教育系(学院、学部)的报告要求(如教师候选人的考试分数)。	经费流向学校和地方，而不是流向教育系(学院、学部)；整体补助款。
《不让一个孩子掉队法案》(2001 年)	确保所有学生都由高质量教师进行教育。(假设：拥有学科知识的教师将能改进教学，改进教学将改进学生学业。)	教师学科知识以及认证要求；替代性培训提供者；学校层次的问责。	经费水平不足以满足规定时间内的要求；拓展拨款进入教学的替代性路径。

(二)由输入到输出：学生学业成为教师质量问责的重要指标

20 世纪 80 年代以来，教师质量问责的基本要素发生了十分明显的转型，由输入要素转变为输出要素，也就是从确认何种教师行为和特征与学生学业成绩有最大相关性，转移到将学生学业成绩证据归因于个体教师和教育项目，并将学生学业成绩作为教师质量问责的重要指标。

在很长一段时期内，美国对教师质量的评估一般通过具体的"教师特征"来进行，常用的指标有教师的学历学位、资格认证、从教时间、专业发展活动，等等。《国家处于危险之中：教育改革势在必行》发布之后，美国教育改革面临的焦点是通过制定和实施各学科的学业标准来提高 K-12 学生的学业成绩。在这段时期，教师质量问责的重心是对输入要素的界定和评估。例如，州教育部门评估高等教育机构的教师教育项目，主要关注的是必修课程、师生比例、教师教育者或者教师资质、经费资源等指标。[①] 专业许可和认证组

---

① Bradley, A., "Signs Abound Teaching Reforms Are Taking Hold," *Education Week*, 1995(5), pp. 1-18.

织也使用类似的标准。① 但是，无论是州层面还是联邦层面，它们早期关注的教育指标都聚焦于提供更多更好的资源，却没有有效改进学生的学业成绩。在这种背景下，联邦和州的政策做出了一个明确的转变，即由强调学校投入转为强调绩效目标和结果。

进入 21 世纪以来，结果取向的问责走到了美国教师质量问责的前台和中心位置。② 《高等教育法案修正案》第二款要求，所有举办教师教育项目的高等院校必须向州教育部门和公众报告教师候选人在州教师资格考试中的通过率。州要基于这些通过率对所有机构进行排名，并公布于众。③ 而且该法案就"教师质量"的问责列出了四项与 K-12 教育相关的目标：一是改进学生学业；二是通过改进教师职前培养、强化专业发展活动，提高当前和未来教师队伍的质量；三是高等教育机构要对培养拥有必要教学能力并在所任教学科领域有很高胜任力的教师负责，如数学、科学、英语、外语、历史、经济、艺术、公民、政府和地理；四是招募高素质的个体，包括招募从其他职业而来的个体进入教学队伍。对中小学校而言，标志性事件就是《不让一个孩子掉队法案》的通过和实施。该法案将标准化考试成绩作为 K-12 学生学习成效的主要测量指标，并强化了此前许多州基于学生学业成绩的问责政策。可以说，《不让一个孩子掉队法案》的里程碑意义在于使标准化考试和学生学业成绩成为教师质量问责的重要指标。

当前，改进学生学业成绩已经成为重大的国家关切。正如戈尔兹所言，"在美国，政策制定者和教育领导者正在实施系列问责和评估举措，以回应公众对改进学生学业成绩不断增强的关切和呼吁"④。作为影响学生学业成绩的一个关键因素，教师质量的问责自然指向了学生学业成绩。基于学业成绩的

---

① Tom, A. R., "External Influences on Teacher Education Programs: National Certification and State Certification," In Zeichner, K., Melnick, S. & Gomez, M. L. (Eds.), *Currents of Reform in Preservice Teacher Education*, New York and London, England, Teachers College Press, 1996, pp. 11-29

② Goertz, M. E., "Redefining Government Roles in an Era of Standards-Based Reform," *Phi Delta Kappan*, 2001, 83(1), pp. 62-72.

③ Blair, J., "Critics Claim Missteps on Execution of Title II," *Education Week*, 2002, 21(43), pp. 30-35.

④ Goertz, M. E. & Duffy, M. C., "Assessment and Accountability Across the 50 States," *Consortium for Policy Research in Education (CPRE) Policy Briefs*, 2001, pp. 1-11.

教师质量问责已经成为美国的主流。对教师质量的评估，不再简单地取决于达到最低的标准、满足项目的要求，而是要证明教师在提高学生学业上的效能，这一转型得到诸多学者的支持。比如，莱文认为"教师教育项目应当为这样一个世界培养教师，即这个世界对成功的唯一评价就是学生的学业成绩"①。不让一个孩子掉队委员会联合主席在一项声明中称"我们必须使用更为精细的数据系统去关注教师在改进学生学业方面的效能，而不是进入教师职业的资格要求"。

（三）由外部到内部：专业问责成为教师质量问责的重要机制

基于教师教育是一种专业教育的观点，所有的问责机制可以分为内部问责与外部问责两大类。内部问责就是专业问责，而外部问责就是政府问责、市场问责。外部问责依赖标准与规制等程序上的合理性。地方、州或联邦政府通过分析达标报告及实施现场考察来对标准进行评估。大多数政府问责的例子都根植于正式的法律，最低限度也要基于地方学校委员会的政策。简言之，服从就是要求，如果没有达到要求就会面临处罚。如果州、学区或学校未能遵守规定，他们将面临处罚，如撤销认证或资助，或者解聘教师和管理者。

对政府问责最大的批评，就是"一刀切"模式与学校学生群体、教师群体的多样性之间的矛盾。阿贝尔曼（Abelmann，C）和埃尔莫尔（Elmore，R.F.）就指出，内嵌于这些外部问责体系之中的是真实的学校，它们有自身独特的组织特征和问题，有独特的学生群体，处于多元且独特的社区，有自身的发展历史。特定学校的多样化的现实与不断出现的问责体系背后的统一性的压力构成一对明显的矛盾。因为外部问责体系假设了一个世界，即所有的学校都对学生表现有同样的期待。但是，学校管理者和教师看到的世界，基于他们独特的背景、他们对自身和服务对象的观念以及对学生的期待，而且他们所认为的优质教学也基于自身的专业判断。② 这与外部问责所主张的标准化、统一性构成明显的矛盾。

---

① Levine，A.，"Educating School Teachers," https：//files. eric. ed. gov/fulltext/ED504135. pdf，2019-01-25.

② Abelmann，C. & Elmore，R. F.，"When Accountability Knocks, Will Anyone Answer?" Paper prepared for Consortium for Policy Research in Education，1998，p. 1.

因此，诸多研究者主张，单靠外部问责机制是不够的，我们需要将更多的注意力转移到教与学之上，转移到更有力的项目评估和改进内部问责机制之上。① 因为与外部问责不同，专业问责的焦点主要有三个。第一，教与学的过程居于专业问责的中心。专业问责不仅关注教师的表现，同时关注学生的学习。第二，教师的专业知识是专业问责的核心要素，一般被称为"最佳实践"，而且研究取向的基本原则应当是所有专业发展的核心。这些原则已经被证明对学生学习构成影响。第三，专业问责取决于一种真实的、有效的合作文化。教师和管理者都重视并承担起分享和反思的责任，并将其作为个人发展、学生学业和学校改进的手段。因此，同行评价、共享责任、证据分析是专业问责模式的关键要素。

因此，专业问责体系的支持者致力于促使并鼓励教师成为顾客导向的、使用所有可资利用的知识做出专业决策的专业人士，努力学习并改进他们的专业实践。简单而言，问责就是对自己的行为负责。作为提供教学服务的专业人士，教师的责任就是教会学生学习，所以教师质量问责的核心离不开学生学习。可以说，持续改进并优化教学实践，使学生能够进行深度学习，就是教学专业最重要的责任，也是高质量教师的重要表征。在这种意义上，专业取向的教师质量问责的对象不能仅局限于学生学业成绩，而是所有学生更深层次的、更有意义的学习。因此，专业问责更能支持教师专业发展，进而促进学生有意义的学习。

二、三种取向的教师质量问责之间的理论逻辑与实践依赖关系

当前，国家力量、专业力量、市场力量共同塑造着美国教师质量问责的现实图景。虽然每种力量的出发点、关注点、着力点不同，但都承认教师质量的重要价值，并共同致力于保证和改进教师质量的理论建设与实践努力。20 世纪 80 年代以来，三种取向的教师质量问责不仅经历了自身在理论与实践层面逐步完善的过程，而且经历了一个彼此借鉴、相互支持的发展过程，逐步形成了混合型的教师质量问责模式。

---

① El-Khawas，E.，*Developing Internal Support for Quality and Relevance*，Washington，DC，World Bank Latin America and the Caribbean Regional Office，1998，p. 2.

（一）三种取向的教师质量问责在理论层面的逻辑关系

国家取向、专业取向、市场取向的教师质量问责机制，分别基于政治学、教育学、经济学的学科视角，表达了政府力量（公民文化）、学术力量（专业文化）、市场力量（经济文化）对教师质量改进的不同利益诉求，并基于各自的思想基础、理论假设构建起独特的教师质量问责理论框架。三种取向的教师质量问责机制，在内涵上既有区别，又有联系，甚至有一定的融合共通之处。

1. 三种取向的教师质量问责机制在目标设定上最终均指向了学生学习，但对学生学习的聚焦点不同

国家取向的教师质量问责，旨在通过改进教师质量，保证所有的学生达到既定的学业标准，体现出对学生学业成绩的高标准、公平性两个明确的目标诉求，向公众的承诺是保证"每个课堂都有高质量教师"和"不让一个孩子掉队"。这是政府责任的内在要求，是国家保障每个公民合法的受教育权的基本体现，也是保障国家利益的基本途径。专业取向的教师质量问责，旨在以高质量的教师促进学生有意义的学习，使 K-12 学生掌握进入大学和职业所需要的知识和能力，向公众的承诺是"保证获得专业认证的教师教育机构和项目所培养的教师候选人具备促进 K-12 学生学习的专业知识和能力"。这是教学作为一种专业的本质要求，体现了教师的知识基础与伦理责任，也是提升教师职业声望与专业地位的必然要求。市场取向的教师质量问责，旨在通过有效的激励举措促进高质量教师的招聘和保留，特别是吸引高质量教师到高需求学校和学科任教，进而达到促进学生学业成绩增值的目标，向公众的承诺是"作为教育经费最大的支出项目，教师薪酬必须与学生学业增值情况相挂钩，而不是单纯地基于从教时间或所获学历"，即强化经费投入的绩效问责。这是经济规律与市场竞争的内在要求，重点考察的是教师质量"投入"与"产出"之间的关系，并根据教师的实际效能提供相应的薪酬，使教师质量的经济价值最大化。

2. 三种取向的教师质量问责机制在标准选取上均以学生学业标准为基础，但专业问责与市场问责在此基础上各有延伸

由于三种取向的教师质量问责均旨在通过教师质量的改进达到促进学生学习的总体目标，因此它们问责的标准必然具有内在的联系。其一，国家取向的教师质量问责标准是联邦或州所确定的 K-12 学生学业标准，包括内容标准与表现标准，这些标准是政府对学生学习成效的基本期待。学生学业成绩的达标程度是政府对教师质量进行评估和问责的基本依据。同时，联邦或州所确定的学生学业标准在制定过程中必然吸纳专业力量的参与，甚至直接采用专业组织的相关标准，表现出政府对专业力量的依赖。其二，专业取向的教师质量问责标准是相关专业组织制定的教师教育机构和项目标准，而这类标准的制定离不开 K-12 学生学业标准这一重要参照标准。比如，专业问责要求教师教育项目必须提供与学生学业标准相关联、相符合的课程与评估，要求教师候选人必须具备按照相关学业标准开展教学的专业知识与能力，并据此对教师候选人的表现进行评估，等等。其三，市场取向的教师质量问责所依赖的学生学业增值情况，在很大程度上也基于政府层面所组织的各类学业考试及其建立的学业成绩数据库。因此，学生学业标准在三种取向的教师质量问责中均具有基础性作用，也是政府影响专业力量与市场力量的重要途径。

3. 三种取向的教师质量问责机制在评估工具的选择上呈现出成绩评估(外部机制)与同行评审(内部机制)两种方式

国家取向与市场取向的教师质量问责均依赖学生学业考试，但是评估路径是不同的。国家取向的教师质量问责，主要采用横向的学业成绩评估路径，即根据学生在某个时间点的学业成绩水平对教师质量进行问责，比如，几乎所有的州都将学生学业的平均成绩作为公开报告的规定要素之一。市场取向的教师质量问责则采用纵向的学业成绩评估路径，即以特定学生长时间的学业进步情况为关注点，对特定群体学生在学校期间的进步表现进行持续跟踪，评估的是学生在两个不同时间点之间的学业增值情况。但是，目前国家取向的教师质量问责也越来越多地引入学业增值评估模型，比如，奥巴马政府所实施的《力争上游计划》就开始采用学生学业增值评估模型对教师质量进行评价，而且对教师教育质量的评估与问责已经延伸到 K-12 课堂，即通过教师教育项目毕业生所任教的学生的学业考试成绩来对相应的教师教育项目质量进行倒追式的评估和问责。专业取向的教师质量问责所采取的评估工具是同行评审，即基于专业同行建立的标准体系，对教师教育机构和项目的质量进行认证式的问责，在本质上是一种内部问责机制。

4. 三种取向的教师质量问责机制在结果奖惩上各具特色且互相配合，形成教师质量问责的立体网络

国家取向的教师质量问责主要通过立法和行政的手段对评估结果进行奖

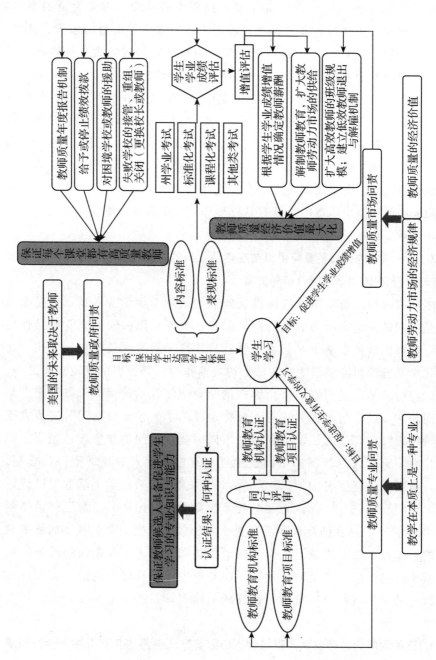

图 5-1　三种取向的教师质量问责在理论层面的逻辑关系示意图

罚，主要措施有教师质量年度报告机制，对困境学校或教师的援助机制，对失败学校的介入、干预、重组、接管机制（涉及更换校长或教师）以及绩效拨款机制（对相关学校或教师质量改进项目给予或停止绩效拨款）。专业取向的教师质量问责则通过同行评审做出是否对相关院校或项目予以认证以及予以何种认证的决定，这是因为专业承担着实践和伦理专业标准的界定、传承和实施的集体责任。一个自我规范的教学专业，必须确保所有被允许进入教学领域的教师都是准备好的、合格的，确保所有的教师能够有效地服务于学生的学习。同时，专业同行的评审结果目前已经成为政府层面准入制度的重要参考或者直接依据。在诸多州内，二者已经实现了融合，即政府根据专业组织的认证结论对州内的教师教育项目进行授权。市场取向的教师质量问责理论主要基于经济规律和市场竞争的视角，主张解制教师教育，减少教师教育方面的成本投入，增加教师劳动力市场的供给，并根据教师促进学生学业增值的实际效能决定教师的薪酬；同时，扩大高效教师的班级规模，缩小低效教师的班级规模，甚至解雇无效或低效教师，从而使教师质量的经济价值实现最大化。三种取向的教师质量问责对结果的奖罚并不是孤立存在的，而是相互依托的。例如，专业问责的结果会在教师质量年度报告中呈现，而这又会成为市场问责的依据；政府对困境学校、失败学校以及低表现项目的认定，往往需要专业力量的介入与干预，以帮助这些学校及项目实现改进，同时这种认定又促进了家长选择等市场问责。

（二）三种取向的教师质量问责在实践层面的依赖关系

在实践中，三种取向的教师质量问责呈现出相互依赖、相互借力、相互支持的关系，突出表现为政府问责将专业问责、市场问责的某些要素纳入自身的问责体系，通过专业问责与市场问责实现政府确定的目标。同时，专业问责、市场问责往往又离不开政府的授权、引导或支持。这是当前美国教师质量问责实践的一个显著特征，即政府问责在教师质量问责实践中具有基础性作用。

1. 政府问责与专业问责的相互依赖关系

首先，政府问责依赖专业问责实现自身目标。例如，有些州政府要求该州的教师教育项目必须获得全国公认的专业认证机构的认证；有些州依赖专业认证机构进行教师教育项目的审批，规定只有获得审批的项目的毕业生才能获得专业执照；有些州则把专业认证机构作为州教师教育项目审批程序的顾问，使用专业认证机构的审查报告、情况分析、认证报告对自身的认证决定予以佐证；有些州则与专业认证机构联合开展现场考察，基于同样的材料、方法、工具及日程对教师教育项目进行认证。这都是政府对专业力量的肯定，通过专业问责的途径实现政府对教师教育质量"把关"的目标。同时，专业问责对政府力量也有依赖关系，因为在美国，教师教育认证的法定权力为州所有，也就是说，州最终决定了采用何种标准对教师教育机构或项目进行质量评估。因此，与各州加强在教师教育认证领域的合作与共享，是各类教师教育专业认证机构的必然选择。例如，全美教师教育认证委员会与教师教育认证委员会都寻求并获得了美国联邦教育部的许可，以此增强了自身认证的公信力，扩大了认证影响。

2. 政府问责与市场问责的相互依赖关系

政府问责吸纳市场问责要素较为典型的案例就是 NCLB 法案给予家长更多选择权，这也是 NCLB 法案的四大支柱之一。一方面，NCLB 法案要求各州必须对每所公立学校相关年级学生的阅读和数学进展进行评估，并将客观的评估数据提供给家长，告知其孩子的学业情况；另一方面，NCLB 法案要求州和学区为家长提供关于学校和学区的报告卡。报告卡要包括学生的学业成绩数据以及关于教师专业资格的重要信息。基于这些规定，NCLB 法案确保家长能够及时获得其孩子所在学校的绩效信息以及孩子的学业信息，使家长了解孩子的优点与不足，了解孩子所在学校的运行情况。如果某所学校第一年被认定为需要改进的学校，家长有权利将其孩子转到本学区一所有更高表现的公立学校，包括特许学校。如果该校第二年仍被确定为需要改进的学校，那么学区必须为家长继续提供公立学校作为备选，而且必须为低收入背景的学生提供额外的教育服务，如辅导、课后项目或补习班，以保证这些学生接受高质量的教育。之所以要扩大家长的选择权，目的就在于给予学校更大的压力，促其实施改革，做出改变，进而改进学生学习并达到学业成绩目标。

另外一个案例就是特许学校。自 1991 年第一部特许学校法律在明尼苏达州通过以来，特许学校在美国的数量越来越多。特许学校不受普通公立学校的法律法规所制约，被授予决策的自主权，可以决定自身的使命、课程、管理、结构、人事以及资源的分配。特许学校在一个市场驱动的体系中运行。在这个体系中，学校要对学生和家长等"顾客"负责。这种市场取向的体系给予家长教育选择权，促进了学校在提升学生学业成绩之间的竞争。由于竞争的存在，学校不仅面临提供创新性项目以保证学校成功的挑战，而且面临更为严峻的问责。因为特许学校依托创办人与授权人之间的特许协议而存在，必须在规定时间内(特许协议结束前)满足相应的问责要求，否则将面临不予续约或被取消特许的可能。为此，特许学校必须创新其教师聘用与薪酬政策。一方面，特许学校以学生学业进步为依据聘用教师，而不甚关注教师是否具有相应的资格；另一方面，大多数特许学校没有教师工会，这使学校从集体谈判合同中解放出来，使得特许学校能够给有更高表现的教师高额的奖金。①因此，在特许学校中，市场竞争的特征更为明显，其目的就在于通过制度的创新，在公立学校体系内为美国学生提供高质量的教育。

因此，在美国的教师质量问责体系中，政府层面的问责具有基础性作用，既从某些方面对专业问责与市场问责进行了授权、支持与引导，也吸纳了专业问责与市场问责的合理要素服务于政府目标，并且政府本身在资源的统筹力、信息的公信力等方面具有相对优势，因而在教师质量问责中发挥着基础性作用。同时，专业力量、市场力量基于各自明确的目标指向和问责框架，在达成自身目标的同时，也从多个角度对政府问责进行支持。

表 5-2　三种取向的美国教师质量问责机制的对比分析

	国家取向的教师质量问责机制	专业取向的教师质量问责机制	市场取向的教师质量问责机制
代表人物（或组织）	罗德·佩奇、罗伯特·林、萨拉·布鲁克斯以及不让一个孩子掉队委员会、州教育委员会等	达林-哈蒙德、阿瑟·怀斯以及 NCATE、TEAC、CAEP 等	汉纳谢克、桑德斯、利弗金等教育经济学家与统计学家
为什么问责	新保守主义思潮的影响 教师作为国家的代理人 美国的未来取决于教师	教学在本质上是一种专业 维持专业标准的集体责任 强化教师的专业地位与职业声望	新自由主义思想盛行 教师质量的经济价值 教师政策领域的悖论

---

① Chester E. Finn & Marci Kanstoroom，"Do Charter Schools Do It Differently?" *Phi Delta Kappan*，2002，84 (1)，pp. 59-62.

		国家取向的教师质量问责机制	专业取向的教师质量问责机制	市场取向的教师质量问责机制
谁问责谁	问责主体	联邦或州的立法机构与行政机构	专业的教师教育认证机构	纳税人、社会公众
	问责客体	次级政府、K-12学校、教师教育院校	教师教育机构、教师教育项目	教师教育项目、K-12学校以及各类经费使用主体和相关政策
问责什么		教师任教的学生是否达到既定的学业标准	教师教育机构和项目所培养的教师候选人是否具备促进学生有意义的学习的专业知识与能力	教师质量的经济价值是否实现了最大化
如何问责	总体目标	保证每个课堂都有高质量教师→保证所有学生达到学业标准→不让一个孩子掉队→力争上游	保证每个项目的教师候选人具备促进学生有意义的学习的专业知识与能力→促进学生有意义的学习→使学生掌握进入大学及职业的知识和能力	保证对高质量教师形成有效激励→使教师质量的经济价值最大化
	基本标准	学生学业标准（内容标准＋表现标准）	教师专业能力标准（教师教育机构标准与教师教育项目目标）	学生学业增值情况
	评估工具	学生学业横向评估路径	同行评审（学术审查＋实地考察）	学生学业考试成绩的纵向评估路径
	结果奖惩	公开报告 专业援助 绩效拨款 奖励、接管、关闭与重组	通过是否予以认证以及予以何种认证，把住教师教育项目的准入关口，实质上是按照专业原则对教育资源进行分配，将优质资源投入优质项目	建立教师绩效薪酬制度，强化教师薪酬的绩效问责 扩大高效教师的班级规模，缩小低效教师的班级规模 建立低效教师的退出与解雇机制，用高效教师取代低效教师 解制教师教育，激活教师劳动力市场

	国家取向的教师质量问责机制	专业取向的教师质量问责机制	市场取向的教师质量问责机制
代表性实践	《高等教育法案》确定的教师质量年度报告机制、低表现项目援助机制和经费资格中止机制 NCLB 法案确定的高质量教师标准，令学区和学校定期就教师质量改进情况做出说明和报告；为未达标的地方设计专业发展策略和活动，并禁止其用 NCLB 法案经费招募新教师 《力争上游计划》的联邦教师质量问责计划，把项目毕业生对 K-12 学生的影响作为教师教育项目质量的问责依据 得克萨斯州教育者培养项目问责体系，对所有教育者培养项目进行持续问责，对低表现项目进行技术援助和专业服务，不允许其招收新生，直至撤销认证；对需要改进的教师进行专业介入；如教师持续未达标，将考虑将其从岗位、学校以及/或者学区调离	NCATE 的教师教育机构问责 TEAC 的教师教育项目问责	联邦层面：基于学生学业表现问责的教师激励基金项目 学区层面：基于学生学习目标问责的奥斯汀独立学区 REACH 项目
主要特点	把学生学业标准作为问责的基本工具 国家宏观指导与地方灵活实施相结合 以财政拨款与中止为问责的有效杠杆 问责体系内部呈现较复杂的等级结构 标准问责的积极效应与消极效应共存	以基于研究的专业标准为基础 突出促进学生的学习这个中心 强调教师教育质量的持续改进 以专业人士为主体的多元参与 与政府问责的相互结合和支持	以经济学视角审视教师质量问题 通过纵向学生学业增值评估教师质量 基于市场竞争取向的教师薪酬政策 主张解制取向的教师教育改革路径

第二节 构建中国特色教师质量问责机制的建议

我们身处于一个质量与问责并行的时代。强化问责，是保证和改进质量的必然要求、有效路径。教师质量、教育质量概莫能外。美国的经验告诉我们，教师质量问责，是撬动基础教育改革的有效杠杆，是推动教师教育改革的重要动力，是整个教育问责体系的有机构成，需要配套的标准建设、评估工具、数据系统等综合推进，需要法律力量、专业力量、行政力量的协同推进，需要国家层面、地方层面、院校层面的系统发力，还需要理论体系与实践机制的互促互进，是一项真正意义上的系统工程。

教师教育具有明显的基础性、公益性特征，是教师质量改进与提升的重要抓手。当前，构建中国特色教师质量问责体系，既是我们深化教师教育改革、加强教师队伍建设的必然要求，也是我国推进教育领域综合改革的一个值得尝试的突破口。借鉴美国经验，结合我国实际，本书提出以下建议，可以概括为树立一种意识（质量意识），构建两个实体（一个数据系统、一个评估机构），建立三类机制（教师质量年度报告机制、教师教育评估认证机制、教师质量经费问责机制），多管齐下，综合推进，建立起符合我国实际的教师质量问责体系。

一、形成教师质量意识与思维

在美国，教师教育的研究与实践"在很大程度上是由质量控制（quality control）的主题所主导的"[①]。教师教育研究者将核心问题界定为寻找那些保证教师培养质量和专业发展质量的方法和途径，形成了一种浓厚的质量文化。这种质量文化有效助推了美国教师质量及其问责机制的发展。基于此，本书认为，树立质量意识，形成质量思维，是改进教师质量的重要依托，也是建立并实施教师质量问责机制的前提条件。树立教师质量意识，关键是要明确教师素质与教师质量两个概念之间的联系与区别，实现从教师素质观向教师质量观的转变。教师素质概念的主体是教师，指向也是教师，旨在阐明教师

---

① R. W. Houston, *Handbook of Research on Teacher Education: A Project of the Association of Teacher Educators*, New York, Macmillan Publishing Company, 1990, p. 7.

本身应该"具有什么"。而教师质量的概念并不局限于教师本身所具备的素质，而是特别关注教师素质所达到的实际效果，其概念的主体是教师，指向却是学生，旨在阐明教师满足以学生发展为核心的多样化需求的程度。因此，教师质量的概念既可以承接"教师素质"概念的"合理内核"，又可以超越其局限性，是一个多维的概念，包括教师效能、教师资格、教师专长、教师个性、教师表现、教师成功等多个方面。① 对此，叶澜教授曾经指出，"教师的专业素养是当代教师质量的集中表现，它应以承认教师职业是一种专业性的职业为前提"②。这里的专业素养与教师素质是类似的概念，由此也体现出教师素质是教师质量的一个维度。同时，质量与标准、评估、问责是相互联系、密不可分的。如果没有质量意识，那么教师质量标准、评估和问责也就失去了存在的前提。具体而言，我们要树立两种质量意识。

表 5-3　我国学者关于教师素质界定的五种观点③

界定的视角	概念界定的核心特征	代表人物	代表概念
心理学视角	将教师素质界定为教师所应具备的一种心理品质	林崇德、周建达、申继亮、辛涛	教师素质是教师在教育教学活动中表现出来的、决定教师的教育教学效果、对学生身心发展有直接而显著影响的心理质量的总和。
职业质量说	将教师素质界定为教师所应具备的一种职业质量	甄德山、唐松林、白益民、徐厚道	教师素质是教师从事教育活动应该具有的一种职业质量。
基本条件说	将教师素质界定为教师所应具备的一种基本条件	陈云英、陈德珍、张福成、陈平	教师素质是教师履行"教书育人"职责，完成教育教学任务所必须满足的基本要求和条件。

---

① Jane G. Coggshall，"Communication Framework for Measuring Teacher Quality and Effectiveness：Bringing Coherence to the Conversation，" http：//files. eric. ed. gov/fulltext/ED543771. pdf，2015-07-06.

② 叶澜：《新世纪教师专业素养初探》，载《教育研究与实验》，1998(1)。

③ 赵英：《我国教师素质理论研究述评》，载《上海教育科研》，2013(4)。

续表

界定的视角	概念界定的核心特征	代表人物	代表概念
综合要素说	将教师素质界定为教师所应具备的一组要素	冯志亮、刘晓铺、谭荣波、孙耀霖	教师素质是教师基于社会需要、职业需要、个人需要和个人天赋养成的人生观、价值观，形成的与职业要求相应的知识、技能、理论、艺术、思想水平以及生理素质、心理状态和行为习惯。
质量含义说	对教师素质的界定借鉴或吸收了"质量"的某些要素	谢安邦、叶澜	教师素质是群体或社会对人们扮演教师这一特定角色必须具备的心理和行为品质的要求。

(一)形成三位一体的教师质量意识与思维

改进教师质量是一个持续的过程，涵盖教师的职前培养、入职培训、职后专业发展三个阶段，其中每个阶段都有独特的质量要求和问责模式。但是，这三个阶段的质量改进从本质上而言是一个连续体，依次相续，不能割裂和孤立。为此，我国要建立三个阶段相互衔接的教师质量标准。职前培养阶段，主要通过建立教师教育机构标准和专业标准，确保把师范生培养成为质量合格的准教师，而且各项标准均要与国家教师资格考试的要求、新入职教师质量标准相联系。入职培训阶段，主要通过国家教师资格考试，把住新入职教师的质量关，并为初任教师制定基于表现的标准，保证其在入职期内成长为一名合格教师，并及时退出不适合从教者。职后专业发展阶段，主要关注成熟教师的专业发展质量，通过教师资格的定期注册机制以及制定教师专业培训标准、高级教师专业标准，引导教师参与高质量的专业发展活动，实现教师质量的持续改进。同时，有关部门根据教师从教后在提升学生学业成绩上的表现，对教师教育机构和项目进行"倒逼式"问责。

(二)形成多方协同的教师质量意识与思维

教师质量改进是一项涉及多个利益主体的事业，需要政府部门、教师教育机构、中小学校等多方主体的协同配合，缺一不可。各个主体均要树立相

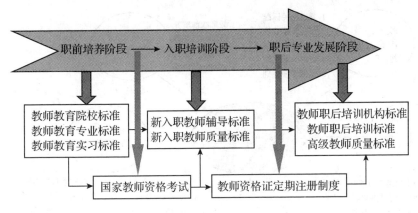

图 5-2　三位一体的教师质量标准结构图

应的质量意识，并承担相应的质量责任。例如，政府部门要制定各个阶段的教师质量标准以及与之配套的教师薪酬、晋升、荣誉等政策体系，组织高质量的国家教师资格考试，并为教师教育机构、中小学校的教师质量改进提供充足的经费。教师教育机构作为教师培养、培训的重要实施者，要满足相应的机构和专业标准，并与中小学校协同合作，实施高质量的教师教育，保证教师的培养培训质量。中小学校作为教师职后专业发展的主要场所，要为教师质量的持续改进提供评估、反馈、引导和专业活动支持，同时需要引入教师教育机构的优质资源。为此，各类教师质量改进主体需要加强沟通，建立合作共同体，保持理论、实践、政策之间的对接和互通，共同保障教师质量。

与此同时，树立质量意识，还需要我们加强教师质量及其问责理论的研究，弄清楚"为何问责""谁问责谁""如何问责"等基本理论问题，进一步丰富理论研究成果，逐步建立并完善教师质量的标准、评估、问责理论体系。这是我们有效开展教师质量问责实践的理论基础和指南。

二、建设数据系统与评估机构

教师质量问责首先是一个基于证据的评价和分析过程，而证据来源于数据。当前，我们已经身处于一个大数据时代，"这让社会科学领域的发展和研究从宏观群体逐渐走向微观个体，让追踪每一个人的数据成为可能……对于教育研究者来说，我们将比任何时候都更接近发现真正的学生"[1]。只有具备

---

[1]　张锚：《大数据时代的教育变革：让教育发现每一个学生》，载《人民日报》，2014-09-04。

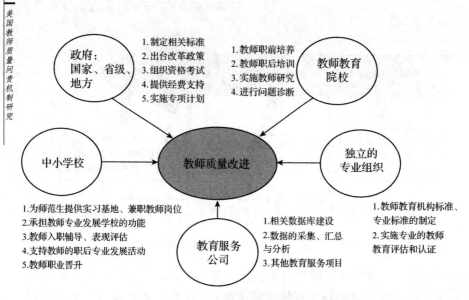

图 5-3　教师质量多方主体功能示意图

完善的学生发展数据，我们才能对教师质量进行更为客观的分析和评价，也才能更接近发现真正的教师。因此，建立权威的问责机构和完善的数据系统，是教师质量问责的必要条件。

（一）建设教师—学生数据关联系统

教师—学生数据关联系统，既是教师质量问责的重要依据，也是教师质量改进的基础工具。无论是教师质量年度报告，还是《不让一个孩子掉队法案》的年度适当进步，都依托于完善的教师—学生数据关联系统。美国教师质量的实证研究之所以非常丰富，与其较完善的学生学业数据系统密不可分。奥巴马政府的《力争上游计划》，更是将"完善的数据系统"作为改革的四个核心领域之一给予其更多关注和支持。①

对我们而言，教师质量与学生学业数据系统的建设，不仅是基础教育质量监测、评价的基础工程，也是评估并实施教师质量问责的基础工程。我们需要在追踪教师质量数据、学生学业数据上下更大的工夫。这些数据可以揭示学生的学业水平，包括学生每个具体学科领域的学业情况，从而帮助教师更好地了解学生的特殊需求，增强教学的针对性；可以揭示教师质量的状况，

---

① Arne Duncan，"States Will Lead the Way Toward Reform，" http：//files. eric. ed. gov/fulltext/ED506068. pdf，2015-07-26.

帮助教育部门和学校校长更为准确地了解哪些教师有效提升了学生的学业成绩，哪些教师需要更多的帮助，进而提高资源分配的目的性和有效性；可以揭示教师教育质量，通过学生学业数据追溯其任教教师毕业的教师教育项目质量，为评价和问责教师教育院校和项目提供相应的依据。反之，教师质量数据不准确、无效或不可信，不仅将使教师质量问责无从着手，而且还会使我们无法清楚地了解教师质量挑战的真实情况，无法保证教师质量改进政策和举措的针对性和有效性。因此，我们要充分认识数据系统建设的重要性，将其作为一项教育基础工程抓紧建设。具体而言，一要建立完善的学生学业成绩纵向数据系统，从小学入学一直持续到学业结束，形成完整的学生学业数据链，从而准确地把握学生个体以及班级、学校、县域、省域等各个层面的学生学业水平。二要将学生学业成绩与其任教教师相联系，包括教师的毕业院校、专业、学历以及后续的职称晋升、职后培训等情况，也就是说要建立一个与学生学业数据系统相关联的教师质量数据库。二者相配套，建立起完善的教师—学生数据关联系统，为教师质量问责及改进提供扎实的数据基础。

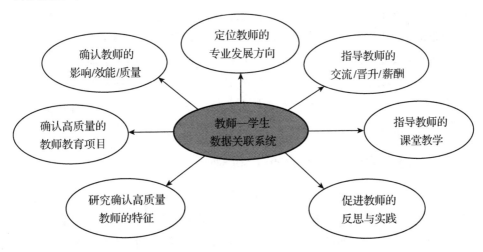

图 5-4　教师—学生数据关联系统功能示意图

(二)建立专业取向的教师质量问责机构

专业问责是教师质量问责的主流和趋势，因此，建立独立的第三方教师质量专业问责机构(如教师教育认证机构与评估机构以及全国性或区域性的教师质量监测与评估机构)是专业取向的教师质量问责的基本要求。在美国，类似 NCATE、TEAC 等教师教育专业认证机构在标准制定、评估实施等方面发挥着举足轻重的作用。诸多州的教师教育机构和项目审批直接委托这些机构开展，使专业问责成为美国教师质量保障的重要机制。然而，我国尚未建立起相应的专业认证、评估及质量监测机构。专业问责的缺失成为我国教师质量问责的一块现实短板。

之所以要建立专业取向的教师质量问责机构，是因为它所具备的独立性和专业性，可以保证问责实施的公正性和权威性，可以弥补政府主导式问责所存在的照顾偏向、专业性差、力量不足等不足。而且当前我国建立第三方专业取向的教师质量问责机构的时机已经成熟。一方面，2015 年，《教育部关于深入推进教育管办评分离　促进政府职能转变的若干意见》明确提出支持专业机构规范开展教育评价，要大力培育专业教育服务机构，整合教育质量监测评估机构，完善监测评估体系，定期发布监测评估报告"；要制定专业机构参与教育评价的资质认证标准，将委托专业机构组织开展教育评价纳入政府购买服务范围。这为建立专业取向的教师质量问责机构提供了政策依据和保障。另一方面，经过多年的建设与发展，我国的教师教育研究队伍日益壮大，国际交流日益深化，专业研究人员已经能够承担起标准制定、评估实施等专业性较强的工作。可以肯定的是，建立专业取向的教师质量问责机构，不仅是我国加强教师队伍建设的一条建设性路径，也是推进我国教师专业化进程、倒逼教师教育改革的重要途径，且具备必要性、可行性、操作性，需要国家层面的立法支持和政策引导，需要专业人员的学术支持与专业精神，更需要多方协同和持续改进。

三、建立教师质量年度报告机制①

公开报告，本身就是一种有效的问责形式。21 世纪初就开始实施的美国教师质量年度报告机制，不仅能系统收集和报告各州教师（培养）质量的基本数据，而且给予州、学区、教育学院持续改进教师（培养）质量的压力，起到了深化相关改革的作用。正如美国教师联合会（American Federation of Teachers）在一份报告中所说的，"在我们看来，最大的毛病不是教师教育机构在做什么，而是他们如何解释正在从事的工作。太多的高等院校未能清晰而具体

---

① 赵英：《美国联邦政府教师质量问责机制研究》，载《教师教育研究》，2017(4)。

地说明其目标，没有阐明其决策的过程，也没有与公众分享成功和不足"①。教师质量年度报告，将有助于打通政府部门、培养机构、中小学校在教师的需求、培养、招聘等方面的信息隔阂，构建共享的教师质量数据平台；有助于公众及时了解各培养机构的基本条件、培养状况，识别并确认高质量的培养院校及专业和低质量的培养院校及专业，促进教师教育机构的优胜劣汰；有助于聚焦、回应、解决区域教师质量问题，增强整个社会对教师质量问题的关注，形成传导压力，落实主体责任。

特别是在教师教育开放化的大背景下，综合院校举办教师教育，师范院校开设非师范专业，这中间既有资质不够却仓促上马的现象，也有传统教师教育资源的流失和特色的弱化，因此教师培养质量的问责势在必行，而质量年度报告制度一马当先。具体而言，我国要建立教师教育机构、省级、国家三级教师质量年度报告制度。

(一)建立教师教育机构年度报告制度

教师教育机构要建立教师教育质量年度报告制度，向社会公开发布其教师培养的相关数据。结合美国经验，基于我国实际，本研究认为教师教育机构要报告的数据要素至少要包括以下五大类。

1. 学生数据

学生数据，包括当年的招生数据、在校生数据、当年的毕业生数据和从教校友数据四个部分，目的在于对整个教师候选人队伍的情况以及相关机构的培养质量进行基本把握和跟踪。特别是当年的毕业生数据和从教校友数据是评价教师教育机构和专业质量的主要指标，也是对教师教育机构进行问责的重要依据；而招生数据又在很大程度上反映着教师教育机构的社会认可度，并在某种程度上决定着未来教师的基本素质水准。

(1)当年的招生数据

a. 录取的政策、标准；

b. 各专业的录取分数线、录取人数及学生的自然信息。

---

① American Federation of Teachers，"Closing the Circle：Making Higher Education a Full Partner in Systemic Reform，" http：//files. eric. ed. gov/fulltext/ED454751. pdf，2015-08-20.

(2)在校生数据

a. 学生的自然情况，包括每个专业学生的生源地、民族、性别、家庭背景等；

b. 学生的学习情况，包括每个学生学习的课程及其成绩、综合测评数据；

c. 师范生比例。

(3)当年的毕业生数据

a. 国家教师资格考试的通过率；

b. 毕业生从教数据，包括从教人数的比例，从教的学校、学科、学段；

c. 毕业生的其他去向，包括升学比例、到非教学岗位的比例、未就业比例；

d. 毕业生对培养单位的满意度。

(4)从教校友数据

a. 建立从教校友数据库，跟踪其任教时间、专业发展、职称晋升情况；

b. 任教学生及所在学校的校长、同事对其的评价；

c. 名师典型案例。

2. 教师数据

教师数据，主要就教师教育者的基本情况进行报告说明。教师教育者是教师教育的实施者，是"培养未来教师的教师"，主要包括大学专职教师和中小学兼职教师两类。该项数据重点报告教师教育机构是否配足配齐教师教育类课程教师，兼职教师是否实质性参与教师培养等信息，生师比是否在合理的范围之内，教师是否对师范生的学习提供了有益的指导，等等。

(1)大学专职教师数据

a. 教师基本数据，包括教师数量及结构情况、教学及科研情况。

b. 参与幼儿园及中小学校教学实践的情况，包括实践的时数、承担的任务以及获得的评价；参与地方、中小学校教育改革的情况。

c. 学科课程与教学论教师的职务(职称)情况。

(2)中小学兼职教师数据

a. 聘用兼职教师的标准、政策、薪酬；

b. 聘用兼职教师的人数、来源、职称、开设课程及指导学生的情况。

(3)生师比

(4)学生对教师的满意度

3. 培养数据

培养数据，主要就教师教育的重点过程和关键环节进行报告，使公众了解师范生的培养目标、培养方案、培养模式、培养过程，既包括教师教育的理念、目标，又包括具体的课程设置与实施。该数据的报告目的是检视教师教育机构对国家层面相关课程标准的落实情况，以及培养目标与课程体系的契合度、培养模式与中小学校需求的契合度，等等。

（1）教师教育的基本情况

a. 教师教育的理念、目标及服务方向；

b. 教师教育专业的设置情况以及专业评估、专业认证、国际评估情况；

c. 教师教育的基本模式及其认可度（如获得国家级教学成果奖）等。

（2）培养过程的基本情况

教师教育的专业建设、课程建设、教材建设、教学改革情况，特别是培养方案的特点、开设课程门数及选修课程开设情况、课堂教学规模、学分要求等。

（3）教育实习的基本情况①

a. 教育实习的标准，包括教育见习和教育实习的形式、内容、评价等；

b. 每个学生的实习见习经历，包括实践学校、实践时间、指导教师、实践档案、实践评价。

4. 资源数据

资源数据，主要就开展教师教育所能获得的资源情况进行报告。充足的资源，是教师教育质量形成、改进的重要保障。资源问责，是对教师教育质量进行问责的一个重要领域。通过报告，省级教育部门、公众能够了解某机构是否具备培养高质量教师所需要的基本资源，进而对该机构的教师教育资质进行审查。

a. 教学经费投入情况，包括师范生生均培养经费及其与非师范生的比较情况；

b. 教学用房、微格教室、图书、设备、信息资源及其应用情况；

c. 实习基地建设情况，包括基地数量（含城乡比例，优质校、一般校、薄弱校比例），政府投入与学校投入情况，基地的制度化、规范化情况等。

5. 特色与问题

特色与问题，主要就该机构教师教育培养的特色经验及面临的主要困难和问题进行说明，既总结优点，又直面问题。通过这类数据，国家或省级教

---

① 赵英、李知音、廖伟：《美国密歇根州立大学师范生教育实践体系特征研究》，载《外国教育研究》，2018(4)。

育部门能够对共性问题进行研究解决，对好的经验、做法进行总结和推广。

a. 该机构在教师教育工作中的特色和经验，包括相关改革的目的、解决的问题、主要举措、基本进展、取得的成效、受益面等；

b. 针对影响教师教育质量的突出问题，分析主要原因，提出解决问题的措施及建议。

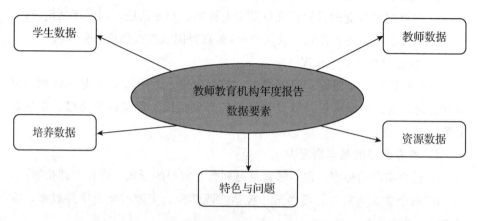

图 5-5　教师教育机构年度报告数据要素结构图

(二)建立省级教师质量年度报告制度

各省级教育行政部门在综合教师教育机构的报告数据及各地市相关数据的基础上，每年定期向教育部提交并向公众公布教师质量年度报告。重点报告数据应该包括以下四类。

一是下一年度的教师需求数据。根据各地市统计数据，各省级教育行政部门发布该省下一年度的教师需求情况，包括地域、学科、学段、招聘要求、薪酬待遇等(为增强教师岗位需求与师范生招生培养的契合度，省级教育部门可以在报告中定期发布三年或五年的教师需求预测信息)。

二是教师教育数据，包括该省教师教育机构和专业的评估、认证情况(在相关政策出台之后)；当年师范生的录取人数、在读人数、毕业人数(分专业和年级)；当年通过国家教师资格考试的师范生人数、比例及机构排名情况；当年师范毕业生的从教人数、从教比例及具体去向；非师范毕业生通过国家教师资格考试的人数、从教的人数和比例及具体去向。

三是在职教师数据。这是该省教师质量的整体信息，包括教师的学历、职称、年龄、教龄，优秀教师交流情况，退休教师情况，并重点监测农村学校、薄弱学校的教师质量信息。

四是教师政策信息，包括该省新修订、制定、颁布的教师政策，并进行相应的政策解读。

(三)建立国家教师质量年度报告制度

在综合各省教育行政部门数据信息的基础上，国家定期发布国家教师质量年度报告(白皮书)，主要从宏观层面对教师质量的关键数据和重点领域进行公开报告，并对下一步的改革举措进行解读。国家教师质量年度报告的主要数据应包括以下三类。

1. 国家层面的教师质量数据

全国教师教育的基本情况，包括教师教育机构的层次、类型、数量；师范生的招生情况、在读学生情况、毕业生情况；国家教师资格考试的基本情况；教师教育机构和专业的标准、评估和认证情况(在相关政策出台之后)；教师教育改革的进展、问题及计划。

全国教师质量的基本情况，包括国家教师质量的整体状况，如学历结构、职称结构、性别结构等，并重点监测和发布教师短缺的区域、学科、学段。

2. 各省教师质量的关键数据

该部分主要就各省教师质量的关键数据进行汇总报告。

3. 重大政策和改革项目的情况介绍

该部分主要就国家层面的教师队伍建设政策和重大改革项目进展情况进行分析。

教师质量年度报告制度，是教师质量问责的重要形式，是使国家、省、地方、教师教育机构正视、规范、强化自身责任的一项关键举措。同时，这也是一项系统工程，需要一个建立、完善和不断改进的过程，但是也需要尽早实施。

四、建立教师教育评估认证机制

评估认证是教师质量问责的重要形式，是由政府组织或委托专业机构或人员对教师教育机构培养质量进行问责的重要途径。教师教育评估认证的对象包括教师教育机构和教师教育专业两类，二者在美国都已形成较为成熟的体系和运行机制，并经实践证明对于保障和改进教师质量起到了积极的促进作用。当前，我国教师教育机构类型多元、层次不一，资源保障水平和实际培养质量更是参差不齐。长期缺乏专业的准入门槛和完善的评估认证机制，使我们无法及时识别和处理低水平的教师教育机构和专业，也在一定程度上导致了教师教育领域的低水平重复建设，造成了师范生供求关系的严重失衡和培养质量的"鱼龙混杂"，造成大量师范毕业生没有进入教师队伍或者"站不住讲台"。因此，国家亟待建立教师教育机构和专业标准以及与之配套的评估认证机制，必须真正发挥评估认证对教师质量的"筛查"和"兜底"功能。这既是保障教师质量的第一道门槛，也是推进教师专业化进程的必然要求。问责体系中的评估认证，前要有标准，后要有奖惩，从而构建起"标准、评估、奖惩"的问责"三脚架"体系。

（一）建立教师教育机构和教师教育专业标准

标准是问责的基础和依据。教师教育作为一种专业教育，理应建立起体现其专业性的标准体系，核心是教师教育机构标准和教师教育专业标准。美国不仅有专业的教师教育机构标准，还有覆盖各学科的教师教育项目标准以及教师专业发展各阶段的质量标准，构建起完备的教师质量标准体系，为高质量教师的培养和发展提供了标准框架。

教师教育机构标准，是指举办教师教育的各类机构必须满足的基础条件，是对教师教育机构进行资格认证的专业依据；主要考察教师教育机构是否拥有充足的资源，是否能培养出具备"教会学生学习"的专业知识和能力的教师。核心指标应该包括教师培养理念、教师教育者、教师教育课程资源、实践教学基地、内部质量管理机制、生均教育经费、设施设备条件，等等。教师教育专业标准，是指学前教育专业、小学教育专业、中学教育专业所应满足的基础条件，是对教师教育专业进行资格认证的专业依据；主要考察专业的培养目标与方案、教学的内容与方法、实践的内容与形式、毕业生质量（国家教师资格证书考试通过率、从教人数比例、用人单位评价等），等等。需要注意的一点是，教师教育专业标准必须与相应学段的学生学业标准相联系，体现出学前教育、小学教育、中学教育的不同特点和要求。这两个标准，是我们开展教师教育评估认证的基础，亟待建立。

（二）实施教师教育机构和专业评估与认证

标准固然重要，但如果只有标准，没有评估与认证，标准就是一纸空文。

因此，标准必须与严密的评估、认证程序相结合，才能真正发挥问责的功效。认证，简单而言就是一种基于内部或外部评审的质量保障机制。当某个机构或项目获得认证，即被证明达到了由学术共同体、专业人士及其他利益相关者所制定的标准，认证机构就向公众证明该机构或项目获得了进行教师培养的资格，并保证其培养的教师熟悉任教的学科、学生，具备了有效教学的知识和能力。而且要保持这种认证状态，相关机构或项目必须定期接受类似的评估。总的来说，认证有两种类型，一种是来自外部的政府认证，另一种是来自内部的专业认证。在现实中，二者处于共同存在、相互结合的状态。比如，高等院校内的教育学院、教育系、教育项目可以获得若干个专业机构的认证，但是同时也必须获得政府层面的认证。个人要想从事教学工作，必须从经过认证的机构和项目毕业，但毕业之后仍必须寻求政府层面的教师资格认证。因此，我国务必要建立专业评估认证与政府评估认证各有侧重、有机结合的评估认证体系。

(三)落实认证结果，形成压力并进行激励

问责的目的在于保障质量，基本途径就是通过评估与认证程序，做出认证决定，阻止不合格者进入。相关部门对合格的教师教育机构和专业要给予一定年限的认证，准予从事教师教育，并向社会公开，但是被认证的机构必须每年向认证机构提交年度质量报告，以便对培养质量进行持续监控，并适时给予专业支持。对于不合格者要给予暂缓认证或否决认证，限制或撤销其从事教师教育的资格，直至该机构经过合格认证才能恢复招生和培养资格。这种形式的问责，有利于促进教师教育机构和专业的内部改进和质量提升。

因此，只有标准、评估、奖惩相联系，相配套，才能构建起稳定的问责"三脚架"体系，才能使问责落到实处。否则，缺少任何一个环节，问责就可能流于形式，起不到预期的规范、引导和激励作用。

五、建立教师质量经费问责机制

经费是政策引导的重要工具，也是问责实施的重要杠杆。美国的诸多教师质量问责举措，都是通过经费的杠杆作用实现的，而且明确在相关的法案之中，对符合质量要求的州、学区、学校进行财政拨款，对规定时间内仍未达到相关标准的州、学区、学校则限制或取消财政拨款。但是，我国还在一定程度上存在重申报轻建设、重投入轻结果的现象。我国问责缺失、问责薄

弱、问责无力、问责形式化的现象还较为普遍，亟待增强对经费使用效益的监督检查和绩效评估，强化对经费使用情况的质量问责，提高经费的使用效益，保证经费的投入能够达到预期的质量目标。

(一)从法律层面规范和强化经费问责的要求

经费的使用必须与有力的问责相结合，这既是政府对纳税人负责的要求，也是提高经费使用效益的有效途径。《不让一个孩子掉队法案》规定，如果地方教育部门连续三年没有达到年度可测目标和取得适当年度进步，州教育部门应当与该地方教育部门就相关经费的使用进行协商，进行限制。《高等教育法案》也规定，任何高等教育机构的教师教育项目，如果因其在州的评估中的低表现而被撤回了州的认证或者被中止了州的财政资助，那么该机构将没有资格获得由教育部为教师专业发展活动所提供的任何经费，并且其教师教育项目也不能接受或者录取任何接受本法案第五款经费资助的学生；该项目表现提升后，才能由州决定恢复其授权和财政资助。在这些法律问责条款的压力下，地方教育部门为持续获得相应的财政拨款，会尽其努力达成预期的进步目标，使经费的杠杆作用得到了有效发挥。

由此可见，从法律层面建立相应的经费问责要求，明确问责的主体、标准、程序、结果，强化经费问责的严肃性，真正使问责能够"执行"、可以"落地"，至为关键。当前，我国实施的本科教学质量工程项目、"国培计划"项目以及卓越教师培养计划项目，有的没有规定问责条款；有的即使有所规定，也非常简单，对于问责的主体、标准、程序等关键要素都没有进行实质性说明。问责处于被不甚关注的尴尬处境，容易流于形式，这不利于形成真正的问责约束，也不利于项目的高质量推进。特别是随着国家在免费师范生项目、特岗计划、乡村教师支持计划等教师质量项目上的经费投入日益增加，增强经费使用的问责就显得更为迫切。我们必须保证，只要有经费投入的地方，就必须有严格的问责机制。以问责为工具，我们必须保证各类项目、计划达到预期的质量目标。

(二)适时改革师范生的经费资助政策

强调问责，是美国教育经费使用的一个基本原则，在教师教育领域也不例外。为吸引师范生到高需求学校及学科领域教学，美国联邦教育部于 2008

年启动了 TEACH 项目，即高等院校教师教育资助项目，为正在完成或计划完成从事教学所需要的课程的学生，每年提供多达 4000 美元的资助。接受该项目资助的学生必须签订一份协议书，同意到高需求领域（双语教育、外语、数学、阅读、科学、特殊教育，以及其他已经被联邦政府、州政府或地方教育机构确定为高需求的领域）教学，或到小学、中学或教育服务机构从事低收入家庭学生的教学，而且保证在完成项目资助的课程学习之后的八年间至少用四个完整的学年从事上述工作。如果没有完成服务义务，学生所获得的 TEACH 项目资助经费将转为直接无补贴贷款，学生必须向联邦教育部偿还贷款和相应的利息。

但是，每年几乎 1.1 亿美元的经费投入对质量因素的考虑并不周全，存在两个明显的漏洞：一是提供给所有的教师培养项目，二是从 1 年级就开始发放。结果，有三分之二被确定为低质量的教师教育项目也获得了资助，而且几乎 80％的受助者没有如期完成他们的教学服务。为了改变这种状况，提高经费使用效率，美国联邦教育部将奖学金从在 1 年级发放改为在毕业年级发放，由覆盖所有项目到只奖励优秀项目的优秀学生，更加突出了经费使用的问责特征，即把经费投入最好的项目以及最好的学生，并将奖学金额度提高至一万美元。获得奖学金的学生必须在高需求学科任教，如科学、技术、工程、数学，或服务于高需求领域，如从事英语学习者、残障学生的教学，并在一所高需求学校中至少从事三年教学工作。

这一案例经验对于我们改革免费师范生政策有一定的借鉴意义。免费师范生政策有其合理性，但是在具体的操作上尚有一定的改进空间。第一，或可将免费师范生政策改为奖学金政策，并将经费资助从四年全程转为毕业年级，毕竟毕业年级的学生的从业取向更为明确，对学生的综合学业评价也更为全面，有利于将经费用于乐教、能教、善教的教师候选人，并可以在一定程度上解决免费师范生"前途已定"而带来的学习动力不足的问题。第二，建议打破六所部属师范大学的限制，将该政策延伸至通过审核或认证的省属师范大学或同类高校，只要学生申请并经考核同意也可获得此类奖学金支持，进而扩大遴选对象和覆盖面，使更多优秀师范生能在该政策的支持下到农村学校任教。第三，提高经费的问责力度，对享受奖学金的学生在中小学校的服务情况进行持续跟踪，对不合格者进行相应的处理，追回其所享受的奖学金并缴付相应的利息；对表现优秀的学生可继续给予支持，保送其免试读研或为其开辟专门的职称晋升渠道；对于违约情况较多的高校，可以暂停其一段时间的申报资格。这样多管齐下，真正发挥经费的问责杠杆作用和政策导向作用，使有限的经费用在刀刃上，最大限度地发挥经费的使用效益。

本章小结

　　理论研究固然重要，不过改进实践才是最终的目的。教师质量是教育质量的关键因素。开展教师质量问责理论研究并建立教师质量问责实践机制势在必行。这是切实落实地方政府、教师教育机构、中小学校等不同主体责任的必然要求，也是倒逼教师教育改革、推动教师政策转型的必然要求，更是以高质量教师支撑高质量基础教育的必然要求。美国经验可以借鉴，但不可以照搬。我国需要结合实际，探索构建中国特色教师质量问责体系。这是一项系统、长期的工程，需要做的工作还有很多，需要理论与实践两个轮子齐行并进。

参考文献

[1][美]威廉·维尔斯马,斯蒂芬·G.于尔斯.教育研究方法导论(第 9版).北京:教育科学出版社,2010.

[2][美]梅雷迪斯·D.高尔,沃尔特·R.博格,乔伊斯·P.高尔.教育研究方法导论(第6版).南京:江苏教育出版社,2002.

[3][美]詹姆斯·R.埃文斯,威廉·M.林赛.质量管理与质量控制(第7版).北京:中国人民大学出版社,2010.

[4]蔡敏.美国"高质量教师"法案的实施策略分析.比较教育研究,2006(9).

[5]查啸虎.应对教师质量危机:世纪之初美国的经验及其启示.比较教育研究,2009(1).

[6]陈亮.我国教师质量保证体系及构建策略.教学与管理,2007(10).

[7]陈珊,王建梁.21世纪美国高质量教师的标准及其实施策略述评.当代教育科学,2006(17).

[8]陈向明.质的研究方法与社会科学研究.北京:教育科学出版社,2000.

[9]戴伟芬.美国教师质量研究述评——教师有效性的视角.比较教育研究,2009(5).

[10]方彤.从美国经验看建立教师质量保证体系.教育研究与实验,2000(3).

[11]方彤,李丹丹.美国新世纪教师质量公平配置政策及实施探析.河北师范大学学报(教育科学版),2012(3).

[12]方直.略谈改善政治课教学情况.人民教育,1950(1).

[13]宫景华.开展中小学教师继续教育要注重质量和效益.继续教育,1998(1).

[14]顾明远.教育大辞典(上).上海:上海教育出版社,1998.

[15]顾书明．地方教师教育院校质量建设及保障体系建构的研究．教育探索，2007(11).

[16]郭继东．工作生活质量的改善：教师管理的新视角．南京社会科学，2009(12).

[17]郭警修．教师教育大学化的政策变革与质量保证．福建师范大学学报(哲学社会科学版)，2006(5).

[18]郭马兵．激励理论评述．首都经济贸易大学学报，2002(6).

[19]郭玉琴．河南省高中教师生活质量状况调查．中国学校卫生，2010(8).

[20]郝辽钢，刘健西．激励理论研究的新趋势．北京工商大学学报(社会科学版)，2003(5).

[21]何云峰．从意见表达转向科学式探究．社会科学报，2004-02-26.

[22]贺慧敏．美国关于中小学教师质量与学生成绩关系研究述评．现代中小学教育，2009(5).

[23]洪成文．质量认证框架下的美国教师教育质量保证研究．比较教育研究，2004(10).

[24]洪明．教师教育专业化路径与选择性路径的对峙与融合——NCATE 与 TEAC 教师培养标准与认证的比较研究．全球教育展望，2010(7).

[25]洪明．美国教师培养质量保障机制的改革与创新——TEAC 教师教育专业的认证标准和程序探析．中国高教研究，2010(1).

[26]洪明．美国教师质量保障体系的演进历程与当代启示．中国高教研究，2011(10).

[27]胡平凡，林必武．教师继续教育质量保障体系的构成．教育评论，2004(4).

[28]胡显伟．应用目的规划法与广义距离法综合评价教师工作质量的探索及分析．数理统计与管理，1991(2).

[29]胡艳．建立目标为导向的教师继续教育的质量保障机制．教师教育研究，2006(3).

[30]李大健．提高中小学教师继续教育质量和效益的对策．中小学教师培训，2000(9).

[31]李年贵．发挥教师主体作用提高校本培训质量．中小学教师培训，2000(1).

[32]李作佳，郝伟兴，周秋华，张道新．中小学教师睡眠质量及影响因素的研究．中国心理卫生杂志，1996(3).

[33]刘静．20 世纪美国教师教育思想的历史分析．北京：北京师范大学出版社，2009.

[34]刘钧燕．国外教师质量和教师激励的研究综述．外国教育研究，2007(10).

[35]刘亚丽，王瑶．高中骨干教师生活质量与心理健康状况调查．心理科学，2008(3).

[36]罗剑平．布什政府提高教师质量措施评析．吉首大学学报(社会科学版)，2008(3).

[37]罗儒国．教师工作生活质量研究：盘点与反思．西北师大学报(社会科学版)，2012(1).

[38]骆厚昆．1990～1994 年毕业任教的中学新教师质量调查与分析．上海教育科研，1996(2).

[39]骆厚昆．上海市中小学教师任职情况质量分析．上海教育科研，1995(11).

[40]牟超美．中小学教师授课质量评价浅谈．山东教育科研，1994(4).

[41]彭钢，张南．教育理论研究与教育实证研究——两种不同类型研究方式的比较与分析．教育评论，1990(2).

[42]戚明诚．中学教师教学质量绩商评价法与联绩计奖法．上海教育科研，1989(6).

[43]束从敏，姚国荣.幼儿教师职业生活质量的研究——对安徽省芜湖市 100 名幼儿教师职业生活的调查与分析.中国教育学刊，2004(7).

[44]孙钰华.工作生活质量：追求教师工作与生活的和谐发展.比较教育研究，2008(4).

[45]王静，洪明.教师教育质量评估的新理念——美国教师教育认证委员会(TEAC)述评.全球教育展望，2008(1).

[46]王伦.树立科学的教师教育质量观 推进教师教育课程改革.中国高教研究，2006(12).

[47]王秀芳.教师教学质量的综合评判.教学与管理，1986(2).

[48]王艳芝，龚蓉，孔淑丽.河北省幼儿教师生存质量及其影响因素调查.中国学校卫生，2007(4).

[49]谢敏芳，李黎.女教师生活质量与应对方式的关系研究——以绍兴地区为例.教育研究与实验，2010(1).

[50]熊梅，李平.现代教师教学质量评估标准调查研究报告——教师教学质量的过程标准.现代中小学教育，1999(6).

[51]熊梅，王敏，李广.现代教师教学质量评估标准的调查研究报告——现代教师素质评价标准.现代中小学教育，1999(5).

[52]熊梅，王敏，刘学智.关于现代教师教学质量评估标准调查研究报告——教师教学质量的效果标准.现代中小学教育，1999(11).

[53]姚文峰.美国教师质量伙伴研究及其政策影响.外国教育研究，2006(9).

[54]易德生，郭萍.教师质量灰色评估法.系统工程，1990(6).

[55]易红郡.非师范院校教师教育的综合优势、发展模式及质量保障探讨.教师教育研究，2005(3).

[56]张寅清，曾青云.21 世纪教师继续教育发展与质量保障体系.继续教育研究，2003(5).

[57]钟秉林.推进灵活多样培养 提高教师教育质量.中国高等教育，2010(19).

[58]周俊.问责制时代美国学校领导发展的变革.比较教育研究，2011(5).

[59]周立群，肖建春.当前我国教师教育质量保证体系构建的理念.华南师范大学学报(社会科学版)，2009(5).

[60]朱旭东，李琼.教师教育标准体系研究.北京：北京师范大学出版社，2011.

[61]朱旭东.教师专业发展理论研究.北京：北京师范大学出版社，2011.

[62]朱旭东.论我国后师范教育时代的教师教育制度重建.教育学报，2005(2).

[63]朱旭东.试论建立教师教育认可和质量评估制度.高等师范教育研究，2002(3).

[64]朱旭东.我国教师教育制度重建的再思考.教师教育研究，2006(3).

[65]朱旭东.我国现代教师教育制度构建.北京师范大学学报(社会科学版)，2007(4).

[66]朱旭东.专业化视野中大学化教师教育的十大观点.教师教育研究，2005(1).

[67]Cochran-Smith, M. The new teacher education：For better or for worse? Educational Researcher，2005，34(7).

[68]Eric A. Hanushek. Teacher characteristics and gains in student achievement: Estimation using micro data. The American Economic Review, 1971(61).

[69]Eric A. Hanushek, Kain, J. F. , Rivkin, S. G. Do higher salaries buy better teachers? Cambridge, MA. : National Bureau of Economic Research, 1999.

[70]Ferguson, R. F. , Brown, J. Certification test scores, teacher quality, and student achievement, In D. W. Grissmer , J. M. Ross (Eds.), Analytic issues in the assessment of student achievement. Washington, DC: National Center of Education Statistics, 2000.

[71]Ferguson, R. F. , Ladd, H. F. How and why money matters: An analysis of Alabama schools, In Ladd, H. F. (Ed.), Holding schools accountable. Washington, DC: Brookings Institute Press, 1996.

[72]Greenwald, R. , Hedges, L. V. , Laine, R. D. The effect of school resources on student achievement. Review of Educational Research, 1996, 66(3).

[73]Hood, S. , Parker, L. J. Minority bias review panels and teacher testing for initial certification: A comparison of two states' efforts. The Journal of Negro Education, 1989, 58(4).

[74]Latham, A. S. , Gitomer, D. , Ziomek, R. What the tests tell us about new teachers. Educational Leadership, 1999, 56(8).

[75]Margaret L. Plecki. Economic perspectives on investments in teacher quality: Lessons learned from research on productivity and human resource development. Education Policy Analysis Archives, 2000, 33(8).

[76]Rowan, B. , Correnti, R. , Miller, R. J. What large-scale, survey research tells us about teacher affects on student achievement: Insights from the prospects study of elementary schools. Teachers College Record, 2002, 104(8).

[77]Stewart Smyth. Public accountability: A critical approach. Journal of Finance and Management in Public Service, 2010(6).

后 记

著书是件严肃的事情，也是件幸运的事情，不只关乎学术，更关乎一个人的志业与追求。这本书是我主持的全国教育科学"十二五"规划2014年度教育部青年课题"美国教师质量问责体系研究"的研究成果，是自己本着"他山之石可以攻玉"的初心所做的一篇较为系统的"大文章"。作为前期的阶段性成果，书中许多内容已经在《教师教育研究》《比较教育研究》《外国教育研究》等学术刊物上公开发表。此书能够入选"京师教师教育论丛"，更是对我多年来在学术领域木讷探索的一种褒奖和鼓励。回望过往，思绪万千。此刻为书，既是致谢，也是纪念。

做学术，做学人，对我而言，就像是一种命运的召唤，从未在我的内心消停过。在从事行政工作的12年时间里，我特别珍惜每一个潜心学术、醉心学问的瞬间。在完成本书的过程中，我更是常常"游走"于美国联邦教育部的官网及其教育资源信息中心，常常"驻扎"在北京师范大学和华东师范大学图书馆的外文数据库中，不停地查询、下载、阅读电子文献，不禁为每一次小小的学术收获而欢欣鼓舞，当然也会因为连续多日无所进展而寝食难安，就像一名行走在学术之路上的小学生一样，渴望每一次教诲，渴望每一次鼓励，渴望每一次肯定。

在学术之路上，我是幸运的。这份幸运，首先是遇到了我的导师朱旭东教授。跟随朱老师读书是种幸福。朱老师"美好生活始于学术训练"的谆谆教诲，学术阅读、学术写作、学术表达、学术实践的四维训练，"P→Q"的问题分析路径以及

"What""Why""How"的思维结构三部曲，都让我受益匪浅。朱老师讲授的教师教育原理、学术规范导论两门核心课程，我数次系统聆听，每次都有新的收获。朱门读书会一周一次。一主持、一主讲、两点评、齐讨论——师门学友的精彩报告、独特见解让我"脑洞大开"；朱老师的总结点评高屋建瓴，总是让人十分期待。朱老师主持的全球教师教育峰会、现代教师教育体系构建等"高大上"的学术会议和学术项目，让我开了眼界，并通过"做中学"接受了良好的科研训练。朱老师还带着我和师门学友到北京和杭州的中小学校、幼儿园参观、考察，使理论的研究接上了实践的地气。对我而言，朱老师不仅是学术上的导师，更是我人生的导师。还记得，多少次读书会后，我们迟迟不肯散去，和朱老师一起探讨学术、工作、人生，常常忘了时间，过了午夜仍意犹未尽。还记得，朱老师不定时"请"我们"吃饭"，看看我们是否在校安心读书，并在这种轻松的氛围中解决我们遇到的问题。朱老师宽容豁达、和蔼可亲、性格直爽，所以和朱老师相处，我们随性不拘束，每每交谈均能坦诚交心，收获不浅。对朱老师的感谢，是难以用语言表达的，我会铭记于心，落实于行。

如果说朱老师是带我进入教师教育学术领域的导师，那么山西师范大学武海顺老师则是带我进入教师教育实践领域的导师。在武老师身边工作的八年时间中，他对我言传身教、耳提面命，既有严格的要求，也有殷切的赞许，更有温暖的鼓励，这些要求、赞许、鼓励为我指明了道路、提供了动力，帮助我在工作中不断地成长进步。从武老师身上，我学到了很多很多，其中三点对我影响至深：一是用心做事、勤奋踏实，凡事不怀应付之心、不存侥幸之意；二是从严要求、精益求精，只要决定要做之事，就要尽力为之，全心投入，做到最好，不留遗憾；三是勤于研究、善于学习，始终保持谦虚的心态、务实的作风以及思想的开放与进步。更要感谢的是，武老师为我提供了诸多自我提升、自我发展的宝贵机会。在工作中，我有幸参与了学校教育创新实验区项目的论证、山西省免费师范生方案的研制、山西省高校教师教育联盟的创建、山西省基础教育质量提升协同创新中心的申报以及国家级教学成果奖的参评等一系列与教师教育改革相关的实践工作；有机会经常到实验区、中小学校听课调研，到兄弟院校考察学习，不断地体会、学习、研究、反思、做事，获得了许多难得的直观体验和感受，更让我坚定了将教师教育继续研究下去的决心。能同时受教于两位恩师，获益于诸多师长的教诲，是我人生难得的大幸运，也给予了我在教师教育理论与实践之间行走穿梭的珍贵体验。

还要感谢我深爱着的亲人。感谢我的父母，父母无私的爱是我前进的最大动力。我出身于农家，家风淳朴，父严母慈。从我记事起父母就教育我好好读书，对我的学习一直全力支持、严格要求，并为我的学习生活提供了力所能及的最好条件。感谢我的妻子任小玲女士，从吉林大学牵手到现在，匆匆十六载，她一直鼓励着我、支持着我。在儿子远心四个月大的时候，我赴京求学，使育儿重任都落在了妻子和父母身上，内心十分愧疚。不会忘记，那年七八月份，在临汾最炎热的季节，妻儿放弃远游，为我留守，一餐一饭，精心料理。我只管独闭于书房，全心做论文，眼盯屏幕，手抚键盘，在不停的敲击声中追赶着时间和梦想。在那段时间里，每天晚餐之后外出散步，和妻儿嬉笑玩耍的时候，是我一天中最放松的时候。回去之后，妻儿安睡，我在书房继续阅读、写作，直至困乏。那段日子安静、温馨、紧张、踏实，每一天都让我真心怀念。

这本书的完成，是一个充满挑战的过程，需要我稳稳地"坐下来""读进去""写出来"。尽管如此，我深知，由于自身能力所限，现在的成书仍有许多需要改进的地方，我会继续努力完善，将此作为我学术之路的一个重要的起点。作为一个从农家走出的"孩子"，我的成长是幸运的，一步一个脚印，从村小到乡镇中学，再到县里的省级示范高中；2001年考入吉林大学，在东北度过了本科与硕士研究生的6年；2007年到山西师范大学工作，开始与教师教育结缘；2011年，有幸到北京师范大学朱旭东老师门下攻读教师教育专业的博士学位，同年4月儿子远心出生，那年我28岁。如今，远心已经是一名小学生了，变得更加调皮、更加活跃。我和爱人小玲也开启了学习、工作的新阶段。人生的幸事很多，其中最宝贵的就是与心爱的人一起成长，一起进步，一起看春暖花开，一起读春秋人生。一路走来，家人、老师、朋友、领导、同事给予了我太多的关爱与支持，我所能坚守的就是一直勤奋、一直用心、一直善良。

所谓路在脚下，唯有踏石留印，一往无前。感谢各位，感谢自己。

2019年1月25日改定于山西师范大学科学会堂

赵　英

　　本研究系全国教育科学"十二五"规划 2014 年度教育部青年课题"美国教师质量问责体系研究"（课题批准号：EDA140347）的研究成果和教育部人文社会科学重点研究基地重大项目"中国教师教育质量的基本理论研究"的阶段成果。

图书在版编目（CIP）数据

美国教师质量问责机制研究 / 赵英著. —北京：北京师范
大学出版社，2019.9
　（京师教师教育论丛）
　ISBN 978-7-303-24716-5

　Ⅰ．①美…　Ⅱ．①赵…　Ⅲ．①师资培养－研究－美国
Ⅳ．①G571.25

中国版本图书馆 CIP 数据核字（2019）第 090656 号

营　销　中　心　电　话　010-57654738　57654736
北师大出版社高等教育与学术著作分社　http://xueda.bnup.com

MEIGUO JIAOSHI ZHILIANG WENZE JIZHI YANJIU
出版发行：北京师范大学出版社　www.bnup.com
　　　　　北京市西城区新街口外大街 12-3 号
　　　　　邮政编码：100088
印　　刷：保定市中画美凯印刷有限公司
经　　销：全国新华书店
开　　本：730 mm×980 mm　1/16
印　　张：16.75
字　　数：279 千字
版　　次：2019 年 9 月第 1 版
印　　次：2019 年 9 月第 1 次印刷
定　　价：76.00 元

策划编辑：陈红艳　鲍红玉　　　　责任编辑：康　悦
美术编辑：王齐云　　　　　　　　装帧设计：王齐云
责任校对：李云虎　　　　　　　　责任印制：马　洁